EUGEN DREWERMANN

Nur durch Frieden bewahren wir uns selber

Die Bergpredigt als Zeitenwende

Patmos Verlag

VERLAGSGRUPPE PATMOS

PATMOS
ESCHBACH
GRÜNEWALD
THORBECKE
SCHWABEN
VER SACRUM

Die Verlagsgruppe
mit Sinn für das Leben

MIX
Papier | Fördert gute Waldnutzung
FSC® C083411

Klimaneutral
Druckprodukt
ClimatePartner.com/14549-2003-1001

Die Verlagsgruppe Patmos ist sich ihrer Verantwortung gegenüber unserer Umwelt bewusst. Wir folgen dem Prinzip der Nachhaltigkeit und streben den Einklang von wirtschaftlicher Entwicklung, sozialer Sicherheit und Erhaltung unserer natürlichen Lebensgrundlagen an. Näheres zur Nachhaltigkeitsstrategie der Verlagsgruppe Patmos auf unserer Website www.verlagsgruppe-patmos.de/nachhaltig-gut-leben

2. Auflage 2024

Verlagsgruppe Patmos in der Schwabenverlag AG, Ostfildern
www.verlagsgruppe-patmos.de

Umschlaggestaltung: Finken und Bumiller, Freiburg
Umschlagabbildung: Heinrich Vogeler (1872–1942), Die Leiden der Frau im Kriege oder auch Trauernde Frauen, 1918
Gestaltung, Satz und Repro: Schwabenverlag AG, Ostfildern
Druck: CPI books GmbH, Leck
Hergestellt in Deutschland
ISBN 978-3-8436-1428-3

»Man sagt zu Unrecht, daß die christliche Lehre nur die Erlösung des Einzelnen im Auge habe und sich nicht auf allgemeine, auf Staatsangelegenheiten beiziehe ... ich muß notwendig die Frage lösen: worin besteht der Dienst Gottes und worin der Dienst des ›tohu‹ (sc. des Chaos vor der Schöpfungsordnung, hier: des staatlichen Naturrechts, d. V.)? Soll ich in den Krieg ziehen oder nicht? ... das Staatsleben ... fordert von mir eine nichtchristliche Tätigkeit, die dem Gebote Christi direkt zuwiderläuft ... Jeder Mensch muß tödliche Waffen zur Hand nehmen, ein Gewehr, ein Messer ..., d. h. zum Todschlag bereit sein ... Die Frage ...: Evangelium oder militärische Dienstvorschrift? ... steht vor der Menschheit.«

LEO N. TOLSTOI: Mein Glaube, S. 41–42

»Die einzige Rettung besteht darin, den Menschen die Meinung einzuflößen, dass das Morden etwas Schlechtes sei ... Wir glauben an Christus ... Wir werden nicht dienen. Werden nicht auf ihren Befehl schießen. Wir werden uns nicht mit Bajonetten bewaffnen ... ›Friede auf Erden!‹ – Das kann nur dann eintreten, wenn die Menschen sich von den Heeren befreien.«

LEO N. TOLSTOI: Staat – Kirche – Krieg, S. 154

Inhalt

VORWORT
DIE AKTUELLE AUFGABE – VOM SELBSTVERRAT DES CHRISTENTUMS ODER: DAS PROBLEM UND SEINE VORGESCHICHTE

»Es gibt keinen Weg zum Frieden,« erklärte in krassem Widerspruch zu den üblichen Versprechen eines militärgestützten *peace keepings* kein Geringerer als MAHATMA GANDHI[1]; und wie, um den Schock seiner Äußerung noch zu verstärken, gleichzeitig aber in die rechte Bahn zu lenken, fügte er hinzu: »Der Friede selber ist der Weg. Und wer mit ihm nicht anfängt, kann nicht bei ihm enden.« Doch will man Frieden heute überhaupt noch? Man sagt so, aber meint man es auch wirklich?

Was wir derzeit politisch miterleben, ist eine ebenso rabiate wie radikale Umerziehung des Bewußtseins in Richtung einer als alternativlos hingestellten Akzeptanz von Rüstungsprogrammen in nie erreichten Größenordnungen sowie einer geradewegs als moralische Pflicht verordneten Bereitschaft zu internationalen Kriegseinsätzen an jedem Ort, zu jeder Zeit. Die »Zeitenwende«, die am 27.2.2022 von dem deutschen Bundeskanzler *Olaf Scholz* ausgerufen wurde, erklärt nicht nur die Entspannungspolitik zwischen Ost und West in der Ära von *Willy Brandt* und *Egon Bahr* im Rückblick für verkehrt, – das sei dahingestellt: über das programmatische Für und Wider bestimmter Maßnahmen zu einem historischen Zeitpunkt läßt sich in Kalkulation des eigenen

1 ARUN GANDHI: Sanftmut kann die Welt erschüttern, 82. Vgl. RICHARD ATTENBOROUGH (Hg.): Mahatma Gandhi. Ausgewählte Texte, 87: »... wir müssen die Gewaltlosigkeit stets als unser Ziel vor Augen haben und unermüdlich auf sie zustreben. Die Freiheit, ob für einen Menschen, eine Nation oder die Welt, wird genau in dem Maße erreicht, wie die Gewaltlosigkeit fortschreitet. Daher sollten jene, die an Gewaltlosigkeit als den einzigen Weg zur wahren Freiheit glauben, das Licht der Gewaltlosigkeit hochhalten, damit es inmitten unserer undurchdringlichen Finsternis hell erstrahlt.«

Vorteils allemal abwägend streiten. Womit wir es indessen entsprechend der gewählten Namensgebung der für neu ausgerufenen Epoche tatsächlich zu tun haben, ist nicht mehr und nicht weniger als ein grundsätzliches Umdenken über die Grundlagen unseres Zusammenlebens, um die Ermöglichung von Frieden überhaupt. Es geht um den drohenden Verlust des Wissens, daß wir in jedem Krieg uns selber, unsere Menschlichkeit verlieren. »Die Zeit der Friedensengel ist vorüber,« geben gewisse Zeitungen sich überzeugt, als könnte man den Gottesboten über den Fluren von Bethlehem ihren Gesang vom »Frieden auf Erden bei Menschen, die Güte glauben können« (Lk 2,14), in politischer Korrektheit schlicht verbieten. Jesus kam, der Welt einen Frieden zu bringen, wie ihn die Welt nicht geben kann (Joh 14,27); was aber heißt das? Die Welt ist die Welt geblieben. Er wollte sie »erlösen«? Er sah in seiner Botschaft und Person das Reich Gottes gekommen? Das Gegenteil davon meint man zu wissen: Nichts ist gekommen! Also: Wir machen weiter, wie es immer war! Kein Staat auf Erden, der nicht seine 18jährigen auf den Kasernenhöfen mit den mörderischsten Waffen, die er nur hat erfinden können, ausstattet und sie im Umgang damit schult, – das gezielte Töten von Menschen gilt als allgemeine Bürgerpflicht, als unüberschreitbares Maß staatlicher Selbstbehauptung, als Kampfmoral des Durchhaltens im Schlachthof der Geschichte.

»Mit der Bergpredigt kann man nicht Politik machen«, – versichern unbeirrt und unbeirrbar die Steuerleute an den Schalthebeln der Macht. Mit Vorliebe berufen sie sich dabei auf die Unterscheidung MAX WEBERS zwischen Gesinnungs- und Verantwortungsethik[2]: Danach darf der Einzelne als Christ oder Privatmann ruhig pazifistisch gesonnen sein, ein Politiker aber muß wissen, daß unter gegebenen Bedingungen aus guten Taten nicht immer nur Gutes und aus bösen Taten nicht immer nur Böses

2 MAX WEBER: Der Beruf zur Politik, in: Soziologie – Weltgeschichtliche Analysen – Politik, 177–185, bes. S. 174–175: »Wir müssen uns klarmachen, daß alles ethisch orientierte Handeln unter *zwei* voneinander grundverschiedenen, unaustragbar gegensätzlichen Maximen stehen kann: es kann ›gesinnungsethisch‹ oder ›verantwortungsethisch‹ orientiert sein.«

entsteht – wer das nicht weiß, ist politisch ein Kind, deklarierte WEBER[3] und forderte von einem nicht-naiven Politiker, daß er nicht allein für sein Wollen und Handeln, sondern vor allem für die Folgen seines Tuns einstehe: er handelt – ob gut oder böse – falsch, wofern er mit seinen Entscheidungen nicht die beabsichtigten Erfolge erzielt.

Doch wie nun? Sollten die Absichten auch und gerade eines Politikers nicht in jedem Falle auf die Gesinnung und Gewinnung des Friedens gerichtet sein? Ja, schon! Aber wie bereits die Alten Römer sagten: *Si vis pacem, para bellum* – willst du Frieden, rüste zum Krieg. Diese Maxime des augusteischen Imperiums, in dessen Tagen Jesus zur Welt kam, ist unangefochten nach wie vor in Geltung – die Bergpredigt mag gut sein für die »Kinder« (Gottes), doch eben nicht für welterfahrene Erwachsene. Diese dürfen zufolge ihrer eigenen Auskunft nur *den* Frieden wollen, den sie sich im Rahmen ihrer politischen Zielsetzungen leisten können. Wenn Frieden, dann Siegfrieden, dann also als erstes die gnadenlose Niedermetzelung des Gegners und hernach allemal die weitere »Verbesserung« der Waffentechnik und der gesteigerten Produktion von allem, was zum Töten taugt. GANDHI hatte und hat recht: so kommt der Friede nie! Dafür meinte er, daß die Bergpredigt seiner Erfahrung nach vorzüglich funktioniere, man müsse ihr nur ernsthaft folgen.

Ähnlicher Ansicht war auch der irische Dramatiker und Satiriker G. B. SHAW, als er, durchaus nicht länger mehr ironisch, sondern eher bitter schrieb: »Seit 2000 Jahren höre ich, daß man mit der Bergpredigt nicht regieren könne. Aber so versucht es doch – wenigstens *einmal*!«

GANDHI, der es versucht hat, warf dem Westen vor, daß es ein Christentum dort niemals gegeben habe, sonst wären von dort

3 A. a. O., 178: »Auch die alten Christen wußten sehr genau, daß die Welt von Dämonen regiert sei, und daß ... es *nicht* wahr ist, daß aus Gutem nur Gutes, aus Bösem nur Böses kommen könne, sondern oft das Gegenteil. Wer das nicht sieht, ist in der Tat politisch ein Kind.« Eben deshalb aber weigerten sich die frühen Christen, als »Kinder Gottes« dem Reich des »Teufels« beizutreten.

nicht immer wieder die gräßlichsten Kriege ausgegangen[4]. Friedfertigkeit war für ihn identisch mit gelebter Frömmigkeit, doch eben davon sah er nichts im christlich sich wähnenden Abendland. »Dort glaubt man nicht an Gott, dort glaubt man ausschließlich ans Geld,« lautete sein Urteil über unsere »Kultur«[5]. Die gesamte Lebenseinstellung der westlichen Welt sah er geprägt von einem gierigen Materialismus, der wie verzweifelt sich in das Endliche vergräbt, um es für den Gewinn von Macht und Reichtum auszupressen bis zum äußersten.

Diesem religiösen Urteil läßt sich nachgerade die kulturkritische Feststellung WALTER BENJAMINS aus der Zeit um 1920 hinzufügen, die Religion Europas und Amerikas sei nicht das Christentum, sondern der (Manchester-)Kapitalismus, basierend auf den Prinzipien wechselseitiger Vernichtungskonkurrenz, der rücksichtslosen Ausbeutung menschlicher Arbeitskraft nebst der natürlichen Ressourcen bei der Herstellung von Waren zu möglichst niedrigen Preisen sowie dem permanenten Binnendruck zur Wachstumssteigerung in der Menge der Produkte und in der immer rascheren Ersetzung alter Herstellungsverfahren durch entwickeltere Techniken[6]. Das Bessere ist der Feind des Guten – JOSEPH SCHUMPETERS »Gesetz« von der »kreativen Zerstörung« gilt als ein Hauptkennzeichen dieser Wirtschaftsform[7]. Sie ist nach innen wie nach außen auf Kampf und auf Zerstörung ausge-

4 MAHATMA GANDHI: Freiheit ohne Gewalt, 122: »Es ist ein eigenartiger Kommentar auf den Westen, daß es dort, obwohl es sich zum Christentum bekennt, kein Christentum und keinen Christus gibt – sonst hätte es dort keinen Krieg gegeben.« (Harijan, 17–11–1946)

5 A.a.O., 122: »Ich bin der festen Meinung, daß Europa heute nicht den Geist Gottes oder des Christentums repräsentiert, sondern den Geist Satans. Und Satans Erfolge sind dann am größten, wenn er mit dem Namen Gottes auf den Lippen auftritt. Europa ist heute nur noch dem Namen nach christlich. In Wirklichkeit betet es den Mammon an.« (Young India, 8–9–1920) DERS.: Die Lehre vom Schwert, 76–77: Das Christentum und Europa.

6 WALTER BENJAMIN: Kapitalismus als Religion, fr. 74, in: Gesammelte Schriften, VI 160: »Im Kapitalismus ist eine Religion zu erblicken, d.h. der Kapitalismus dient essentiell der Befriedigung derselben Sorgen, Qualen, Unruhen, auf die ehemals die sogenannten Religionen Antwort gaben.« Vgl. E. DREWERMANN: Vom Krieg zu Frieden, 364–381: Kapitalismus als Religion.

7 JOSEPH SCHUMPETER: Kapitalismus, Sozialismus und Demokratie, 134–

legt. Die Entgöttlichung des Lebens und die Vergötzung von Geld und Gewalt – das freilich ist ein Ekrasit von höchst gefährlicher Brisanz. Wie soll da Frieden werden? Wie ist ein friedfertiges Umdenken inmitten einer kriegerischen »Zeitenwende« möglich?

Das »Christentum«, an das im Abendland geglaubt wurde, ist, ganz wie GANDHI sagte, ohne Kriege niemals ausgekommen, so daß man sich als erstes fragen muß, wie die erlösende Botschaft Jesu vom Frieden auf Erden derart in ihr Gegenteil verkehrt werden konnte. Zu Recht verstand man das Bemühen des Nazareners im Ursprung als Befreiung aus den Zwängen einer Welt nicht endender Gewalt, und völlig richtig erblickte *Paulus* den Kern der Mission Jesu in der Erfahrung einer unbedingten Güte Gottes; *sie* allen Menschen zu vermitteln sah er nach seiner Bekehrung vor Damaskus (Apg 9,1–19) als den persönlichen Auftrag Gottes an sich selber an: allein ein Leben aus Gnade ermöglicht eine Lebensführung unverfälschter Menschlichkeit[8]. Schon Jesus hatte seine Jünger in die Dörfer Galiläas mit der Weisung ausgesandt, sie sollten die Herrschaft Gottes den Menschen nahebringen, indem sie ihnen zum Zeichen der Güte Gottes die Hände auflegten und im Vertrauen unbedingter Zuwendung ihre (psychisch und psychosomatisch bedingten) Krankheiten heilten (Mk 10,7–8)[9]. Betont sogar endet Matthäus sein Evangelium mit dem Sendungsbefehl Jesu an die Jünger, alle Menschen sollten sie zu seinen Jüngern machen (Mt 28,19)[10].

Von Anfang an also versteht das Christentum sich als eine missionarische Religion zur Erlösung und Rettung der Menschheit, als eine absolute Zäsur der Geschichte, als eine »Umkehr« (Mk 1,15) beziehungsweise als eine Rückkehr zu dem, was Gott ge-

142; vgl. E. DREWERMANN: Geld, Gesellschaft und Gewalt, 209–245: Ausbeutung im Industriezeitalter.

8 Vgl. zur Stelle E. DREWERMANN: Die Apostelgeschichte, 404–442: Apg 9,1–19a: Der Zusammenbruch des Saulus oder: Gnade statt Gesetz.

9 Vgl. zur Stelle E. DREWERMANN: Das Matthäus-Evangelium, II 150–156: Mt 10,1–15: Der ursprüngliche Auftrag: Heilung und Rettung oder Verstockung und Untergang.

10 A. a. O., III 282–292: Mt 28,16–20: »Gehet hin in alle Welt und taufet alle Völker«.

meint hat, als er uns erschuf. Diesen Anspruch einzulösen verpflichtet allerdings zu einer grundlegenden Umarbeitung der Total-Verformung menschlicher Existenz im Bannkreis einer Angst, die quer durch die Geschichte alles durchzieht und die mit ihren Abwehrmechanismen immer neue Ängste erzeugt; um diesem Teufelskreis zu entkommen, gibt es nur *einen* Weg – gerade den, welchen die Bergpredigt beschreibt: ein Vertrauen zu bilden, das durch persönliche Nähe und Verständigung von den Einschnürungen in Aggression und Gewalt befreit.

Demgegenüber kommt es einer tragischen Selbstverführung gleich, daß ausgerechnet die kirchlich organisierte Glaubensvermittlung schon vom 2. Jh. an unter dem Einfluß der griechisch-römischen Philosophie die durch und durch vertrauensvolle Beziehung Jesu zu Gott als unserem Vater in eine begrifflich ausformulierte Lehre zu übersetzen begonnen hat. Fragen des Existierens verwandelten sich dadurch in Fragen des Dozierens, das Bekenntnis des Glaubens erfolgte nicht länger durch die Art der Lebensführung, sondern sollte nunmehr in dem Nachsprechen vorgegebener dogmatischer Formeln bestehen, und wichtiger als die Person des Einzelnen wurde in der Folge die Institution der Kirche selbst, die über die Richtigkeit des ausformulierten Credos zu wachen hatte. Hand in Hand mit dieser Entpersönlichung des Glaubens ging naturgemäß einher die Machtbeanspruchung der kirchlichen Behörde, die ihren Anhängern die angemessene Sprechweise der göttlichen Wahrheit zur Pflicht vorschreiben zu müssen meinte – kein Dogma, das nicht mit gewaltsamem Ausschluß gegen Abweichler und Zweifler durchgesetzt worden wäre. Die Botschaft der Liebe geriet unter diesen Umständen zu einer bloßen Botmäßigkeit gegenüber der Kirchenleitung. Und die Folge ergab sich wie von selbst: In diesem Zustand, den die christliche Gotteslehre bereits im 3. Jh. erreicht hatte, bot das organisierte Christentum intern wie extern eine ideale ideologische Stütze jedweder Ausübung gesellschaftlicher und politischer Macht.

Der Mann, der das erkannte und sich zunutze machte, war *Konstantin* »der Große«, indem er im Jahre 312 seinen Thronkonkurrenten *Maxentius* in der Schlacht an der Milvischen Brücke mit einer Soldateska besiegte, auf deren Schilde er das Kreuz Christi hatte malen lassen[11]. Die Perversion der Person und Botschaft Jesu hätte ärger nicht ausfallen können: das gräßliche Instrument, mit dem Jesus für seine Verweigerung jeglicher Gewalt hingerichtet worden war, figurierte und fungierte jetzt als ein magisches Symbol sadistischer Siege auf dem Schlachtfeld; der gütige Gott Jesu Christi nahm die blutige Maske kriegerischer Götter von der Art des babylonischen *Marduk*, des griechischen *Ares* und des germanischen *Wotan* an: der Sieg *Konstantin*s entschied nicht nur über den Herrscher auf dem Thron des römischen Imperiums, er markierte zugleich den Sieg des Heidentums über das Christentum. Die Kirche aber, vormals um der Reichseinheit willen zugunsten von Kaiserkult und Sonnenkult gewaltsam verfolgt, witterte in dieser »Wende« *Konstantin*s die Chance, selber staatstragend den geistigen Zusammenhalt der Bevölkerung im Vielvölkerstaat Rom zu gewährleisten, – keine sieben Jahrzehnte später avancierte der christliche Glaube zur Staatsreligion Roms. Um ein römischer Bürger zu werden, hatte man fortan Christ zu sein.

Deutlicher ließ sich nicht sagen, daß das Bekenntnis zu Christus, daß die christliche Theologie in kirchlichen Händen zu einer bloßen Herrschaftsideologie verkommen war. Seither benutzte die Kirche den Staat, um mit juristischen und notfalls militärischen Mitteln die Einheitlichkeit ihrer Bekenntnisformeln bei ihren Mitgliedern und gegen ihre Gegner durchzusetzen, und der Staat umgekehrt versicherte sich des kirchlich vermittelten Segens Gottes bei allen Unternehmungen, die für die Stabilisierung seines politisch erzwungenen Zusammenhalts als relevant erschienen. Die christliche Religion erwies sich damit als eine hervorragend geeignete Form von Magie und Ideologie zum Zwecke staatlichen Machterhalts. Statt jedwedem kriegführenden Staat zu widersprechen, ließ die »christliche« Kirche sich

11 Vgl. E. DREWERMANN: Die Apostelgeschichte, 53–80: Apg 1,1–14: Himmelfahrt oder: Vom Ziel und Maßstab menschlicher Geschichte, bes. S. 74–79 zur Vorgehensweise *Konstantin*s und *seiner* »Himmelfahrt«.

dazu hinreißen, die Waffen tötungsbereiter Söldner zu segnen und den Krieg als Möglichkeit staatlichen Handelns im Namen Gottes zu rechtfertigen. Ja, sie selber war es, die im gesamten Mittelalter zum Krieg gegen die »ungläubigen« Sachsen, Slawen oder Muslime aufrief und im 13. Jh. gar den Kreuzzug von Christen gegen Christen im Kampf gegen die andersgläubigen Katharer im Süden Frankreichs befahl[12].

Und einmal so begonnen, ging es notgedrungen weiter. Mit Beginn der Neuzeit, als vom 16. Jh. an die führenden Staaten Europas in Konkurrenz gegeneinander immer weitere neu entdeckte Gebiete aus wirtschaftlichen Gründen sich als ihre Kolonien einverleibten, um sie als Rohstofflieferanten auszubeuten und ihre Bewohner als billige Arbeitssklaven zu erniedrigen, interpretierte die christliche Theologie die gewalttätige Eroberung ganzer Kontinente, die brutale Unterwerfung ihrer Bevölkerung sowie die hemmungslose Zerstörung ihrer Kulturen[13] als Erfüllung des Missionsauftrages Christi. Tatsächlich gewann das Christentum auf diese Weise den Rang einer Weltreligion, doch daß es sich damit selbst verriet, wollte es nicht bemerken und wagt es bis heute sich kaum einzugestehen.

Mithin befinden wir uns in der paradoxen Situation, zur Begründung und Ermöglichung von Frieden die Bergpredigt so auszulegen, daß sie ihre kritische Kraft gegenüber einem unchristlichen Staat ebenso zurückgewinnt wie gegenüber einer entchristlichten Kirche.

Doch: kann es unter diesen Umständen überhaupt noch um »christlich« oder »nicht-christlich« zu tun sein? Da gerade diese Begriffe sich in kriegsbegünstigende Kategorien verwandelt haben, können wir das »Christliche« der Bergpredigt einzig in den Inhalten wiedererkennen und herausarbeiten, deren friedensstiftende Zielsetzung und Wirkung in humanem Sinne evident ist.

12 Vgl. E. DREWERMANN: Richtet nicht!, Bd. 2, S. 151–297: Die Kirche und ihr Machtanspruch über die Seelen, S. 167–219: Der Kampf gegen die Katharer.

13 Vgl. E. DREWERMANN: Von Krieg zu Frieden, 9–41: Wie Kapital wirkt und was es bewirkt.

Nicht als Besitztum einer bestimmten Religion oder Konfession, vielmehr als Botschaft an die Menschheit auf dem Weg zur ihrer Menschlichkeit besitzt die Bergpredigt ihre Bedeutung. Sie gehört allen Menschen, weil sie gerade die Probleme löst, die immer wieder die Grausamkeiten endloser Greueltaten in der Geschichte der Menschheit hervorgetrieben haben. Nicht mehr und nicht weniger will und bewirkt die erlösende Botschaft der Bergpredigt als eine Umkehrung der gesamten Antriebsrichtung unseres privaten und politischen Denkens und Handelns. Das Reich Gottes, das Jesus verkündete und dessen Lebensform er in der Bergpredigt darstellt, bedeutet das Ende aller Reiche dieser Erde; es ist ein absoluter Neuanfang in radikaler Abkehr von Krieg und Gewalt; es ist die Verwirklichung jenes Friedens und jener Gewaltlosigkeit, nach welcher im Grunde alle Menschen sich sehnen, wofern sie nicht in der Verwirbelung der Angst um und um gedreht werden; es bedeutet kulturgeschichtlich deshalb auch zugleich die Umformung des unseligen Machtgerangels zwischen einer Kirche, die – wie etwa der Vatikan – als eigener Staat sich zu behaupten sucht, und einem Staat, der sich als säkular versteht und doch seine Entscheidungen als »alternativlose« Handlungsanweisungen und geistige Einstellungen nach Art einer Kirche durchzusetzen trachtet. Was indessen ansteht, ist eine humanitäre Verchristlichung des Staates, nicht eine politische Verstaatlichung des Christentums.

In all dem gilt es zu beachten, daß die Bergpredigt keine in sich geschlossene Abhandlung oder Programmschrift zur Lösung eines klar umrissenen Problems darstellt; sie ist auch nicht der Mitschnitt einer Rede, die Jesus zu einem bestimmten Zeitpunkt, an einem bestimmten Ort gehalten hätte; alle historisierenden Angaben entstammen der absichtsvollen Redaktion des Evangelisten Matthäus, der isoliert umlaufende Aussprüche Jesu, die in einer eigenen Sammlung (der Q-Quelle) auch dem Lukas-Evangelium in der sog. »Feldrede« (Lk 6,20–49) vorliegen, weitgehend selbständig gestaltet hat; der Sinn eines einzelnen Wortes erfährt auf diese Weise durch den neu geschaffenen Kontext unter Umständen eine Bedeutungsveränderung oder Bedeutungserweiterung im Sinne des Evangelisten über das ursprünglich Gemeinte hinaus.

Was die Worte Jesu, die Matthäus in Mt 5,1 – 7,29 zur »Bergpredigt« zusammengestellt hat, zur Überwindung von Krieg und Gewalt in der menschlichen Geschichte beizutragen haben, läßt sich mithin nicht einfach wortwörtlich aus dem Text herauslesen; man muß die einzelnen Aussagen vielmehr mit dem existentiell dringlichen Suchen des Lesers nach einer Antwort auf bestimmte Fragen verbinden, um ihren Inhalt und Gehalt zum Sprechen zu bringen. Mit anderen Worten: wem das gräßliche Wüten endloser Kriege in der menschlichen Geschichte nicht als schlechterdings unerträglich vorkommt, wen, anders gesagt, die offenbar jederzeit abrufbare Tötungsbereitschaft von Menschen nicht zutiefst entsetzt, der wird die Bergpredigt nicht erkennen als das, was sie sein kann und sein will: als das geistige Medikament zur Heilung des menschlichen Daseins von seiner tiefsten und verhängnisvollsten Erkrankung in Angst und Gewalt.

Ein Grundfehler in der kirchlichen Auslegung der Bergpredigt liegt darin, daß man sie als einen Katalog moralischer Anweisungen und Maximen zu verstehen versucht hat. Wohl, ganz verkehrt ist diese Auffassung nicht, denn in der Tat möchte die Bergpredigt unser Verhalten im ganzen ändern – von Angst in Vertrauen, von Gewalt in Güte, von Aggression in Akzeptanz, von Verurteilen in Verstehen; doch eben deshalb muß eine moralisierende Interpretation dieses Zentralstücks des Neuen Testamentes den entscheidenden Anknüpfungspunkt einer solchen Änderung von Grund auf verfehlen: Sie macht aus dem Geschenk eines Lebens in unverdienter göttlicher Großzügigkeit und Güte die Gesetzgebung eines von Gott geforderten Rechtverhaltens, mithin einer Übermoral, die für gewöhnlich mit der resignativen Replik quittiert werden wird: »Das kann ich nicht« – etwa als Angegriffener auch noch die andere Wange hinhalten. (Mt 5,39) Natürlich konnte auch die kirchengebundene Hermeneutik dieses Problem nicht übersehen, doch hat sie auf eine charakteristische Weise darauf reagiert: Sie erklärte die Bergpredigt für eine Reichs-Gottes-Ethik, die man erst zu leben vermöge, wenn das

Reich Gottes gekommen sei; das aber ist offensichtlich nicht der Fall! Obwohl Jesus verkündete: »Die Zeit ist erfüllt. Genaht hat sich die Königs-Herrschaft Gottes. Kehrt euer Denken um. Vertraut der Heilsbotschaft!« (Mk 1,15) – hat sich die menschliche Geschichte erkennbar nicht geändert. Gott anscheinend hat sich verzögert, und solange es so steht, darf man getrost die Bergpredigt für unerfüllbar halten. Katholischerseits sind es einzig besonders begnadete Menschen, die etwa in Ordensgemeinschaften, abgeschieden von der Welt, nach den Weisungen der Bergpredigt zu leben vermögen; protestantischerseits betont man demgegenüber zu Recht, daß Jesus gewiß nicht – nach Art der Essener – eine Klosterregel als Ausnahme von der »normalen« Lebensweise der Menschen einführen wollte, sondern das Zusammenleben aller vermenschlichen mochte; allerdings stehen damit nur die »Christen« in der Pflicht, sich, so gut es geht, nach den Weisungen der Bergpredigt zu halten; der Staat als politische Ordnungsinstanz ist an die Gebote der Botschaft Jesu nicht gebunden; seine Einrichtung ist zu betrachten als eine Notmaßnahme Gottes zum Schutz der »Christen« vor den »Heiden« bzw. der »Guten« vor den »Bösen«[14]. Die innerkirchliche Spaltung im Katholizismus zwischen Klerikern und Laien führt im Rahmen der protestantischen Zwei-Reiche-Lehre mithin zu der Spaltung zwischen Kirche und Staat. In beiden Konzepten wird die Gegensätzlichkeit von »Reich Gottes« und »Welt« durch die erlösende Botschaft Jesu gerade nicht überwunden, sondern beibehalten, und den Grund dafür bilden bezeichnenderweise nicht wir, die Menschen, die immer neue Gründe finden, die Bergpredigt nicht befolgen zu können und zu müssen, sondern letztendlich Gott, der sich in seinem Heilshandeln entweder verzögert oder zu sehr zurückhält.

Gleichwohl bleibt es richtig, daß man die Bergpredigt wirklich nur leben kann im Raum der Gnade Gottes; grundverkehrt allerdings ist es, diese »Gnade« Gottes als eine besondere Befähigung zu einem sittlich gesteigerten Rechtverhalten zu betrachten. Die

14 Vgl. E. DREWERMANN: Richtet nicht!, Br. 2, S. 342–363: Lehre und Ausbreitung des Protestantismus.

entscheidende Frage ist nicht, wie ein Mensch handelt und wie sein Tun nach moralischen und juridischen Maßstäben zu beurteilen ist, sondern was für ein Mensch er ist, wenn er in bestimmter Art agiert. Nicht sein Tun – seine Person muß man sehen, nicht auf seine Hand – in sein Herz muß man schauen, um zu begreifen, wen man bei einem bestimmten Verhalten vor sich hat. Die Gnade Gottes ist kein Kraftstoff für sittliche Großtaten, sie ist die Form der Beziehung, in welcher Gott als Person grundgütig und vergebend, statt zensierend und strafend der Person des Menschen gegenübertritt. Alles im Menschen, sein gesamtes Dasein, ändert sich bei diesem Vertrauen in die unbedingte und vorbehaltlose Güte Gottes, – »die Umkehr des Denkens«, zu der Jesus mit seiner Botschaft von der Ankunft der Königsherrschaft Gottes aufforderte, besteht in eben dieser Heilung der menschlichen Existenz von Angst und Gewalt in Vertrauen und Großmut.

Die Verhaltensweisen, welche die Bergpredigt mit ihren Entgegensetzungen zu der alten und jetzt veralteten Gesetzesordnung in Mt 5,21–48 beschreibt, wenn sie von Versöhnung statt Strafe, von Liebe statt Verlangen, von Wahrhaftigkeit statt Eidesleistung, von Vergebung statt Vergeltung, von Feindesliebe und Versöhnung statt von einem Vertiefen der Gräben im Kampf um die Durchsetzung der eigenen Rechtstitel in ausgewählten Beispielen spricht, stellen eine solche radikal neue Lebensform dar, die sich aus der grundlegend erneuerten Einstellung zu Gott ergibt. Wie lebt und verhält sich ein Mensch, der im Gegenüber der Gnade Gottes endlich zu sich selbst zurückgefunden hat? Das zu zeigen ist der Sinn der Bergpredigt.

Zutiefst sollte man die Kernbotschaft Jesu deshalb nicht ethisch oder eschatologisch, sondern existentiell-therapeutisch aufgreifen[15]. Wer die menschliche Geschichte mit menschlichen Augen betrachtet, der kann nur den Himmel anflehen, von dem Albtraum des permanenten Wahnzustandes bewaffneter Gewalt

15 Zur Auslegung der Bergpredigt vgl. E. DREWERMANN: Das Matthäus-Evangelium, I 367–369: Mt 5,1–12: Die Bergpredigt und die Seligpreisungen.

endlich befreit zu werden. Diese sogenannte »Realität« zeigt nicht die »Natur« oder die »Wahrheit« des Menschen, sie demonstriert vielmehr in schlimmster Weise die Unnatur und Perversion, in welcher das menschliche Dasein – biblisch gesprochen: jenseits von Eden – sich befindet. In der Bergpredigt nimmt Jesus uns bei der Hand, um uns in die Geborgenheit zurückzuführen, für die wir eigentlich geschaffen sind, und wir können sie empfinden, wenn wir nicht der Angst inmitten dieser Welt gehorchen, sondern wenn wir sie überwinden im Vertrauen auf die Väterlichkeit (oder Mütterlichkeit) Gottes, wie Jesus sie zu bringen kam (Joh 16,33). Einzig so tritt Gott seine Herrschaft in unseren Herzen an, und einzig so finden wir zu der Freiheit unseres Wesens zurück. Die scheinbare Allmacht der Angst inmitten einer gottfernen Welt weicht, und mit ihr vergehen die Gründe, die uns wie selbstverständlich und skrupellos immer wieder all die Greueltaten begehen lassen, die nötig scheinen, um Kriege »gewinnen« zu können. Zuletzt glauben wir womöglich wirklich, sie siegreich beendet zu haben, während wir uns selbst als Menschen ganz und gar verloren haben.

In viele Problemfelder unseres Daseins läßt die heilende, zur »Umkehr« leitende Wirkung der Bergpredigt sich hineintragen. Wenn wir im folgenden allein die Tragödie des Krieges mit der Botschaft der Bergpredigt konfrontieren, so deshalb, weil wir soeben zu jener »Zeitenwende« gedrängt werden, in der man »in den deutschen Streitkräften ... ein Umdenken« eigener Art verlangt. Die Armee soll wieder kriegstauglich und wehrhaft gemacht werden, und das heißt konsequenterweise: man hat es fortan als Pflicht zu begreifen und zu akzeptieren, daß es auch und gerade »im Grundbetrieb der Bundeswehr«, wie in allem soldatischen Tun, »um Töten oder Getötetwerden geht. Kämpfen, töten und sterben« als politscher Lernauftrag der Zukunft im Verein mit USA, EU und Nato zur Niederringung Rußlands und Chinas, solange diese dem globalen unipolaren Hegemonialanspruch von God's own country im 21. Jh. noch im Wege stehen, – eine solche »Zeitenwende« soll nicht nur den »Ausfluss der überwiegend pazifistischen Ausrichtung unserer (sc. bundesdeutschen,

d. V.) Zivilgesellschaft« nachkorrigieren[16], sie enthält implizit zugleich die Aufforderung, die Umkehrbotschaft des Jesus aus Nazareth in ihr Gegenteil zu verkehren und mit politischem »Realitätssinn« als unverantwortliche Illusion vergessen zu machen.

Dagegen muss sich wehren und verwahren, wer Christ sein will und bleiben möchte, unerachtet der Untätigkeit oder Unfähigkeit der »christlichen Kirchen«, solange diese sich nach wie vor als staatstragende Einrichtungen verstehen. An dieser Stelle ist es Christenpflicht, dem Staat und seiner Politik zu widersprechen und zu widerstehen. »Man muß Gott mehr gehorchen als den Menschen.« (Apg 5,29) Um *das* zu tun, werden wir den Hauptursachen im Hintergrund der steten Kriegsbereitschaft nachgehen und zeigen, wie diese durch das Umdenken der Bergpredigt an Gültigkeit verlieren und wie an jeder Stelle sich das Tor zum Frieden öffnet.

16 So die Bundeswehrakademie für Sicherheitspolitik (BAKS) in Berlin- Pankow. Panzergeneral a.D. *Christian Trull* beklagte schon 2017 in einem Interview der FAZ, daß man im Verteidigungsministerium so tue, »als ob es im Grundbetrieb der Bundeswehr gar nicht um Töten und Getötetwerden ginge.« ARNOLD SCHÖLZEL: Kämpfen, töten, sterben, in: junge Welt, 25. Okt. 22, Nr. 248, S. 8.

I
»Nicht wie die Welt gebe ich euch meinen Frieden« (Joh 14,27) oder: Raus aus dem Teufelskreis der Angst

Jeder einzelne Kriegsausbruch mag seine Gründe haben; doch woher überhaupt kommt die Bereitschaft von Menschen, sich in großen Gruppen zusammenzurotten und aufeinander loszugehen in der Absicht, möglichst viele Vertreter der Gegenseite zu erschlagen, zu erstechen, zu erschießen, zu erhängen – zu ermorden auf jede sich bietende Art, bis daß der Gegner zur Fortsetzung des Kampfes nicht mehr fähig oder willens ist? Es geht um Leben und Tod, um Sein oder Nichtsein, um ein Überleben der eigenen Gruppe durch Ausschaltung großer Teile der gegnerischen Gruppe.

Krieg ist eine kollektive Auseinandersetzung nach der für jeden Teilnehmer zwingenden Devise: Du oder Ich, Entweder-Oder. In diesem Kräftemessen des Todes und des Tötens besitzt das Leben des Einzelnen keine besondere Bedeutung, es dient einzig zur Verstärkung der Vernichtungskapazität der eigenen Seite. So sich selber wahrzunehmen und das Risiko auf sich zu nehmen, beim Töten anderer auch selbst getötet zu werden, gilt als moralische Verpflichtung eines jeden Kriegsteilnehmers gegenüber der Bezugsgruppe, für die er antritt; die eingesetzten Mittel und Methoden des wechselseitigen Hinmordens sind bedenkenswert allein in Hinsicht ihrer Tauglichkeit: wie gut geeignet zum Töten sind sie? – Ohne Zweifel: Bereits diese Vereinnahmung des Einzelnen zur Durchsetzung des Gruppenegoismus der eigenen Gemeinschaft, die Vergleichgültigung des Tötens beliebig vieler Menschen zur Erlangung des Siegs der eigenen Sache auf dem Schlachtfeld, der taumelnde Triumph schließlich angesichts der Leichenberge, die man auf gegnerischer Seite zur Strecke gebracht hat, wirft eine Fülle von Fragen und Problemen auf, die noch gesondert zu untersuchen sein werden. Vorab aber ergibt sich hier bereits etwas recht Eigenartiges an Einsicht in das menschliche Verhalten.

1. Warum Krieg?

Warum hat in der menschlichen Geschichte stets ein Krieg den anderen abgelöst? Warum erwies sich das Versprechen stets als falsch, nur jetzt noch dieser eine Krieg müsse geführt werden, dann sei die Welt gebessert und befriedet? Sie war es nie, es ging nur immer schlimmer weiter. Warum?

Mitunter hört man simpel sagen: »Die Menschen sind halt so«; doch *warum* sind sie so? Mit resignativem Fatalismus, der sich als Realismus tarnt, ist keinerlei Begründung zu gewinnen, allenfalls eine Ausrede dafür, die Politik der Gewalt Stufe um Stufe weiter voranzutreiben.

Nicht selten auch wird die Skepsis gegenüber der Wesensart der menschlichen Spezies evolutionsbiologisch begründet. »Das *missing link* zwischen Affe und Mensch sind wir selbst.« Diesen Ausspruch von KONRAD LORENZ ließ BERNHARD GRZIMEK als Direktor des Frankfurter Zoos am Primatenhaus anbringen, um zu sagen, daß wir nach ca. 6 Mio. Jahren der Entwicklung von schimpansenähnlichen Vorfahren unserem verhaltenspsychologischen Erbe nach wie vor tiefer verhaftet sind als dem Bild eines wirklichen Menschseins. Tatsächlich ließen sich bei Schimpansen am Gombe-Fluß kriegsähnliche Handlungen aus Anlaß von Revierstreitigkeiten beobachten[1], und man braucht sich nur die Entwicklung des präfrontalen Cortex über diese Handlungsbereitschaften gewölbt vorzustellen, um die Kriegsvorbereitungen und Kriegsführungen des »homo sapiens« mit gewissem Recht als eine bloße Erweiterung eben jener Antriebe zu betrachten, die noch vor der Gabelung der Entwicklungslinien von Schimpansen

1 Vgl. VOLKER SOMMER: Die Affen, 276–284, zu den Beobachtungen von JANE GOODALL: The Chimpanzees of Gombe, 488–534.

und Menschen genetisch etabliert wurden. Was Tiere hochemotional, situativ bedingt, im Affekt einander antun, ist, wie bei ihrem Jagdverhalten[2], sozial aufeinander abgestimmt und als Gruppenaktion strategisch orchestriert, doch läßt es noch die systematische Planung des Kampfgeschehens in Waffenherstellung und taktischem Vorgehen gänzlich vermissen. Menschen denken vorausschauend: welche Werkzeuge wirken beim Hauen und Stechen auf den Körper des Gegners am erfolgreichsten ein? Welch ein Zeitpunkt zur Sammlung der eigenen Gruppe und zur Überraschung des Gegners erscheint als der günstigste? Welch ein Gelände gewährt die geeigneten Entfaltungsmöglichkeiten in Angriff und Abwehr? Die Kriege, die Menschen führen, zeichnen sich aus durch Intelligenz und Effizienz, – nur wer rechtzeitig überlegt, wird überlegen sein. Das Töten des Gegners, die Schwächung der gegnerischen Gruppe geschieht nicht mehr in einem Andrang bloßer Gefühle, sondern kalt kalkuliert, grausam, weil gefühlsarm, – ein methodisch anmutendes Massaker mit Entschiedenheit und Entschlossenheit auf der Ebene des Gruppenzusammenhalts. Nicht was der Einzelne denkt und empfindet, ist maßgebend, sondern was die Gruppe von ihm verlangt. Krieg führt nicht das Individuum, Krieg verlangt die Vereinigung vieler zu einem Kampfverband.

Doch daß dem Einzelnen die persönliche Motivation für sein Tun entzogen wird, dient gerade nicht der Schwächung, sondern eher der kumulativen Stärkung der ursprünglichen Antriebe. Zwei Reaktionsbereitschaften in Gefahrenmomenten haben sich in der Evolution der Wirbeltiere, beginnend vor 500 Mio. Jahren im Kambrium, als erfolgreich ausgebildet und durchgehalten: Flucht oder Angriff; neurologisch bezeichnet man Noradrenalin und Adrenalin mit gewissem Recht als das entsprechende Flucht- und Angriffshormon[3].

Wie wir auf Bedrohung antworten, ist bei uns Menschen in der Tat also vom Verhalten der Tiere nicht grundverschieden. Gleich-

2 A.a.O., 274–275.

3 E. DREWERMANN: Atem des Lebens, I 245–254: Catecholamintransmitter und ihre Rolle im peripheren autonomen (vegetativen) Nervensystem.

wohl genügt es in keiner Weise, die permanente Kriegsbereitschaft in der menschlichen Geschichte als eine bloße Fortdauer der Tierpsychologie in der Humanpsychologie zu interpretieren und darin die noch nicht überwundene Hypothek unserer Herkunft aus der Tierreihe zu erblicken, mithin die Geißel andauernder Kriege als ein uns leider noch anhaftendes Abzeichen unserer Abstammung abzutun. Denn im Falle diese Deutung zuträfe, sollte der kulturphilosophische Fortschrittsglaube seine Bestätigung finden, wonach die Geschichte des Menschen als ein unaufhaltsamer Anstieg der Vermenschlichung unfehlbar zu wachsender Bewußtheit, vermehrter Verantwortung und frohgemuter Freiheit geführt haben müßte. Doch so verhält es sich ganz offensichtlich nicht. Wohl haben die enormen Errungenschaften in Wissenschaft und Technik die kulturellen Lebensbedingungen weitgehend aus den natürlichen Vorgaben mit all ihren Engpässen und Hürden herausgelöst und die Lebensqualität dadurch wesentlich verbessert, doch nicht in Widerspruch dazu, sondern vielmehr ineins damit wurde die Gewalttätigkeit ständiger Kriege eben nicht überwunden, sondern mit denselben Mitteln des zivilisatorischen Fortschritts: durch Wissenschaft und Technik, ins geradezu Ungeheuerliche gesteigert. So weit der Weg gewesen ist, der von der eiszeitlichen Höhle zur elektrisch beleuchteten und beheizten Wohnung geführt hat, so weit ist derselbe Weg, der von Faustkeil und Keule zu Maschinengewehren und Napalmbomben zurückgelegt wurde. Wir haben uns aus den Verhaltensformen der Tiere zu ungeahnten zivilisatorischen Höhen weiterentwickelt, doch zugleich haben wir uns in den Grundbedürfnissen unverändert beibehalten, indem wir diese lediglich erfolgreicher zu befriedigen gelernt haben.

An dieser Stelle tritt ein Widerspruch zu Tage, der die Widersprüchlichkeit unserer Art zu leben ebenso offenbart wie erklärt. Wir haben gelernt, gegen Dunkelheit und Kälte Feuer anzulegen und zugleich damit die Nahrungszubereitung zu verbessern; wir haben es verstanden, Tierhäute zu Zelten und Kleidungsstücken zu verarbeiten und sogar Pflanzen anzubauen und Hochhäuser zu errichten – eine Vielzahl physischer und physiologischer Schwierigkeiten konnten wir lösen durch gewisse künstliche Veränderungen der natürlichen Lebensbedingungen. Diese Vorgehensweise erweist sich als äußerst erfolgreich, aber nur bei äußeren Problemen; sie wird selbst zu einem äußerst folgenschweren Problem bei allen Schwierigkeiten, die wir innerlich mit uns selber haben.

a) Von der Eigenart menschlicher Angstverarbeitung

Ein Hauptproblem stellt die soeben erwähnte Auseinandersetzung mit äußeren Bedrohungen dar. Das Warnsignal der Angst bei der Wahrnehmung einer Gefahr nötigt reflexartig zu diesen beiden Antworten: Flucht oder Angriff. Für Tiere genügt ein solches einfaches Reiz-Reflex-Schema[4], das artspezifisch das Verhalten auf die durchschnittlich aussichtsreichsten Überlebenschancen festlegt. Das System funktioniert, bis auf einen gewissen Spielraum individuell erlernter Modifikationen, rein mechanisch und ist ausgerichtet auf den Augenblick. Sobald die Gefahr vorüber ist, tritt wieder Ruhe ein. Kein Lebewesen kann es sich energetisch leisten, in dem ständigen Streß unablässiger Angstgewärtigung zu existieren; nach der Herausforderung des Angstsignals fällt es deshalb alsbald zurück in den seelischen Grundzustand relativer Ruhe, zu deren Absicherung freilich eine konstante Wachsamkeit aufrecht erhalten bleiben muß.

Diese für Tiere charakteristische Selbstregulation der Angst in Krisensituationen wird gewissermaßen außer Kraft gesetzt durch genau die Fähigkeit, die uns zu Menschen macht: durch unser planendes Bewußtsein. Bei Tieren mag die Angst verschwinden, wenn die Gefahr vorüber ist; nicht so bei uns Menschen. Wir begreifen, daß eine Gefahr, die in der Gegenwart real ist, nicht einfachhin vergeht, sondern als mögliche Bedrohung in der Zukunft fortbesteht. Also werden wir alles daran setzen, die Ursachen der Gefährdung zu erkennen und nach Möglichkeit auszu-

4 A.a.O., I 294–298: Sensitivierung.

schalten. Manchen Gefahrenquellen können und sollten wir aus dem Wege gehen oder durch Flucht zu entkommen suchen, andere aber beunruhigen uns ständig, weil wir ihnen immer wieder zu begegnen fürchten. Gegenüber solchen Gefahrenquellen suchen wir Sicherheit, und zwar nicht nur momentan, von Fall zu Fall, sondern ein für allemal, endgültig. Dabei wissen wir nur zu gut, daß es endgültige Lösungen inmitten einer endlichen Welt gar nicht geben kann: eines Tages, unsicher wann, doch ganz sicher bald schon, wartet der Tod auf uns, er bedroht uns als ein Raubtier, das viele Gestalten anzunehmen vermag, doch dem wir sicher nicht entrinnen werden.

Anders als alle Tiere sind wir mithin durch unser Bewußtsein dazu bestimmt, nicht nur sterben zu müssen, sondern im Wissen um unsere Endlichkeit mit unserer Sterblichkeit leben zu sollen. Die Endlichkeit unseres Daseins selbst erzeugt in uns eine unendliche, stets gegenwärtige Angst vor dem Tod in der schier unbegrenzten Vielfalt seiner Erscheinungsformen.

Was ist zu tun, wenn eigentlich nichts zu machen ist?

b) Die Verunendlichung der Angst und das Verlangen endgültiger Lösungen

In der Unendlichkeit unserer Angst werden wir versucht sein, gegen alle nur denkbaren Gefahrenmomente von seiten der Natur eine unbedingte Sicherheit zu erstellen, indem wir die Kenntnisnahme und die Kontrolle ihrer Bedrohungspotentiale soweit ausdehnen, daß wir sie, wenn irgend denkbar, unschädlich zu machen vermögen. Stets streben wir dabei totale Lösungen an. Wölfe, Schlangen, bestimmte Fliegenarten als Krankheitsüberträger erachten wir als gefährlich, – also werden wir erst Ruhe finden und geben, wenn wir sie ausgerottet haben. Denn: wir müssen uns schützen, wir verlangen nach Sicherheit, und gegen eine Gefahr, die uns tödlich bedroht, ist nur anzukommen, wenn wir den Tod in eine Waffe zum Schutz unseres Lebens verwandeln: unter dem Diktat der Todesangst müssen wir töten, was uns töten könnte. Und wirklich, in dem Krieg, den wir gegen die Natur zur Verringerung ihrer tödlichen Gefahren zu führen begonnen haben, seitdem es uns gibt, sind wir wahrlich weit gekommen: Wölfe – fast sind sie ausgerottet, Schlangen – wo in bewohnten Gebieten fänden sie sich noch? Die Tsetse-Fliege, welche die Schlafkrankheit bei Mensch und Tier verbreitet, – es wäre besser, es gäbe sie nicht!

Mit allen Gefahren der Natur verfahren wir so; nichts aber gibt es, was einem Menschen so gefährlich werden könnte wie ein anderer Mensch. Denn: er fühlt wie wir, er denkt wie wir, in ihm begegnen wir uns selbst. Auch er sucht Sicherheit. Tiere, wenn sie in einem Kommentkampf um die Alpha-Position im Rudel oder um den Besitz eines Weibchens unterlegen sind, werden den Ausgang ihres Streites als Entscheidung anerkennen und – zumindest für eine Weile – Frieden halten. Ein Mensch, der besiegt wurde, kann im Blick auf die Zukunft mit einer Niederlage nicht so weiter leben wie bisher, er müßte denn fürchten, als ewiger Verlierer in den Augen aller und vor allem in seinen eigenen angesehen zu werden; je mehr in der Auseinandersetzung auf dem Spiel stand, wird er folglich daran arbeiten, das für ihn negative Resultat zu korrigieren.

Für den »Sieger« eines solchen Streits ergibt sich aus diesem Wissen um die menschliche Eigenart seines Gegners eine Konsequenz, die bei Tieren so nicht möglich wäre: ein besiegter Feind, weil er ein Mensch ist, wird mit aller Wahrscheinlichkeit über die Gründe seiner Unterlegenheit nachdenken und sie abzuschleifen oder gar umzukehren trachten. Er war unterlegen, weil er Fehler begangen hat, die es abzustellen gilt. Ein Tier wüßte seine körperliche Schwäche gegenüber seinem Gegner, die sich im Kampf gezeigt hat, als eine natürliche Tatsache anzuerkennen; für einen Menschen sind natürliche Gegebenheiten veränderbar, und er wird darauf sinnen, physische Ursachen seiner Unterlegenheit mit technischen Mitteln auszugleichen. Mangelnde Körperkraft läßt sich durch besseres Kampfgerät kompensieren, die Kampftaktik kann man durch günstigere Ausnutzung des Geländes und vor allem durch listige Finten und Täuschungen bezüglich der Angriffs- und Abwehroperationen erfolgreicher gestalten. Wer erst einmal weiß, warum er verloren hat, wird nicht wieder verlieren wollen, jedenfalls nicht aus den gleichen Gründen. Mit anderen Worten: unter Menschen ist eine endgültige Sicherheit selbst gegenüber einem unterlegenen Gegner nicht zu gewinnen. Im Gegenteil, es steht zu befürchten, daß der geschlagene Feind schlagkräftiger zurückkehrt. Durch seine Niederlage ist die Gefahr nicht gebannt, sie hat sich vergrößert. Die Lektion daraus ist furchtbar – gerade so fürchterlich wie der Verlauf der menschlichen Geschichte.

Der niederländische Verhaltensforscher NIKO TINBERGEN hat diesen Zusammenhang gesehen[5]. Im Verlauf ihrer Entwicklung, meinte er, sei die Menschheit zu der einzigen Spezies auf dem Planeten Erde herangereift, die es gelernt habe, das Töten eines Gegners als die einzige endgültige Lösung eines Konfliktes zu betrachten. »Nur ein toter Indianer ist ein guter Indianer.«[6] Diese

5 NIKO TINBERGEN: Von Krieg und Frieden bei Tier und Mensch, in: Günter Altner (Hg.): Kreatur Mensch, 324–354, S. 343: Der Mensch steht »allein in seiner Fähigkeit, zu lernen, daß ein toter Gegner nicht mehr wiederkehrt. Wenn er diese Erfahrung auf Feindseligkeiten zwischen Völkergruppen bezog, kann er sehr früh entdeckt haben, daß Streitfälle durch einen Krieg ›erledigt‹ werden können.«

6 Noch zu Beginn des 20 Jhs. konnte *Theodore Roosevelt* sagen: »Ich gehe nicht so weit, zu denken, daß nur tote Indianer gute Indianer sind, aber ich denke, daß es für neun von zehn Indianern gilt, und was den zehnten angeht, so will ich den Fall nicht näher untersuchen. Jedenfalls hat der bösartigste Cowboy mehr moralische Prinzipien, als der durchschnittlichste Indianer.« ROLF WINTER: Ami go home, 136. Dieser Mann, den *Ronald Reagan* und *George Bush* als ihr Vorbild für die amerikanische Geschichte betrachteten, rechtfertigte das Abschlachten von ca. 6 Mio. Indianern mit den Worten: »Unser großes Land ist kein Tierschutzgebiet für schmutzige Wilde«; das Leben der Indianer galt ihm für »nur ein paar Grade weniger bedeutungslos als das von wilden Tieren.« (A.a.O., 55) – Wie auf indianischer Seite diese Einstellung aufgenommen wurde, artikulierte 1876 der Häuptling der christlich gewordenen Flatheads-Indianer, *Charlot*, als er gegen die mit Urkundenfälschung und Steuererhebungen erzwungene Umsiedlung seines Volkes aus dem Bitter-Root-Tal in ein Reservat protestierte: »Riecht nicht der weiße Mann nach Tod?« fragte er rhetorisch. »Er hat Gräber um Gräber mit unseren Knochen gefüllt ... es ist sein Wesen, alles zu zerstören ... Was ist er? Wer hat ihn hergeschickt? ... Als er zum ersten Mal kam, dachten wir, er käme von dort, wo die Sonne aufgeht. Doch er kommt wie die Finsternis, nicht wie der

Maxime einer Gewaltlösung von Konflikten durch den Endsieg des Überlegenen beweist ihre Brauchbarkeit keinesfalls nur im Wilden Westen, sie bildet vielmehr das nekrophile Grundmuster aller kriegerischen Auseinandersetzungen. Im Zustand der Angst aller vor allen geht es schlimmer zu, als THOMAS HOBBES es für den »Naturzustand« annahm, in dem allein das Recht des Stärkeren gegolten habe und jeder Mensch des anderen Wolf gewesen sei[7]; denn diese oft zitierte Formel zur Erklärung der entsetzlichen Unzahl von Kriegen in der menschlichen Geschichte taugt allenfalls dazu, den Faktor der Gewaltbereitschaft in aggressiven Auseinandersetzungen als ursächlich zu berücksichtigen, doch übersieht sie die tödliche Steigerung der Konflikte durch eine Angst, die nur mit der finalen Lösung: der Beseitigung des Gegners, zu»frieden« ist.

Inmitten einer Welt der Angst erfährt das Wildheitsprinzip zur Überlebenssicherung, stets auf dem *qui vive* sein müssen, das schon unter Tieren gilt, unter Menschen seine höchste Aufgipfelung: Jeder, wenn und weil er ein Mensch ist, ist frontal oder lateral als ein potentieller Todfeind zu betrachten; man muß vor ihm auf der Hut sein; man kann nicht wissen, was er im Schilde führt und wozu er fähig ist! Statt ihm blind zu vertrauen, muß man vorsichtigerweise ihm erst einmal alles zutrauen. Diese Devise gilt zwischen den Einzelnen, sie gilt aber – entgegen der Annahme von THOMAS HOBBES im »Leviathan«[8] – auch und vor

Morgen. Er kommt wie der Tag, der vorbei ist, und Nacht schleicht in unsere Zukunft, sobald er erscheint ... Erst war er ein Wanderer, ein Kojote. Dann war er ein Lügner. Jetzt ist er ein Mörder und ein Gebieter ... mit Soldaten, Ketten, Gefängnissen ... Sein Geiz erdrosselt sein Mitleid.« WILLIAM ARROWSMITH – MICHAEL KORTH: »Meine Worte sind wie Sterne – sie gehen nicht unter«, S. 65–67.

7 Vgl. THOMAS HOBBES: Leviathan, 1. Teil, 13. Kap., S. 113–116, zum »Krieg aller gegen alle«.

8 Zur Darstellung und Kritik der Staatsphilosophie von HOBBES vgl. E. DREWERMANN: Richtet nicht!, Bd. 2, 549–573. Den zentralen Einwand gegen staatliche Machtanmaßung formulierte 1932 ERICH MÜHSAM: Befreiung der Gesellschaft vom Staat, S. 30: »Was ... den Staat zum Staate macht ..., (ist) der Ersatz der unmittelbaren Verbindung der Menschen untereinander durch die Überantwortung von *Macht* an Menschen zur Beherrschung von Men-

allem im Umgang der Staaten miteinander uneingeschränkt weiter, freilich jetzt ins grenzenlose ausgedehnt durch die organisierte, in größeren Menschenmassen akkumulierte, in zielorientierter Rücksichtslosigkeit geplante Austragungsform kriegerischer Konflikte. Was also geschieht da?

Psychologisch läßt sich ein Zustand der ständigen mißtrauischen Feindgewärtigung in der Begegnung mit anderen Menschen kaum anders denn als eine blühende Paranoia beschreiben. Was sich uns als Geschichte der Menschheit darbietet, ist in der Serie nicht endender Kriege unzweifelhaft die Verlaufsform einer solchen schweren seelischen Angstkrankheit mit durch und durch wahnhaften Zügen und immer destruktiveren Folgen.

Die Herkunft dieser Angst ist wohlgemerkt jetzt nicht mehr allein in der Tierreihe zu suchen, sondern wesentlich in dem, was uns zu Menschen macht: in unserer Fähigkeit zu Bewußtsein und planender Vernunft. *Sie* sorgt dafür, daß alle realen Gefahren in ihrer Begrenztheit sich zu unendlichen Möglichkeiten vergrößern, denen wir mit allen Mitteln zuvorkommen müssen. Nicht die Realität mit ihren begrenzten Gefährdungen, sondern unsere Angst vor der Realität wird damit zu unserer größten Gefahr. Zwar, nach wie vor kreisen wir in den Ängsten und Angstreflexen der Tiere; doch was sich bei diesen von Fall zu Fall wie von selber beruhigt, nimmt bei uns Menschen durch das Bewußtsein die Gestalt einer permanenten Bedrohung an und treibt uns dahin, unsere Sicherheit im Stil einer präventiven Notwehr durch das Töten aller möglichen Feinde zu suchen. GOETHES *Mephisto* sieht das Richtige, wenn er zu Gott vom Menschen sagt: »Er nennt's Vernunft und braucht's allein, Nur tierischer als jedes Tier zu sein.«[9] In der Kette seiner Kriege erscheint der Mensch als ein am Geist erkranktes Tier, als ein Paranoiker im Irrenhaus seiner eige-

schen ... Unter Macht ist jede Inanspruchnahme oder Einräumung von Hoheitsbefugnissen zu verstehen, durch die Menschen in regierende und regierte Gruppen getrennt werden. Hierbei spielt die Regierungsform nicht die geringste Rolle. Monarchie, Demokratie, Diktatur stellen als Staatsarten nur verschiedene Möglichkeiten an Verfahren der zentralistischen Menschenbeherrschung dar.«

9 J. W. V. GOETHE: Faust, Prolog im Himmel, Vers 185–186, S. 17.

nen Geschichte, als jemand, der aus Angst vor den Gefahren, die von seinen Ängsten ausgehen, sich selber zur größten Gefahr wird. Nicht andere Menschen als seine Feinde müßte er besiegen, sondern seine Angst vor den anderen.

Doch ehe er diesen zutiefst religiösen Ansatz zur Heilung von seiner Erkrankung nicht sehen kann oder nicht sehen will, wird und muß er so weitermachen, wie er immer schon war. Die »Zeitenwende«, in die wir soeben politisch hineingepreßt werden, bringt keine »neue Weltordnung« mit sich, sie vergrößert nur die Fallhöhe zurück in die Barbarei der Steinzeit, ausgestattet mit den Mitteln des Atomzeitalters.

Oder wie soll man es finden, wenn die Bürger der USA als des Vorbildlandes und eigentlichen Gestalters der westlichen Welt mit ihren 340 Mio. Einwohnern über 400 Mio. Schußwaffen verfügen und ihre Regierung Jahr für Jahr mehr als 800 Mrd. Dollar nur für das Militär ausgibt – zwölfmal so viel wie das angeblich so imperialistische und aggressive Rußland? Jeder, der sich eine Pistole oder ein Schnellfeuergewehr zulegt, glaubt, damit seine Sicherheit zu gewährleisten; doch was tut er wirklich? Zum einen zeigt er sich entschlossen, im Notfall von seiner Waffe auch Gebrauch zu machen: in seiner Angst, überfallen, ausgeraubt, vergewaltigt, verletzt, entführt, gefoltert oder getötet werden zu können, wird er selbst denjenigen umbringen, der ihm derlei anzutun gedenkt; und zum anderen gibt er dadurch zu verstehen, wie er mit seiner Todesangst umgeht: er lenkt sie von sich ab, indem er sie auf seinen Gegner verschiebt. Nur wofern er dem anderen so viel an Angst bereitet, wie er vor diesem selbst empfindet, wähnt er sich in einem solchen Gleichgewicht des Schreckens relativ in Sicherheit.

c) Die Paranoia menschlicher Geschichte oder: Angstlösung durch Angstverbreitung

Es ist klar, was sich daraus ergibt: Das Angstproblem soll nicht gelöst werden durch Abbau der Angst, sondern durch Verbreitung von Angst. Was da als Lösung präsentiert wird, setzt in Wahrheit einen Mechanismus ständiger Eskalation in Gang, und so begreifen wir, warum das Problem des Krieges in der menschlichen Geschichte mit dem Fortschritt der Zivilisation nicht etwa abgenommen, sondern im Gegenteil stetig zugenommen hat. Denn nicht nur hat ein Krieg dem anderen die Hand gegeben, er hat stets auch dahin geführt, auf dem Stand fortzufahren, der an Grausamkeit und Rücksichtslosigkeit bereits erreicht ward. Alle Gesetze, Vereinbarungen und Aufrufe haben sich als ohnmächtig erwiesen gegenüber der scheinbaren Allmacht der Angst.

Die Erwartung von HOBBES erzeigt sich an gerade dieser wichtigen Stelle mithin als irrig, es könnten die Einzelnen als Bürger getrost ihre Sicherheit in die Hände des Staates legen, indem sie diesem ein Monopol auf den Gebrauch von Gewalt einräumen; denn auf diese Weise gelang es zwar, politisch geregelte Binnenräume einer relativen Pazifizierung im Umgang mit einander einzurichten, doch wurde dadurch die Angstproblematik nicht gelöst, sondern nur auf die höhere Ebene eines Regimes von organisierter Überwachung und Außenlenkung verschoben. Das Prinzip, auf Angst durch Angstverbreitung zu antworten, wurde dadurch gerade nicht geändert oder sogar aufgegeben, es wandelte sich vielmehr zu einem Prinzip des politischen Handelns und gewann dadurch eine ganz neue Größe seiner Gefährlichkeit.

Setzen wir es gegenüber: Für die Einzelnen als Staatsbürger mag als Ausdruck ihrer Friedfertigkeit die Goldene Regel der Bergpredigt gelten, die in vielen Kulturen sinngemäß gleichlautend formuliert wird: »Alles, was ihr wollt, daß euch die Menschen tun, das tut ihr ihnen.« (Mt 7,12)[10] In *einem* Satz ist in diesen Worten die Grundhaltung aller Ethik ausgesprochen, wobei besonders die positive Offenheit dieser Anweisung zu beachten ist; aber auch als negatives Verbot behält dieser Satz noch Sinn, wenn es heißt: »Was du nicht willst, das man dir tu, das füg auch keinem andern zu.« Nach solch einer Maxime möge die Sittlichkeit des Einzelnen sich richten, und wenn wirklich alle so

10 Vgl. zur Stelle E. DREWERMANN: Das Matthäus-Evangelium, I 606–613: Mt 7,12: Die Goldene Regel.

täten, wären in der Tat Kriege undenkbar. Aber: Kriege werden auch nicht von Einzelnen geführt; sie werden in Ausübung ihres Gewaltmonopols von Staaten geführt, die vorgeben, ihre eigenen Untertanen vor der Gewaltzufügung der Untertanen eines feindlichen Staates (oder auch einer nicht staatlich organisierten oder als Staat nicht anerkannten Gruppe) schützen zu müssen. Alles wird damit widersprüchlich, indem der Staat sich verpflichtet gibt, aus Verantwortung, wie er vermeint, genau die Handlungsweisen in Auftrag zu geben, die er als selbstbestimmt seinen Bürgern streng untersagt. Was eben noch für das Leben des Einzelnen als Grundlage aller Ethik galt, gelangt jetzt zu seinem genauen Gegenteil als Grundlage der Politik. ARTHUR SCHOPENHAUER brachte diese Travestie des Ethischen im Politischen auf den Begriff: Wenn die Maxime der Moral es gebietet, keinem anderen etwas anzutun, das man selbst nicht zugefügt bekommen möchte, so lautet die Maxime aller Politik: »Was du nicht willst, das man dir tu, das füge *jedem* andern zu.«[11] Denn, so der Gedanke, nur dadurch vermeidest du, daß man's dir zufügt! Du mußt dem Bösen, das du fürchtest, zuvorkommen, indem du's selber tust. – Alles in Vorbereitung und Durchführung eines Krieges folgt dieser moralisch perversen Logik des Denkens im Gefängnis der Angst.

Und mehr noch: Das Wechselspiel der Angstbearbeitung durch Angstverbreitung hält die Geschichte der Menschheit in Atem auch außerhalb der akuten Kriegszeiten, ja, es soll politisch sogar der Kriegsverhinderung durch wechselseitige Abschreckung dienen. – Auch solche Verfahren kennen wir aus dem Verhalten von Tieren: Um sich gefährliche Duelle zu ersparen, verlegen sie sich als erstes auf ein artspezifisches Ritual von Drohgebärden, deren Imposanz einen möglichen Angreifer von aggressiven Absichten abhalten soll; wie bei uns Menschen ist ein zentrales Thema der meisten derartigen Streitigkeiten bei Tieren die Festlegung von Reviergrenzen: wer ist auf Grund seiner Stärke imstande, sein

11 ARTHUR SCHOPENHAUER: Parerga und Paralipomena, 2. Bd., Kap. 9: Zur Rechtslehre und Politik, § 124, in: Sämtliche Werke, Bd. VI 259–260; vgl. E. DREWERMANN: Richtet nicht!, Bd. 3, S. 292.

Territorium auf Kosten eines anderen auszudehnen, um sich in den Besitz von Nahrungsmitteln, Wegerechten, Sicherheitszonen oder ähnlichem zu setzen? Auch in der menschlichen Geschichte wird kaum ein Krieg zwischen Staaten geführt, der sich nicht gleichermaßen um Landbesitz und dessen Nutzungsmöglichkeiten drehen würde. Doch ein wichtiger Unterschied ist augenscheinlich: bei Tieren ist das Ritual des Imponiergehabes weitgehend genetisch festgelegt; der Austausch der Warnsignale ist in seinem Inhalt eindeutig und kann kaum mißverstanden werden: noch ehe es zu einem wirklichen Kampf kommt, um durch ein Kräftemessen den Stärkeren zu ermitteln, genügt zumeist der bloße Vergleich der Drohgebärden, um einen der beiden Kontrahenten zu Flucht oder Unterwerfung zu veranlassen. Die Zurschaustellung der verfügbaren Stärke erfüllt durch sich selbst ihren Zweck: der Schwächere gibt nach, das Drohen erübrigt die tätliche Auseinandersetzung.

Bei uns Menschen verhält es sich nicht so. Uns sagt der Verstand, daß es fatal wäre, Schwäche zu zeigen, – der Gegner würde sie sogleich zu seinem Vorteil nutzen und sie förmlich als eine Einladung auffassen, sich anzueignen, was immer er möchte. Die Angst vor einander nötigt dazu, dem Konkurrenten oder Gegner rundweg zu unterstellen, daß er jedes Anzeichen von Schwäche zu seinen Gunsten auslegen wird. In einer Welt, in der die Angst regiert, diktiert das paranoische Mißtrauen allen und jedem gegenüber die permanente Demonstration unanfechtbarer Überlegenheit und Stärke und, damit verknüpft, die Drohung empfindlicher Folgen, im Falle man die vorgezeigte Macht mißachten sollte. Ein Mann wie *Adolf Hitler*, der in dieser Welt des Wahns zu Hause war, formulierte die Grundüberzeugung seines Handelns in einer seiner Reden auf dem Obersalzberg: »Weh dem, der schwach ist.« Die Folgen einer solchen Denkungsart zeigten sich in den menschenverachtenden Vernichtungsorgien des Zweiten Weltkriegs, die wir im Rückblick als Verbrechen verurteilen; doch das Verfahren, Angst vor fremder Bedrohung mit Angstverbreitung durch eigene Drohgebärden zu beantworten, haben wir keinesfalls korrigiert, wir haben es im Gegenteil weiter routiniert, perfektioniert und in horrender Weise maximiert. Die gesamte Zeit des sogenannten Kalten Krieges legt Zeugnis ab für unsere aberwitzige Uneinsichtigkeit im Umgang mit unserer Angst vor gegnerischer Gewalt[12]. Wir versprechen uns Sicherheit durch ein »Gleichgewicht des Schreckens«, und es ist dies genau die Art von Frieden, »wie die Welt ihn geben kann«. (Joh 14,27) Es ist durchaus kein Friede, sondern lediglich die Verewigung und Verinnerlichung einer ständig sich steigernden Kriegsbereitschaft, – und es bietet auch keine Sicherheit, sondern gefährdet in globalem Maßstab das Leben aller Bewohner der Erde.

Ein entscheidender Schwachpunkt bei der Suche nach Sicherheit durch Abschreckung ergibt sich aus der charakteristischen Veränderung, mit der wir das Drohverhalten der Tiere zwar weiterführen, doch uns aus Angst dazu verführen lassen, es tunlichst zu »verbessern«, indem wir uns auf alle nur denkbaren Formen der Täuschung, des Betrugs und der Hinterlist verlegen. Ein Politiker müsse die Wahrheit sagen, sonst untergrabe er die Grundlage des Vertrauens, das für alle Verhandlungen zu Friedensabschlüssen unerläßlich sei, meinte IMMANUEL KANT[13]; sein Schüler SCHOPENHAUER indessen erblickte in der Lüge eine Form der Gewalt, die so berechtigt sei, wie der Gebrauch der Gewalt selbst[14]; – wo KANT die übliche Art und Auffassung von Politik

12 Vgl. ECKART CONZE: Wer zuerst schießt, stirbt als Zweiter, in: Zeit. Geschichte, Nr. 3: Der Kalte Krieg, 2012, 28–34. Das System nennt sich »wechselseitig gesicherte Vernichtung«, Mutual Assured Destruction, kurz: MAD, englisch: verrückt.

13 Vgl. IMMANUEL KANT: Über ein vermeintliches Recht, aus Menschenliebe zu lügen, in: Werke VIII 635–643; vgl. DERS.: Zum ewigen Frieden, Werke XI, 229: »Obgleich der Satz: Ehrlichkeit ist die beste Politik, eine Theorie enthält, der die Praxis, leider! sehr häufig widerspricht: so ist doch der gleichfalls theoretische: Ehrlichkeit ist besser denn alle Politik, über allen Einwurf unendlich erhaben, ja die unumgängliche Bedingung der letzteren.«

14 ARTHUR SCHOPENHAUER: Preisschrift über die Grundlage der Moral, in: Sämtliche Werke, IV 222–223. Vgl. E. DREWERMANN: Ein Plädoyer für die Lüge oder: vom Unvermögen zur Wahrheit, in: Psychoanalyse und Moraltheologie, III 199–236. In gleichem Sinne meinte ERICH MÜHSAM: Befreiung der Gesellschaft vom Staat, S. 88: »Die Lüge ist die natürliche Notwehr Machtloser, um die Möglichkeiten der Macht einzudämmen und der Autorität auszuweichen ... Da sündigt nicht der Lügner, da sündigt der Belogene gegen die

zur Friedensfähigkeit hin ändern wollte, gab SCHOPENHAUER sich kaum fünf Jahrzehnte später mit einer Beibehaltung des Bestehenden zufrieden. Doch alles Lügen ist ein Widerspruch in sich, und das Betrügen selber ist als erstes Selbstbetrug.

Der Widerspruch beginnt schon mit der Art der Drohgebärden selbst. Eine Politik der Abschreckung müßte, um für den Gegner abschreckend zu sein, die Mittel und Methoden des eigenen Gefahrenpotentials klar erkennbar offenlegen. Zum Teil geschieht das auch: Raketen werden gestartet, Atombomben gezündet, Manöver abgehalten, neue Waffentypen disloziert; doch die Zielsetzung all dieser Maßnahmen verbleibt mit Absicht im Ungefähren, – der Gegner soll nicht wissen, was wirklich gewollt wird; selbst die Kommentare dazu ergehen sich in der Mehrdeutigkeit des *double speak*, und über allem, was »Militär« und »Sicherheit« angeht, spannt sich ein dunkler Vorhang der Vertuschung und Verschleierung. Wenn *Julian Assange* etwa die Kriegsverbrechen der Amerikaner im zweiten Irak-Krieg oder in Afghanistan veröffentlicht, wird er wegen Geheimnisverrats und Gefährdung der Sicherheit der Soldaten mit Gefängnis bis zu 150 Jahren bedroht[15]. Mit der Praktik der Geheimhaltung in Fragen der Sicherheit soll der Gegner bewußt im Unsicheren über die Faktenlage der wirklichen Bedrohung gehalten werden, auf daß er sie womöglich größer noch sich vorstellt, als es der Wahrheit entspricht, und er zugleich gehindert wird, präzise Gegenmaßnahmen einzuleiten.

Geheimhaltung gebührt als Vorgehensweise aber auch der eigenen Bevölkerung: Würde sie wirklich billigen, was in den Labors des Pentagon an genetischen Veränderungen bei Viren und Bakterien zur Herstellung »biologischer Waffen« in Gestalt verheeren-

Wahrheit, denn wo Macht ist, findet die Wahrheit keine Luft zum Atmen. Wo aber gelogen wird, um Macht zu erringen, da ist die Lüge ein Anschlag auf die Freiheit.«

15 Zu dem Skandal um *Julian Assange* vgl. die Monographie von NILS MELZER (mit OLIVER KOBOLD): Der Fall Assange. Die Geschichte einer Verfolgung, München 2021; vgl. auch E. DREWERMANN: Richtet nicht!, Bd. 3, S. 537–560: Wenn Recht zu Unrecht wird, oder: Die Lüge des Legalen: Von Whistleblowern und geheimgehaltenen Verbrechen.

der Seuchen zur kurzzeitigen Ausrottung von Millionen Menschen getestet wird oder was in den chemischen Fabriken an Giftstoffen hergestellt wird? Sie soll und darf es nicht wissen, sonst könnte ihr Protest die Politik der Sicherheit gefährden! Besser also, sie erfährt es nicht und wiegt sich auch moralisch in Sicherheit: derlei Abscheuliches mögen Russen, Chinesen oder Terroristen tun – wir sicher nicht. Doch was, wenn die Lügenblase platzt?

Auch Tiere haben unter dem evolutiven Zwang des *struggle for life* alle möglichen Formen der Täuschung bis in ihren Körperbau und ihr Verhalten hinein ausbilden müssen. Die Verfahren der Mimikry[16] gehen so weit, daß bei einem Beutegreifer, etwa einer Schlange, der Kopf mit dem Mund am Schwanz angebracht zu sein scheint, oder daß ein Beutetier, etwa ein Frosch, grell giftig gefärbt ist, obwohl er völlig harmlos ist. Gleichwohl funktioniert die körpereigene Arglist der Warn- und Tarnsignale im Tierreich zuverlässig, weil keine bewußte manipulative Absicht dahinter steckt. Bei uns Menschen aber vermag das Verfahren, Angst mit Angstverbreitung zu beantworten, nur sehr begrenzt für die angestrebte Sicherheit zu sorgen; denn durch die wechselseitige Eskalation, die es notwendigerweise provoziert, verurteilt es sich selbst zu einem jederzeit drohenden katastrophalen Scheitern: Was, wenn ein Signal durch menschliches oder technisches Versagen falsch gedeutet wird, weil man weder wissen soll noch kann, woran man bei den Drohgebärden des Gegners eigentlich ist? – 1962 bei der Kuba-Krise zum Beispiel, als die Welt sich am Rande eines atomaren Weltkriegs befand, war es der sowjetische Marineoffizier *Wassili Archipow*, der es unterließ, das Hasard-Spiel von militärischer Aktion und Reaktion bis zum Abschuß von Atomtorpedos fortzusetzen; und als 1984 auf den Bildschirmen der russischen Luftaufklärung (fälschlich) der Einflug feindlicher Raketen angezeigt wurde, weigerte sich Oberst *Stanislaw Petrow*, den für einen solchen Fall vorgesehenen Gegenschlag zu befehlen und damit den gefürchteten und doch geplanten Atom-

16 Zum Thema Mimikry vgl. E. DREWERMANN: … und es geschah so, 257–283: Die Strategie der Mimikry.

krieg auszulösen[17]. Die Welt hatte noch einmal Glück gehabt, weil Einzelne es wagten, aus der Strategie einer absolut verkehrten Sicherheitspolitik in Angst und Angstverbreitung auszusteigen. Doch statt nur »Glück« gehabt zu haben, hätte man von ihnen die Unhaltbarkeit der gesamten Sicherheitspolitik mit den Mitteln ständiger Kriegsbereitschaft lernen können.

d) Die Illusion einer Sicherheit durch Abschreckung

Was zudem offen zutage trat, war die Widersinnigkeit der gesamten Abschreckungspolitik im atomaren Zeitalter. In früheren Tagen mochte man damit drohen, eine eroberte Stadt, die nicht rechtzeitig sich der Erpressung zur Kapitulation beugte, auszuplündern, niederzubrennen und ihre Einwohner als Kriegsgefangene zu versklaven, wie es 146 v.Chr. im 3. Punischen Krieg mit Kathargo geschah; damals noch wollte man wirklich, womit man drohte, – man mußte nicht fürchten, zusammen mit dem Gegner in den Untergang gezogen zu werden. Durch den Fortschritt der Technologie aber ist dieser Punkt längst überschritten: man kann nicht wirklich wollen, womit man droht. Mit einem Krieg, der in den militärischen Planspielen schon der 50er Jahre bei einem atomaren Schlagabtausch der verfeindeten Großmächte je nach Winddrehung mit 100 bis 150 Mio. Toten beginnen würde, hielt man sich zwar gegenseitig in Schach, doch wußte man auch damals schon um die Unhaltbarkeit solcher Overkill-Drohungen; man ersetzte sie durch die Strategie der »*flexible response*« und dazu, in der *Reagan*-Ära, durch das Streben nach der Erstschlagkapazität: wenn man durch ein satellitengestütztes Abwehrsystem so gut wie alle einfliegenden Raketen des Gegners abfangen könnte, so wäre es wieder glaubhaft, ihm mit einem atomaren Angriff zu drohen, weil es einen Gegenangriff seinerseits nicht

17 Vgl. BERND GREINER: Als die Welt am Abgrund stand. Oktober 1962: Die dramatischen Tage der Kuba-Krise, in: Zeit. Geschichte, Nr. 3: Der Kalte Krieg, 2012, 38–45; KLAAS VOSS: Kurz vor Krieg. Fünf weitere Beinahekatastrophen, in: A.a.O., 46–48.

mehr geben könnte[18]. Ein solches Konzept soll nach wie vor von den vermeintlichen Gewinnern des Kalten Krieges nach 1989 gerade jetzt durch die Nato-Osterweiterung allen Ernstes zum Endsieg über Rußland vorangetrieben werden: Raketen mit Hyperschallgeschwindigkeit (Mach 8 und mehr), im Baltikum oder in der Ukraine, in Georgien oder in Finnland stationiert, wären ja tatsächlich in der Lage, sämtliche kriegswichtigen Ziele westlich des Ural, etwa die Millionenstädte Petersburg, Moskau oder Wolgograd, dem Erdboden gleichzumachen, ohne von feindlichen Anti-Raketen-Raketen abgefangen zu werden[19].

Immer noch wagen es die westlichen Regierungen, diese mit enormen Ausgaben finanzierten Drohszenarien ihrer Bevölkerung als eine verantwortbare und alternativlose Sicherheitspolitik anzupreisen und relativ widerspruchsfrei aufzunötigen: die alte Parole: »Lieber rot als tot« galt bereits unter *Adenauer* als ein verachtenswerter feiger Verrat an der Freiheit, – wie immer eine solche im Schatten der Angst auch ausfallen mochte; selbst wenn es dem US-Militär gelingen sollte, sich dem Traum von der Erstschlagkapazität in der Realität anzunähern, bestünde erst recht die Gefahr, daß der mutmaßliche Gegner mit einem eigenen Erstschlag der Erreichung dieses Ziels zuvorkäme. – Etwas derartiges scheint auch derzeit hinter dem »Angriffskrieg« Rußlands in der Ukraine zu stehen; – was man nicht sieht, ist ein System von Drohungen, die Kriege nicht verhindern, sondern logischerweise auf seiten der Schwächeren einen Angriffskrieg zur präventiven Verteidigung irgendwann schier unumgänglich machen[20].

Überhaupt muß man sich fragen, wie das Konzept der Angst-

18 Vgl. JÜRGEN WAGNER: Nato-Aufmarsch gegen Rußland, 129: Erstschlagkapazität: »Schon 2001 kam eine umfangreichere Studie zu dem Ergebnis, die USA stünden kurz vor der Erstschlagkapazität gegenüber Russland.« All das ist ein »Würfelspiel mit der Katastrophe« (S. 139–141).

19 Wie solche Kriegs«spiele« aussahen, schildert JÖRG FRIEDRICH: Yalu, 68–76: Generalplan Weltkrieg; die US-Strategie plante bereits 1948 einen Dritten Weltkrieg: »In der zweiten Phase entfaltete sich die ... Vernichtungsattacke gegen die 17 Millionen russischen Stadtbewohner.« (S. 73)

20 vgl. HEINZ BILAN u. a.: Bis alles in Flammen aufgeht, in: junge Welt, 21.2.23, Nr. 44, S. 12–13.

verarbeitung durch Angstverbreitung quer durch die Jahrtausende der menschlichen Geschichte in immer neuen Spiralen der Selbststeigerung sich bis heute hat erhalten können. Offenbar, lautet die Antwort, war der Druck der Angst so groß, daß darunter die Vernunft zur Unvernunft verbogen wurde. Aus Furcht vor den Gefahren der Realität machte man die Realität immer gefährlicher; doch diese selbst aus Angst geschaffene Realität durfte man aus Angst, damit aufhören zu sollen, sich nicht eingestehen. Realitätsverleugnung aus Angst – das ist der Wahnsinnszustand der Paranoia im Gesamtverlauf der menschlichen Geschichte. Unter dem Aspekt ihrer unablässigen Kriege ist sie ein Irrenhaus geworden, aus dem es dringend eine Rettung, eine Heilung von der Geisteskrankheit der Angst geben müßte, und gerade eine solche sollen und wollen bewirken die Worte Jesu in der Bergpredigt bzw. in ihrer Quintessenz in Joh 16,33: »Das sage ich euch, damit ihr in mir Frieden habt: In der Welt habt ihr Angst, doch bleibt furchtlos, ich habe die Welt überwunden.«

Wer Jesus sagen hört: »Wenn jemand dich auf die rechte Wange schlägt, so halte ihm auch noch die andere hin« (Mt 5,39), der wird, solange er Angst hat, weder verstehen können noch befolgen mögen, was da gemeint ist. Er wird diffus wohl ahnen, daß hier die innere Logik der gesamten Menschheitsgeschichte umgekehrt wird, aber er wird sich weigern, ein solch radikales »Umdenken« für möglich zu halten. Was aber bleibt dann, außer mit *Adolf Hitler* 1939 zu sagen: »Ich bin Nationalsozialist und als solcher gewohnt zurückzuschlagen«? So begann der Zweite Weltkrieg mit schließlich 50 Mio. Toten, – 1914 bis 1918 hatte man anscheinend mit 15 Mio. Toten an allen Frontabschnitten nur noch nicht »rücksichtslos« genug (ein positiv besetztes Wort in der NS-Zeit) gehandelt. Wer das Wort Jesu ablehnt, um seine Art von »Realpolitik« weiter zu betreiben, wird den *Hitler*-Vergleich womöglich empört von sich weisen, und wirklich: er ist kein Revanche-Politiker, der den Ersten Weltkrieg nicht verloren geben möchte, sondern ihn endlich siegreich zu Ende bringen will; und doch steckt er mit der Wehrmacht, die er unterhält, mit der Rüstungsspirale, an der er weiterdreht, mit der Kriegsbereitschaft, auf die er die

Bevölkerung zu ihrer Sicherheit einschwört, nach wie vor in der gleichen Blutmühle des Grauens, die den Wahn dessen, was Jesus als »die Welt« bezeichnet, im Kern ausmacht. Solange die Regierenden von Angst voreinander regiert werden, werden weiter Kriege wüten und ihre Opferzahlen steigen. Also: Man müßte davon lassen, den Angstgegner vernichten zu wollen. Man müßte ein für allemal in sich selbst, im eigenen Herzen, die Angst überwinden, welche das Zusammenleben der Menschen auf der politischen Ebene in eine unentrinnbare paranoische Phantasmagorie taucht und scheinbar nur noch den kalt berechneten Zynismus nekrophiler Strategien als Ausweg anerkennt.

Zwei Evidenzen ergeben sich aus dieser Betrachtung wie von selbst. Die eine drängt sich all die Zeit schon auf und bestätigt den Eindruck, den man bei unvoreingenommener Betrachtung der menschlichen Geschichte gewinnen *muß:* dieser Wahnsinn muß ein Ende haben, diese Geisteskrankheit bedarf dringlich einer Heilung, das Angebot Jesu einer Erlösung von diesem Zustand ist überfällig! Die andere Evidenz liegt ebenso auf der Hand: der Ansatzpunkt einer Lösung besteht zentral in der Überwindung der Angst. – Es lief und läuft im Grunde auf ein fundamentales Mißverständnis der Friedensbewegung hinaus, wenn sie in ihrem berechtigten Protest gegen Aufrüstung und Kriegsbereitschaft immer wieder die Angst vor den Folgen eines Versagens der Drohkulisse beschwört. Gewiß, die BRD (West) war von seiten der USA von vornherein als Aufmarschgebiet im Kalten Krieg gegen Rußland konzipiert, – auf deutschem Boden, nicht in der Wüste von Nevada, würden die Atomraketen einschlagen; die Angst davor war durchaus nicht unbegründet, doch war sie selbst nichts weiter als ein integraler Teil des Abschreckungskalküls.

Generell gilt von daher GANDHIS Einsicht, mit der er – als Politiker! – der Bergpredigt sich anschloß: Mit Angst ist Frieden nicht vereinbar. Angst motiviert allenfalls Abwehraggressionen, und »Frieden« ist für sie nur eine Art von Kapitulation aus Schwäche. Wirklicher Friede hingegen setzt elementar voraus, daß wir die Angst vor anderen hinter uns lassen: Wir reagieren nicht länger mehr auf Angst durch Angstverbreitung; wir treten aus dem Teufelskreis heraus, wir werden frei, wir kommen bei uns selber an. Als Wahrheit in der eigenen Person, als Selbstsein, als Unangefochtenheit im Sein, als *Satyagraha* bezeichnete GANDHI denn auch diese für ihn unbedingte Voraussetzung zum Frieden.[21] Wie aber gelangt man dorthin?

Eine Antwort darauf kann und wird ein rein innerweltliches Denken niemals geben können, – eben deswegen verurteilt sich ein säkularer politischer Pragmatismus zu immer den gleichen Tragödien. Inmitten einer Welt, die nichts sein will als Welt, ist Angst der untergründig unablässig treibende Impuls: Leben ist nichts als Kampf ums Überleben. Basta. Jeder aber weiß und spürt: so ist es kein Leben! Beim Töten von Menschen verliert man das Menschsein. Wir *müssen* da raus! Die Sehnsucht nach Frieden ist in sich selbst bereits das Verlangen nach einer von Grund auf anderen Welt, und sie ist nur zu erfüllen, wenn wir die endlichen Bestimmungen unseres Daseins hinter uns lassen und uns von einem Absoluten jenseits dieser Welt verstehen. – Wie so etwas geschehen kann?

Der Schweizer Autor MAX FRISCH hielt auf dem Wege zur Entängstigung im Umgang mit sich selber als erstes die Fähigkeit zur Selbstannahme für erforderlich. »Solange,« schrieb er, »ein Mensch nicht sich selbst annimmt, wird er stets jene Angst haben, von der Umwelt mißverstanden und mißgedeutet zu werden; es ist ihm viel zu wichtig, wie wir ihn sehen, und gerade mit seiner bornierten Angst, von uns zu einer falschen Rolle genötigt zu werden, macht er zwangsläufig auch uns borniert. Er möchte, daß wir ihn freilassen; aber er selbst läßt uns nicht frei ... Nichts ist schwerer, als sich selbst anzunehmen.«[22] Sicher gelingt eine solche Selbstannahme nicht durch eine philosophische »Tathandlung« im Sinne FICHTES[23], durch reines Denken; es gelingt nur im

21 Vgl. MAHATMA GANDHI: Wer den Weg der Wahrheit geht, stolpert nicht, 23–37: Selbsterkenntnis und Verwirklichung, S. 35: »Alles menschliche Handeln zielt auf die Erkenntnis des Selbst ... Und in dieser Selbsterkenntnis liegt verborgen Gottes-Erkenntnis.«

22 MAX FRISCH: Stiller, 407–408.

23 Vgl. Johann Gottlieb Fichte: Grundlage der gesamten Wissenschaftslehre,

Vertrauen auf die Annahme eines absoluten personalen Gegenübers. »Ohne die Gewißheit,« fügte FRISCH deshalb hinzu, »von einer absoluten Instanz außerhalb menschlicher Deutung, ohne die Gewißheit, daß es eine absolute Realität gibt, kann ich mir ... nicht denken ..., daß wir je dahin gelangen könnten, frei zu sein.«[24]

Von der Angst befreit zu werden bedeutet, biblisch gesprochen, daß wir uns an die Seite Jesu setzen und von ihm lernen, unser Dasein nicht länger von der Welt, sondern von Gott her zu verstehen. Ein solcher Glaube ist der Endpunkt bzw. die Zusammenfassung des Treppenanstiegs durch die verschiedenen Etagen und Korridore all der Ängste, die wir biologisch und psychologisch in uns tragen und die, wie der Lift in einem Hochhaus, sämtliche Stockwerke unserer Existenz durchqueren. Das Geflecht dieser Ängste zu analysieren, ist an dieser Stelle aus Platzgründen nicht möglich, doch ist es anderen Orts mit gebotener Ausführlichkeit geschehen[25]. Darzustellen bleibt hier, wie allein die Bewußtwerdung und Durcharbeitung der Mechanismen der Angst in einem unbedingten Vertrauen in den Hintergrund unseres Daseins so etwas wie persönliche Identität, Selbstbewußtsein und Selbstverantwortung ermöglicht.

Damit wird klar: KANT hatte recht, als er betonte, Frieden sei kein fernes Ideal, sondern eine sittliche Pflicht; doch die Voraussetzung zur Erfüllung dieser »Pflicht« ist im Leben des Einzelnen der Friede mit sich selbst, und dieser erwächst nicht aus moralischen Entschlüssen, die in Freiheit getroffen würden, sondern die Freiheit selbst erzeigt sich als das Geschenk einer absoluten Güte. Der Gesang der Engel über den Fluren von Bethlehem verdient in den Tagen unserer »Zeitenwende« deshalb die allergrößte Aufmerksamkeit: »Ehre ist Gott in der Höhe, wenn auf Erden ist Friede bei Menschen, die in seiner Güte ihr Leben gründen.«

3. Teil, § 16, S. 226: »Das Ich soll gesetzt werden. Das ›Bestimmte und Bestimmende zugleich‹ wurde als Ich gesetzt.«

24 MAX FRISCH: Stiller, 122.

25 Vgl. E. DREWERMANN: Richtet nicht!, Bd. 3, S. 342–489: Ebenen der Unfreiheit und Stufen zur Freiheit.

(Lk 2,14) Es ist die Gegenbotschaft Gottes zu der »Friedens«politik des Weltherrschers Kaiser *Augustus*, der nach der Unterjochung großer Teile des Erdkreises der Göttin des Friedens einen eigenen Tempel errichten ließ, als fromm verbrämte Verfeierlichung militärischer Macht und Größe[26].

2. *Vom Ende des Wahnsinns oder: »Halte die andere Wange hin« (Mt 5,39)*

Wie ein Friede der Angstüberwindung sich in der Realität ausnimmt, verdeutlicht gerade jenes so irreal erscheinende Jesus-Wort von der anderen Wange (Mt 5,39), wenn wir's uns nur recht klarmachen. Gewiß, man kann bei einer übergriffigen Tätlichkeit, im Fall eines erlittenen Unrechts, »zurückschlagen« und seine Genugtuung darin finden, dem anderen ein Gleiches zuzufügen; statt Frieden entsteht dann ein Kampf um das Recht, das womöglich beide Parteien für sich in Anspruch nehmen. Das heißt: selbst wenn es dir gelingt, den »Übeltäter« in die Knie zu zwingen, wird sich in seinen Augen doch nur erneut das Recht des Stärkeren bestätigen, und du wirst seine Feindschaft verewigen. Doch weißt du eigentlich, was er beabsichtigte mit seinem Tun? Und wußte er es selber? – Ein Schlag auf die rechte Wange kann nur mit der linken Hand geführt werden, die seit altersher dem Unbewußten zugeordnet wird; wäre es da nicht möglich, daß dein Gegner etwas ganz anderes wollte, als sich in seiner Tat auszudrücken scheint? Geschlagen hat er dich, das stimmt; aber vielleicht meinte er in dir jemanden ganz anderen – seinen Vater, seinen Bruder, und er übertrug uralte Gefühle auf dich. Was ging und geht da in ihm vor sich? Du kannst es nur für ihn und für

26 Vgl. E. DREWERMANN: Die Apostelgeschichte, 66–80, zu den »Himmelfahrten« von *Romulus*, *Augustus* und *Konstantin*. Der »Friedensaltar« des *Augustus* wurde von *Mussolini* wiederhergestellt und am 23. Sept. 1938, zum 2000. Geburtstag des römischen Kaisers, feierlich eingeweiht. Vgl. E. DREWERMANN: Richtet nicht!, Bd. 1, S. 225.

dich selbst herausfinden, wenn du den Schlag bewußt, von rechts, sich wiederholen läßt. Du weißt, daß du seine Attacke nicht verdient hast, und wenn du jetzt ruhig und ohne Angst nicht deinen Rachephantasien nachgehst, sondern auf den Angreifer zugehst, klärst Du unter Umständen sein mögliches Mißverständnis auf; durch dein eigenes Vertrauen machst du ihn zu deinem Vertrauten und eines Tages womöglich zu deinem Freund und Verbündeten; in jedem Falle zeigst du ihm, daß du anders bist, als er geglaubt oder gefürchtet hat. Die todverschattete Welt der Angst bricht auf und öffnet sich dem Licht.

Wie so etwas geschehen kann, erzeigte sich am 11. September 2001 bei dem Angriff auf die Twin Towers. Was auch immer historisch sich dort abgespielt hat[27], es leitete ebenfalls eine »Zeitenwende« ein: die USA fühlten sich auf eigenem Territorium angegriffen, schlimmer als 1941 in Pearl Harbor; als Urheber des Anschlags machte man die Terror-Gruppe Al Qaida aus, die vormals von den USA selbst rekrutiert und ausgerüstet worden war, um die Sowjets aus Afghanistan zu vertreiben; jetzt fürchtete man genau diese Gruppe, und die Frage war, wie man darauf antworten sollte. In Afghanistan regierten inzwischen die Taliban, strenggläubige Muslime, die der Koran-Auslegung von *Abd al-Wahhab* folgten, die in dem ölreichen, mit Amerika befreundeten Nachbarland Saudi-Arabien die Staatsreligion bildet. Der Anführer von Al Qaida, *Usama bin Laden*, entstammte sogar dem Königshaus in Riad; doch wie die Taliban haßte er die neokoloniale Überfremdung durch den Finanzkapitalismus der USA ebenso wie die dadurch bedingte kulturelle Korrosion und Korruption seines Landes. Ohne langes Nachdenken sahen die Berater um *George W. Bush* die Zeit gekommen, einen weltweiten Anti-Terror-Krieg auszurufen und nach dem Zusammenbruch des Sowjet-Imperiums selber in Afghanistan einzufallen. 2003 wurde unter dem Vorwand der Terror-Bekämpfung zudem ein zweites Mal der Irak *Saddam Hussein*s überfallen und nach der Ermordung des Diktators ins Chaos gestürzt; der Krieg in Afgha-

27 Vgl. DANIELE GANSER: Imperium USA, 251–268: Die Anschläge vom 11. September.

nistan währte 20 Jahre lang[28]. Viele Tausende von Menschen mußten sterben für die Opfer der Twin Towers. Man hielt gerade *nicht* die andere Wange hin, im Gegenteil, man tat und tut seither alles, um militärisch die Lage im Kampf gegen Rußland und China zugunsten der globalen Hegemonie-Ansprüche Amerikas weiter eskalieren zu lassen. Inzwischen scheinen durch den Krieg in der Ukraine die letzten Hemmnisse gefallen. Hätte es zu dieser drastischen Verschlimmerung der politischen »Normalität« eine Alternative gegeben?

Natürlich! In den Worten der Bergpredigt! Doch bezeichnenderweise machte keiner der christlichen Kirchenoberhäupter sie geltend; der einzige, der das tat, war ein Buddhist, der *Dalai Lama*. Zwei Tage nach 9/11 erklärte er einer amerikanischen Journalistin auf die Frage, was jetzt zu tun sei: »This is a big chance for non-violence.« Wie bitte? Ja: eine große Chance für die Nicht-Gewalttätigkeit, für die buddhistische Regel des *Ahimsa* – des Nicht-Verletzens[29] –, für die Antwort der anderen Wange auf einen erfolgten Angriff. Damals stellten Gegner der »strong reaction«-Politik der *Bush*-Regierung die Frage: Warum hassen sie uns so? – Wie anders sähe die Welt heute aus, wäre man dem nachgegangen! Was hätte es bedeuten können, wenn die nach ihrem Selbstverständnis einzig verbliebene Weltmacht sich im eigenen christlichen Erbe befähigt zu geistiger Größe erzeigt hätte! Der *Dalai Lama* sah das Richtige: die Weltgeschichte

28 Vgl. a.a.O., 269–283: Der sogenannte »Krieg gegen den Terror«; DERS.: Illegale Kriege, 187–205: Der illegale Krieg gegen Afghanistan 2001; 206–228: Der illegale Krieg gegen den Irak 2003; 229–249: Der illegale Krieg gegen Libyen 2011; 250–273: Der illegale Krieg gegen die Ukraine 2014; 274–285: Der illegale Krieg gegen Jemen 2015.

29 Vgl. ARUN GANDHI: Sanftmut kann die Welt erschüttern, 123–141: Ahimsa, S. 133–134: »Es ergibt keinen Sinn, zuerst einen Konflikt zu verursachen und dann zu lernen, wie man ihn friedlich beilegt. Die Philosophie des Ahimsa betont, dass man lernen muss, Konflikte zu vermeiden … Wenn wir lernen, Konflikte zu vermeiden, sind wir gefordert, Beziehungen aufzubauen, die sich auf Respekt, Mitgefühl, Verständnis, Akzeptanz und Wertschätzung gründen.« Die Machtstrategien zur globalen Hegemonie einer unipolaren Weltmacht sind das genaue Gegenteil, – sie *müssen* Kriege provozieren und aus ihnen Kapital schlagen.

hätte eine entscheidende, womöglich *die* entscheidende Wende genommen. Die Gelegenheit hätte bestanden, doch sie wurde von God's Own Country vertan und von all seinen transatlantischen Freunden ignoriert. Seither hat es sie nicht einmal mehr gegeben zu haben.

Der weltweite und zeitlich unbegrenzte Anti-Terror-Krieg, der stattdessen ausgerufen wurde, ist ein asymmetrischer Krieg, ein Kampf von feigen und fanatischen Selbstmordattentätern, wie man sie nennt, gegen hochbewaffnete Spezialkräfte der Supermacht und deren ferngesteuerte Drohnen. In einem solchen asymmetrischen Krieg gewinnen die Terroristen, wenn sie nicht verlieren, die überlegene Staatsmacht hingegen verliert, wenn sie nicht gewinnt; ein solcher Kampf zieht sich hin. Man sagt nicht ganz zu Unrecht: Terror ist der Krieg der Ohnmächtigen, Krieg der Terror der Mächtigen. Sollte es wirklich die Frage sein, in wessen Händen der Schlüssel zum Frieden liegt?

Der Satz von der anderen Wange sollte indessen Gültigkeit auch besitzen in der Auseinandersetzung zwischen gleichstarken Kombattanten. Auch dort, gerade dort, kommt alles darauf an, die gewohnte Angstbeantwortung durch Angstverbreitung aufzugeben, – sie führt nicht zu Sicherheit, sie erhöht die Gefahr. Doch nun: wie gesagt, wird das Wort der Bergpredigt zumeist als eine moralisch überfordernde Anweisung abgetan, die von »normalen« Menschen nicht befolgt werden könne, und so darf die Politik gar nicht anders, als in den Bahnen des ganz normalen Wahnsinns der Geschichte fortzufahren. Doch mit dieser Einstellung übersieht man die logische Inkonsequenz des eigenen Denkens und Handelns: Um Sicherheit zu generieren, sucht man den ängstigenden Gegner mit der Angst, die man ihm macht, abzuschrecken; doch ob man will oder nicht, muß man damit allein schon zur Erfolgskontrolle der Wirksamkeit der eigenen Abschreckungsmaßnahmen sich für die Angst des Gegners interessieren. Wie fühlt er? Was denkt er? Wie wird er reagieren? Wer solche Fragen stellt, kann das Konzept der bedingungslosen Konfrontation nicht einfach fortsetzen. Er muß begreifen, daß seine Sicherheit nicht eine bloße Funktion einseitiger Machtdemonstration sein kann, sondern wesentlich von den Verhältnissen und möglichen Verhaltensweisen der Gegenseite abhängt. Gern zitiert wird der Ausspruch *Rosa Luxemburgs*: »Freiheit ist stets die Freiheit des anderen.« Dieser Satz gilt als Inbegriff von Demokratie und Toleranz. In Fragen des Friedens müssen wir jetzt feststellen: Sicherheit ist immer die Sicherheit des anderen. Es gibt sie niemals für uns allein.

Würden wir diese eigentlich selbstverständliche Einsicht beherzigen, so wüßten wir um die irrsinnige Absurdität der für normal geltenden Politik wechselseitiger Abschreckung. Nicht durch immer schrecklichere Drohungen lassen sich unsere Ängste beruhigen, im Gegenteil, wir verschärfen damit nur die Probleme, die wir zu lösen vorgeben. Die simple Wahrheit läßt sich nicht länger übersehen und übergehen: die erstrebte Sicherheit gibt es für uns nur, wenn der Gegner, vor dem wir uns fürchten, sich vor uns sicher fühlt, und das wird er nur, wenn wir die Flucht in die drohenden Posen eigener Macht endlich drangeben. Wir überwinden die eigene Angst, und wir hören auf, anderen Angst zu machen. So und nur so kann Frieden wachsen. Wir benehmen uns selbst der Fähigkeit, zurückzuschlagen, wir kümmern uns stattdessen um die Ängste, die wir dem anderen bereiten; wir sehen ihn in Verbindung mit uns selbst, wir kehren die fatale Verflochtenheit in Angst und Gewaltbereitschaft in eine Verbundenheit von Vertrauen und Gewaltverzicht um. Ein solches Umdenken steht in eklatantem Widerspruch zur derzeit angezeigten politischen Korrektheit; doch gerade deshalb ist es nötiger denn je.

Was im Umgang mit Menschen anscheinend so schwer durchführbar ist, läßt sich womöglich im Umgang mit einem Haustier leichter verständlich machen. Angenommen, unser Nachbar beschwert sich über unseren Hund, er sei bissig, und er verlangt, das Tier mit drakonischen Strafen zur Räson zu bringen; in diesem Fall wird jeder Hundehalter und Hundeliebhaber um Verständnis werben: der Hund ist ein Angstbeißer, der nur deshalb aggressiv ist, weil er Angst hat und weil man seine Warnsignale nicht beachtet. Was er braucht, um seiner sicher zu sein, ist das Gefühl eigener Sicherheit. Statt ihn zu strafen, sollte man ihn streicheln, statt ihm böse zu sein, sollte man ihn verwöhnen. Man glaubt nicht an seine Bosheit, man fragt sich vielmehr, was ihn böse macht. Arbeitet man diese Gründe durch, gibt es keinen Hund mehr, den man fürchten müßte. Man hat den Bannkreis der Angst verlassen. Man schlägt nicht zurück. Man hält die andere Wange hin. Ein anderer Weg zum Frieden existiert nicht. 2000 Jahre nach dem Worten des Mannes aus Nazareth scheint die anstehende Entscheidung dringlicher denn je.

II
»Glücklich die Wehrlosen« (Mt 5,3.9) oder: Schluss mit der militärischen Aufrüstung

1. Schwerter zu Pflugscharen (Jes 2,2–8) – ein Entweder-Oder

»Die Menschen,« meinte GANDHI, »haben fortwährend versucht, Gewalt und Krieg damit zu rechtfertigen, daß Selbstverteidigung unumgänglich sei. Man war sich über die Regel einig, daß der Gewalt des Angreifers nur durch die überlegene Gewalt des Verteidigers zu begegnen sei. So sind die Menschen weltweit in einen wahnwitzigen Rüstungswettlauf hineingeschlittert, und noch ist nicht abzusehen, wann der Tag kommen wird, die Schwerter mit den Pflugscharen zu vertauschen.«[1]

Worauf GANDHI sich in diesen Worten bezog, ist die Weisung und Weissagung des Propheten *Jesaja* am Ende des 8. Jhs. v. Chr. in den Tagen des assyrischen Königs *Tiglatpilesar III.* (745–727), des ersten in der Geschichte, der ein stehendes Heer für seine schreckeinjagenden Kriegszüge installierte.[2] »Es wird zur letzten

1 MAHATMA GANDHI: Worte des Friedens, 49–50 (Harijan, 31.8.1947).

2 Zu *Tiglatpilesar III.* vgl. RENÉ LABAT: Assyrien und seine Nachbarländer, in: Elena Cassin – Jean Bottéro – Jean Vercoutter (Hg.): Die Altorientalischen Reiche III, S. 51–68. Bei seinem Vorgänger *Tiglatpilesar I.* (1115–1077), auf dem Höhepunkt des mittelassyrischen Reiches, wird in dessen Ruhmeslied die Art seines Vorgehens mit folgenden Worten beschrieben:

> Einen Weg von drei Tagen marschierte er vor.
> Vor Aufgang der Sonne war Glut ihre Erde,
> Zerfetzte er der Schwangeren Bäuche,
> Durchbohrte er der Schwachen Leib.
> Den Mächtigen schnitt er die Hälse ab,
> Im Rauch ihres Landes starben die Mannen –
> Ein Trümmerhaufen, wer sündigt an Aschschur!

Zeit der Berg, da des Herrn Haus ist, fest stehen …«, erklärte der Mann Gottes, »und alle Heiden werden herzulaufen, und viele Völker werden hingehen und sagen: Kommt, laßt uns auf den Berg des Herrn gehen, zum Hause des Gottes Jakobs, daß er uns lehre seine Wege und wir wandeln auf seinen Steigen! Denn von Zion wird Weisung ausgehen und von Jerusalem des Herren Wort. Und er wird richten unter den Heiden und zurechtweisen viele Völker. Da werden sie ihre Schwerter zu Pflugscharen und ihre Spieße zu Sicheln machen. Denn es wird kein Volk wider das andere das Schwert erheben, und sie werden hinfort nicht mehr lernen, Krieg zu führen. Kommt nun, ihr vom Hause Jakobs, laßt uns wandeln im Licht des Herrn!« (Jes 2,2–8; vgl. Mi 4,1–5)

Das *Jesaja*-Wort von der Umwandlung der Schwerter in Pflugscharen war lange Zeit ein Lieblingszitat der religiös motivierten Friedensbewegung in der alten DDR; doch enthält es weit mehr als nur einen moralisch-politischen Impuls. Vor dem Hintergrund der historischen Lage, in der es gesprochen wurde, stellt es das »Haus Jakob« als das angesprochene Zentrum einer Umorientierung der gesamten Völkerwelt vor eine Grundsatzentscheidung auf Entweder-Oder: Da ist das militaristische Schreckensregime Assurs, assoziiert mit dem Höhepunkt der menschlichen Verirrung in Gestalt der Stadt Babylon (Gen 11,1–9): sie repräsentiert für die Bibel den Versuch, die auseinanderstrebenden Interessen der jeweiligen Bevölkerungsgruppe durch ein gemeinsames Großprojekt unter der Herrschaft eines zum Gott erhobenen Regenten zusammenzuhalten[3]; so geschah es tatsächlich allerorten zu Beginn großer Staatsgründungen – lange vor Babylon bereits im sumerischen Ur, aber auch zeitgleich beim Pyramidenbau der

Laßt singen mich auf Aschschurs Sieg,
Des Mächtigen, der da zieht zum Kampf,
In aller Welt den Sieg erringt.

HARTMUT SCHMÖKEL: Ur, Assur und Babylon, 114. Zu seiner Politik vgl. ELENA CASSIN: Babylonien unter den Kassiten und das mittlere assyrische Reich, in: Elena Cassin – Jean Bottéro – Jean Vercoutter (Hg.): Die Altorientalischen Reiche II, S. 42–43.

3 Vgl. E. DREWERMANN: Strukturen des Bösen, I 182: Die Stadt und der Turm zu Babel sind »ein künstliches Paradiesnachbild«. Vgl. auch II 504–514.

Ägypter, und in ähnlicher Weise, wenn auch erst zwischen 400 bis 1500 n. Chr., in der Neuen Welt: in Teotihuacán, Tikal, Tenochtitlán, Chichén Itzá im Gebiet des heutigen Mexiko und Guatemala, sowie im Süden in den Großbauten der Vorgängerkulturen der Inkas[4]. So gelang es, rund um den Turm- oder Tempelbau den staatlichen Zusammenhalt zu sichern, zugleich aber wuchsen damit auch die aggressiven Spannungen zwischen den verschiedenen (Stadt-)Staaten untereinander. Die erzwungene Ruhe im Inneren entsprach der kriegerischen Gewaltbereitschaft nach außen. In den Gleisen dieser Weichenstellung schon am Beginn der großen Zivilisationen bewegt sich die Geschichte der Menschheit bis heute, die unaufhörliche Kette der Kriege beweist es. Doch eben deshalb: genau dagegen richtet sich der Auftrag, den der Gott Israels mit dem Berg Zion verbindet, die Schwerter einzuschmelzen und in Pflugscharen umzuschmieden[5].

Symbolisch steht der Berg Zion in der Vision des *Jesaja* für das Zentrum der historischen Welt, ähnlich wie der Baum in der Mitte des Gartens Eden in dem Mythos vom Paradies in der jahwistischen Urgeschichte; doch was dort als Einheit des Menschen im Vertrauen auf Gott zu verstehen ist, mißrät im Bild vom Stadt- und Turmbau zu Babel zu einem Gewaltakt der Selbstüberhöhung, als dessen Ergebnis die zentrifugalen Kräfte (im Bild der Sprachverwirrung) nur zunehmen können: im Feld einer gottverlorenen Angst verstehen die Menschen sich selber nicht mehr und ebenso wenig die anderen an ihrer Seite; alle Versuche, das Problem der Angst mit technischen Mitteln zu lösen, können es nur verschlimmern. Was *Jesaja* im Namen des Gottes Israels dagegen

4 Vgl. ARNOLD TOYNBEE: Menschheit und Mutter Erde, 55–58: Die Erschließung des Schwemmlandes an Euphrat und Tigris und die Entstehung der sumerischen Zivilisation; S. 60–65: Die Erschließung des Nilschwemmlandes und die Entstehung der ägyptischen Pharaonenzivilisation; S. 269–272: Die Zivilisationen Mittelamerikas und der Anden von 400 v. Chr. bis 300 n. Chr.; S. 314–316: Die Zivilisationen Mittelamerikas und der Anden von 300 bis 900; S.364–366: Die mittelamerikanische und die Andenzivilisation von 900 bis 1428. – In der Nachfolge der Tiahuanaco-Kultur zwischen 1000–1430 sind es vor allem die Bauleistungen der Chimú, die derzeit das Interesse der Archäologen bei ihren Ausgrabungen erregen.

5 MAHATMA GANDHI: Worte des Friedens, 35–36 (Young India, 11.8.1920).

zur Rettung vorschlägt, ist eine Sammlung in Vertrauen, eine Hinwendung und Rückkehr zu dem »Ort«, da Gott wohnt: zum Zentrum der Wirklichkeit. Einzig in der Position einer inneren Festigkeit und Angstfreiheit ist die Weisung und Vision des Gottes Israels an sein Volk und damit zugleich an die Völkerwelt durchzuführen: der Kriegsdrohung einer allseits gefürchteten (assyrischen) Militärmaschinerie ist nicht mit Aufrüstung und politischen »Sicherheits«bündnissen zu begegnen, sondern im Gegenteil nur mit völliger Abrüstung. So setzt sich das Wort in die Praxis um, das *Jesaja* an König *Ahas* (741–725) richtet: »Glaubt ihr nicht, so bleibt ihr nicht.« (Jes 7,9) Die Flucht zu den Waffen ist nur eine reflexartige Scheinlösung für den Augenblick, im Grunde ist sie selbstzerstörerisch; allein ein Ende der Angst in Vertrauen eröffnet Hoffnung und Zukunft.

a) Gewaltlosigkeit in Vertrauen oder: Die Entwicklung immer mörderischerer Waffen

Gewaltfreiheit also gegenüber dem grausamen Gegner Assur? Genau! So zu denken, heißt GANDHI beim Wort zu nehmen: »Gewaltlosigkeit,« schrieb dieser, »meint nicht etwa willige Unterwerfung unter den Willen des Tyrannen. Sie bedeutet, daß wir unsere ganze Seelenkraft (sc. und nicht die Macht der Waffen, d. V.) dem Unterdrücker entgegensetzen. Nach diesem Prinzip, unter dem eigentlich unser Dasein steht, vermag ein Einzelner dem Machtwillen eines ungerecht handelnden Weltreiches Trotz zu bieten, um seine Würde, seinen Glauben, seine Seele zu retten und den Sturz dieses Reiches oder gar dessen moralische Erneuerung einzuleiten.«[6] Die Bedingung dafür ist freilich eine Entschlossenheit, die sich vor Rückschlägen und Leid nicht scheut. »Gewaltlosigkeit war nie als Waffe der Schwachen, sondern der tapferen Herzen gedacht,« schrieb GANDHI weiter. »Eine Minderheit kann auf dem Weg der Nichtgewalt mehr tun als eine Mehr-

6 A. a. O., 37 (Young India, 31.12.1931).

heit ... Der Gebrauch von Nichtgewalt verlangt größere Tapferkeit als der von Gewalt.«[7]

Man kann es auch so sagen: Wer auf Gewalt setzt, vermag nichts zu erreichen als einzelner, er braucht, zusätzlich zur Überlegenheit der Waffen, auch eine Überlegenheit in der Masse seiner militärischen Mannschaft; wer indessen auf Gewaltlosigkeit setzt, darf nicht auf die Menge der Zustimmenden achten, er muß der Wahrheit seines Herzens folgen: was Gott ihm sagt, ist wichtiger als die politische Korrektheit im Wechselspiel der Machtverteilung; nicht deren Pragmatismus muß den Ausschlag geben, sondern allein die Treue zu der Evidenz, daß einzig Gewaltlosigkeit uns vor dem Absturz in Unmenschlichkeit und Barbarei bewahren kann. Zwischen dem Turm zu Babel und dem Berge Zion gilt es prinzipiell sich zu entscheiden. Das eine bedeutet die Fortsetzung der »normalen« Praxis, auf Angst mit Angstverbreitung zu reagieren, das andere bedeutet die Erlösung aus dem Albtraum der Geschichte.

Was uns bevorsteht, wenn wir einfachhin so weitermachen wie üblich, läßt sich in dem bisherigen Verlauf der menschlichen Geschichte unzweideutig an der Entwicklung der *Waffentechnik* ablesen: die Instrumente, einander umzubringen, wurden und werden immer mörderischer; wir selber werden dabei auf fatale Weise immer »menschlicher«, das heißt unmenschlicher, – wir entfernen uns immer weiter von den Tieren, nicht um uns zu vermenschlichen, sondern um »tierischer« als jedes Tier zu sein.

Wenn Schimpansen mit einem Stock aufeinander losgehen, sind auch sie durchaus imstande, einander totzuschlagen; doch wir Menschen sind dabei nicht stehengeblieben. Welch ein Holz eignet für einen solchen Prügel sich am besten und wie läßt sich die Schlagwirkung verschlimmern? – Aus solchen Überlegungen ist aus dem Knüppel die *Keule* und der *Speer* geworden. Im Kampf Mann gegen Mann, der bevorzugten Form des Krieges zum Beispiel bei den Azteken, trugen die hölzernen Schlagwaffen Obsidianklingen[8], die ihnen durch das Vulkanglas Messerschärfe

7 A.a.O., 37 (Harijan, 20.3.1937).

8 NIGEL DAVIES: Die Azteken, 239.

verliehen; üblicherweise kam auch der Wurfspeer *(atlatl)* zum Einsatz.

Einfacher und auf Nahdistanz sogar wirksamer noch lassen sich auch *Steine* als Wurfgeschosse verwenden. Alles, was im Krieg sich als brauchbar zum Töten von Menschen erweist, ist zuvor bei der Jagd auf Tiere geübt worden, und es scheint, als habe die Tötung von Niederwild durch gezielte Steinwürfe speziell die Koordination von Hand und Gehirn wesentlich mitgefördert. Die Steine selber erfuhren in den Jahrhunderttausenden der Steinzeit in einer langsam, doch stetig sich verbessernden Abschlagtechnik den Gebrauchswert von Werkzeugen als Messer und Stichel beim Durchschneiden und Durchbohren von Häuten und Fellen, aber eben auch als Schneideklingen und Speerspitzen zum Zufügen empfindlicher Verletzungen. Das war ein bedeutender Fortschritt in der Waffenherstellung, doch nicht hinreichend, die Angst von Menschen vor einander zu beruhigen und in Jagd und Krieg auf Dauer erfolgreich zu sein.

Denn: Stoß- und Wurfwaffen erzielen ihre Wirkung allenfalls in einem Umkreis von ein paar zehn Metern. Mit einer eigenen Schleuder suchten deshalb schon die Indianer Mittelamerikas in praktischer Ausnutzung der Hebelgesetze ihren Speeren größere Weite und Durchschlagskraft zu verleihen, und statt Steine und Speere mit der bloßen Hand zu werfen, erfanden bereits Griechen und Römer weithin tragende Katapulte und seriell aufzustellende Wurfmaschinen, die bei konzentriertem Abschuß die Wirkung eines Artillerieangriffs entfalten konnten.

An Geschwindigkeit, Reichweite, Zielgenauigkeit und Durchschlagskraft ließ sich die grobe Technik des *Speerwurfs* zudem erheblich steigern durch die Erfindung von *Pfeil* und *Bogen* vor etwa 35000 Jahren, und sie fand ihren Höhepunkt in den zusammengesetzten Bögen hunnischer Reiterkrieger, die den Streitwagenangriff altorientalischer Heere durch die Schnelligkeit und Wendigkeit ihrer steppengewohnten Pferde an Gefährlichkeit bei weitem übertrafen. – Wie kann man rascher den tödlichen Stoß, Schuß oder Wurf anbringen, um es einem zum Töten entschlossenen Gegner zuvorzutun? Wenn das eigene Überleben von der

Antwort auf diese Frage abhängt, ist die Entwicklungsrichtung der Waffentechnik genau in der Art vorgegeben, wie sie dann eingetreten ist und bis heute anhält. Ein Innehalten erscheint unter diesen Umständen als ein geradezu fahrlässiger Fehler.

Gleichwohl hätte es in der Waffenentwicklung mindestens drei Momente geben können, an denen die Unmittelbarkeit menschlicher Empfindungen und Gefühle einen sofortigen Stopp dieser Progression des Grauens als geradezu selbstverständlich hätte erscheinen lassen müssen: das war in der Bronze- und Eisenzeit die Einführung des Schwertkampfes; sodann die Nutzung des explosiven Schwarzpulvers zur Herstellung von Sprengbomben und zum Treibsatz von Kugeln in Kanonen, Gewehren und Pistolen im ausgehenden Mittelalter und in der Neuzeit; und schließlich – jenseits der Möglichkeiten der Chemie – der Rückgriff auf die Physik mit der Entwicklung und dem Einsatz nuklearer Waffen im 20. Jh. In diesen drei Stufen schrieb sich nicht nur die menschliche Angst in die Technik des Tötens ein, sondern diese selbst veränderte zutiefst auch die Menschen in ihrer Bereitschaft, jedwedes moralische Veto bei der Bedienung ihrer mörderischen Geräte mehr und mehr außer Kraft zu setzen und im Gegenteil dem virtuosesten Menschenschlächter auf dem Schlachtfeld als einem Helden zuzujubeln, ja ihn sogar in den Rang eines moralischen Vorbildes zu erheben: So wie er müßte man sein!

Was ökonomisch und technologisch in den Geschichtsbüchern sogar unserer gegenwärtigen Schulen nach wie vor als ein begrüßenswerter Fortschritt erscheint, wird in der selbstkritischen antiken Mythe von den vier Weltzeitaltern ganz richtig als ein menschlich betrüblicher Abstieg interpretiert: Es gab, erzählt diese Geschichte, einmal ein glückliches *goldenes* Zeitalter, in welchem die Menschen sich in vollkommenem Einklang mit der sie umgebenden Natur befanden; diese Epoche wurde abgelöst von einer *silbernen* Zeit, in der man zum Schutz vor dem rauheren Klima mit Flechtwerk Hütten errichtete und zum Pflügen der Felder Stiere vorspannte; auf diesen Zustand der Natural- und der Subsistenzwirtschaft folgte alsdann mit dem Beginn der *erzenen* Zeit ein »ehernes« Menschengeschlecht, »wilder von Wesen und leichter bereit, nach den gräßlichen Waffen zu greifen,« wie der römische Dichter OVID schreibt[9], um hernach die sittliche Verrohung und ungehemmte Brutalisierung des *eisernen* Zeitalters zu schildern: fortan »flohen Scham, Wahrheit und Treue. Deren Platz nahmen Betrug und Hinterlist ein, Heimtücke, Gewalt und heillose Habsucht.«[10] Man entreißt jetzt den Eingeweiden der Erde nicht mehr nur die »schuldige Nahrung« auf Zäune bewehrten Parzellen, sondern durchwühlt sie einzig auf der unstillbaren Suche nach Bodenschätzen; jedoch: »Schon war das schändliche Eisen und, schändlicher noch als Eisen, das Gold emporgestiegen, da steigt auch der Krieg hervor, der mit beiden kämpft, und schwingt mit blutiger Hand die klirrenden Waffen. Man lebt vom Raub ... überwältigt liegt die Nächstenliebe am Boden, und als letzte der Himmlischen verläßt die Göttin der Gerechtigkeit ... die von Mord bluttriefende Erde.«[11]

In der Tat markiert der Wechsel von der Stein- zur Metallzeit eine grundlegende Änderung nicht nur im Verhalten, sondern vor allem auch im Verhältnis zu sich selbst und zur Welt. Bereits die Umstellung von der eiszeitlichen Lebensweise als Sammler und Jäger hin zu Seßhaftigkeit, Landbau und Viehhaltung brachte die Notwendigkeit mit sich, begehrte Produkte (wie Feuerstein, Obsidian, Holz, Salz, Felle, Keramik u. a.) über immer weiter sich dehnende Handelswege auszutauschen, an deren Engstellen und Umschlagsplätzen Macht und Reichtum sich ansammelten. Auf dieser Basis verbreitete sich um 4000 v. Chr. die Herstellung von Werkzeugen aus geschmolzenen Metallen, und nach 3000 v. Chr. war das Gießen von Kupfergeräten allgemein verbreitet. Nach einer langen Experimentierphase kam dann um 2000 v. Chr. allgemein die Herstellung und Verarbeitung von Bronze auf, einer Legierung von Kupfer mit einem 10%igen Anteil von Zinn[12].

9 OVID: Metamorphosen, I 126–127, S. 17.
10 A. a. O., I 130–132, S. 17.
11 A. a. O., I 142–144.150–151, S. 17–19.
12 Der Übergang von der Steinzeit zur Bronzezeit im 3. Jtsd. v. Chr. geht einher mit der Ausbildung zweier Kulturen: der Glockenbecherkultur, die ihren Ausgang von der iberischen Halbinsel nimmt, und der Streitaxtkultur, die ihren Ursprung im heutigen Rußland hat – beide werden in ihren Unter-

Entscheidend in unserem Zusammenhang ist die damit gegebene Möglichkeit, scharfschneidige *Schwerter* zu schmieden, die das wechselseitige Töten im Nahkampf zu einem unerbittlichen Duell auf Leben und Tod werden ließen. Für solche Entscheidungskämpfe infrage kamen einzig Männer, die den Mut hatten, in eine solch mörderische Auseinandersetzung hineinzugehen; und gerade sie wurden nunmehr die Protagonisten, die bewunderten Vorbilder und Vorkämpfer ihrer jeweiligen Bezugsgruppe; selbst im Fall einer Niederlage ging ihnen der Ruhm nach, sich verdienstvoll geopfert zu haben.

Daher ist es kein Wunder, daß der Mann der Bronzezeit »sich zu allererst als Krieger (verstand). In allen Abschnitten der Bronzezeit fallen die Waffen als Grabbeilagen sofort ins Auge, in der Frühbronzezeit besonders die Dolche und in der Mittel- und Jungbronzezeit die Schwerter ... Ein vielfältiges Waffenhandwerk entfaltete sich, um den Ansprüchen dieser Kriegerschicht zu genügen, die über weite Strecken Mitteleuropas fast gleichartig gerüstet war. Gemeinsamkeiten in Grabpflege und Ausstattung über weite Gebiete Europas hinweg lassen daran denken, daß die Schwertträger verwandtschaftsübergreifend agierten und männerbündnerische Kriegergesellschaften und Jungmannschaften bildeten.«[13] Insgesamt sind es jetzt diese »Waffenträger bzw. Krieger, die das Bild der bronzezeitlichen Gesellschaft prägen ... ›Krieg und Frieden‹ bestimmten (sc. fortan, d. V.) den Ablauf bronzezeitlichen Geschehens ... Diese Kriegerschicht war von der Frühbronzezeit an die führende Schicht ... In der frühen Bronzezeit wurden die Wurzeln gelegt für größere kriegerische Auseinandersetzungen in Europa, indem geeignete Schutz- und Trutz-

schieden auch als Hünengrab- und Einzelgrabkultur bezeichnet. Vgl. E. DREWERMANN: Geld, Gesellschaft und Gewalt, 276–273.

13 ALBRECHT JOCKENHÖVEL: Bauern und Krieger, Künstler und Händler – Bronzezeitliche Gesellschaft, in: Albrecht Jockenhövel – Wolf Kubach (Hg.): Bronzezeit in Deutschland, 45.

waffen entwickelt und das Befestigungswesen effektiv ausgebaut wurde.«[14]

b) *Das Schwert der Bronzezeit und der Kult des Helden*

Zum ersten Mal erleben wir es jetzt also, daß ein einzelnes militärisches Erzeugnis: das »Schwert« des *Jesaja*, eine ganze Kultur umformt und auch in der Folgezeit auf Jahrtausende festlegt. Was aber macht es mit den Menschen, die mit solchen Schwertern hantieren? Sie werden von aller bäuerlichen und handwerklichen Arbeit freigestellt, um ihren Körper und ihren Geist speziell für den Schwertkampf zu stählen. Ihr Leben kreist um diesen einen Augenblick tödlicher Konfrontation, in dem sich alles entscheidet: Sieg oder Niederlage, Ich oder Er, Aufstieg oder Untergang. Kriege, die so geführt werden, stumpfen ab und härten ab: abgeschlagene Köpfe und Arme, blutende Wunden, aufgeschlitzte Leiber – ein solcher Anblick, der natürlicherweise Entsetzen und Ekel einflößt, muß jetzt im Gegenteil als Beweis eigener Stärke mit Stolz und gesteigertem Selbstbewußtsein belegt werden. Alles verschiebt sich damit. Die Angst vor der tödlichen Gefahr, die von einem Gegner ausgeht, ist nach wie vor vorhanden, und das Schwert ist die objektivierte Antwort auf diese Angst in ihrer bis dahin entwickeltsten Form; das Schwert soll sagen: ich habe keine Angst vor dir, denn ich werde dich töten. Gegen den Gegner einen derartigen Mut zu beweisen wird jetzt zum wichtigsten Attribut der Männlichkeit. Mehr als den Tod fürchtet der bronzezeitliche Held sich davor, zu versagen und (s)einer Schwäche wegen von den Mitgliedern seiner Gruppe verachtet zu werden. Er ist zum Siegen verurteilt. Das Schwert wird damit zum Inbegriff einer Kultur, die in allen Lebensbereichen agonal geprägt ist.

Das berühmteste Beispiel für eine solche Gesinnung bietet in den Anfängen der europäischen Geschichte der größte unter den bronzezeitlichen Helden vor Troja: *Achill*, dessen Ruhm ein hal-

14 A.a.O., 101–103: Rückblick und Ausblick.

bes Jahrtausend später HOMER in der griechischen Eisenzeit in der »Ilias« besingt. Eigentlich möchte seine Mutter, die Meernymphe *Thetis*, ihren Sohn vor einem frühen Tod bewahren, der aber will kein langes unbedeutendes Dasein führen, sondern lieber sein Leben opfern, um in ewigem Ruhm unsterblich zu werden. Um den Tod seines Freundes *Patroklos* zu rächen, richtet *Achill* ein Blutbad an unter den Trojanern, und er tut es in zynischer Menschverachtung gegenüber seinen Opfern. So erschlägt er etwa den schutzflehenden *Lykáon*, den Sohn des Trojanerkönigs *Priamos*, der ihm wehrlos beide Arme entgegenstreckt:[15]

> *Achilleus* zückte das Schwert nun, das scharfe,
> Und durchschlug ihm am Hals das Schlüsselbein; ganz in die Tiefe
> Tauchte das doppelt geschliffene Schwert; vornüber am Boden
> Lag er; heraus floß das schwarze Blut und netzte die Erde.
> Aber *Achilleus* ergriff ihn am Fuß und warf in den Strom ihn,

15 »Tatsächlich scheint *Thetis* die einzige Frau (gewesen) zu sein, für die er (sc. *Achill*, d. V.) eine wirkliche Zuneigung empfand. In seiner frühen Kindheit wollte sie ihm Unsterblichkeit verleihen, indem sie ihn am Tage mit Ambrosia salbte und zur Nachtzeit mit Aschenglut bedeckte.« Doch als ihr Gemahl *Peleus* sich darüber entsetzte, daß sie ihr Kind ins Feuer schob, zog sie sich, empört über das Mißtrauen ihres Gatten, ins Meer zurück. *Achill* wurde von dem Kentauren *Chiron* dahin trainiert, der schnellste Läufer zu werden, und in allen Kampftechniken ausgebildet. *Chiron* »ließ ihn die Innereien von wilden Tieren essen, um ihm unerschrockenen Kampfesmut zu geben.« An der Seite seines Freundes *Patroklos* zog er, verlockt von *Odysseus*, in den Krieg gegen die Trojaner, der angeblich geführt wurde, um die geraubte Gattin des Spartanerkönigs *Menelaos*, die schöne *Helena*, zurückzuholen; allerdings war *Achill* dem Heerführer der Griechen, *Agamemnon*, durch keinerlei Eid verpflichtet, und als dieser zum Ersatz für *Chryseis*, die erbeutete Tochter des Apollonpriesters *Chryses*, darauf bestand, daß *Achill* ihm seine Kriegssklavin und Konkubine *Briseis* ausliefern sollte, war der Pelide derart erzürnt, daß er die weitere Teilnahme am Kampf verweigerte. Dieser »Zorn des *Peleus*-Sohnes *Achill*« ist das eigentliche Thema der »Ilias« – ohne ihn konnten die Griechen die Schlacht um Troja nicht für sich entscheiden. Vgl. MICHAEL GRANT – JOHN HAZEL: Lexikon der antiken Mythen und Gestalten, 9–14.

Und er rief, sich rühmend, ihm nach die gefiederten Worte:
»Liege nun hier bei den Fischen; sie werden dir bald von der Wunde
Unbekümmert das Blut ablecken ...
...
Geht nur zugrunde, bis wir zum heiligen Ilion kommen,
Ihr in ständiger Flucht und ich hinterdrein, euch ermordend«[16].

En detail beschreibt – unter vielen anderen ähnlichen Einzelaktionen – HOMER, wie *Achill* am Ufer des Skamandros den Enkel des mazedonischen Flußgottes *Axios* tötet, den *Asteropaios*, der sich ihm »voll Gier, ihn zu töten,« in den Weg stellt –

Denn er hieb in den Bauch ihm am Nabel, und alle Gedärme
Gossen sich auf die Erde, und Dunkel umfing seine Augen,
Während er röchelte. Aber *Achilleus* sprang auf die Brust ihm,
Riß ihm die Rüstung vom Leibe und rief, sich rühmend, die Worte:
»Liege du so! ...«
...
Also sprach er und riß aus der Böschung die eherne Lanze,
Den aber ließ er dort, nachdem er das Leben ihm raubte,
Liegen am Sandstrand, wo ihn das schwarze Wasser bespülte.
Um ihn waren die Aale und andere Fische geschäftig,
Und sie rupften und nagten am nierenumhüllenden Fette[17].

Psychologisch mag sich an *Achill* zeigen, wie ein muttergebundener Junge, verliebt in seinen Gefährten *Patroklos*, schwertschwingend und lanzenwerfend, zum männermordenden Kriegshelden aufsteigt, doch offenbar wird in Szenen wie diesen ein ganzes Weltbild gezeigt, passend zu eben der Darstellung, mit welcher der Gott der Schmiede, *Hephaistos*, den Schild *Achills* verziert

16 HOMER: Ilias, XXI 116–129, S. 435.
17 A.a.O., XXI 180–204, S. 437–438.

hat, auf welchem wie in der Wirklichkeit die leichtfüßigen Gespanne schon bereit stehen für den Kampf an den Ufern des Flusses[18].

Die Kriegerkaste der mykenischen Palastgesellschaft, in deren Kreisen die Tradition der »Ilias« entstanden sein dürfte, glaubte nicht an ein Weiterleben des Einzelnen im Tode; wenn im Fluß der Zeit mit ihrem Kommen und Gehen dem individuellen Leben eine bleibende Bedeutung hätte zukommen sollen, dann allein im Gedenken der Nachwelt an die Großtaten, die jemand in seinem kurzen Leben vollbracht hatte. Nun aber, von der bronzezeitlichen Herstellung scharfschneidiger Schwerter an, gilt als ruhmreich nichts so sehr wie die vermeintliche Unbesiegbarkeit des Heros in einer Serie mörderischer Duelle, in denen er seine Überlegenheit im Zweikampf zur Schau stellt. Freilich, auf diese Weise macht er sich zugleich vollkommen abhängig von der Wertschätzung der Mit- und der Nachwelt, und das Ungeheuerliche daran ist nicht nur der einhellige Beifall der Menge für das serielle Zerhacken von Menschenleibern in den Schlachthöfen der Geschichte, sondern vor allem die reuelose Beharrlichkeit, mit der seit 5000 Jahren mittlerweile dieses Denken in militärischen Ehrungen sich trotz der Entwicklung immer effizienterer Waffensysteme unverändert durchgehalten hat.

18 A.a.O., XVIII 531–540, S. 394, vgl. dazu WOLFGANG SCHADEWALDT: Die Anfänge der Philosophie bei den Griechen. Tübinger Vorlesungen, Bd. 1, S. 48–55: »Es ist ... zweifellos ein Rundschild gemeint, bei dem das Mittelstück dem Himmel vorbehalten ist.« (S. 53) Daß *Hephaistos* für *Achill* eine neue Waffenrüstung fertigt, erzeigt deren hohen Stellenwert. Die »Eisenzeit« hat »eine große Anzahl von Riten, Mythen und Symbolen hervorgebracht ... (man) kann ... erst nach dem industriellen Erfolg des Eisens von einer metallurgischen Epoche der Menschheit sprechen,« schreibt MIRCEA ELIADE: Schmiede und Alchemisten, 25. »Die Kunst der Herstellung von Werkzeugen ist übermenschlicher Art, sei es göttlicher, sei es dämonischer. Der Schmied schmiedet auch die tödlichen Waffen. Reste der alten Mythologien der Steinzeit haben sich wahrscheinlich mit der Mythologie der Metalle verbunden ... Die ambivalente Magie der Waffen aus Stein ... übertrug sich gesteigert auf das neue aus Metall geschmiedete Werkzeug. Der Hammer, Erbe der Axt der Steinzeit, wird zum Wahrzeichen der starken Götter, der Götter des Gewitters« – wie Zeus (S. 31–32).

c) Vom Schwarzpulver zum Napalm

Das Töten auf den Schlachtfeldern der Antike und des Mittelalters vollzog sich allerdings nur auf der Ebene der Physik, entsprechend der Mechanik angewandter Muskelkraft und bestimmter Kraftgeräte; das aber allein war auf die Dauer offenbar nicht wirksam genug. Schon die Herstellung von Bronzewaffen setzte ein praktisch erworbenes chemisches Wissen um die richtige Mischung der geschmolzenen Metalle voraus, und auch die optimale Härte von Eisenschwertern war nur erreichbar bei günstiger Temperatur und Oxydation. Doch warum die Chemie nur zur Herstellung von Waffen zu nutzen, statt sie selber als Waffe einzusetzen? Mit der Entdeckung des Schwarzpulvers im 15. Jh. wurde es möglich, die stärksten Festungsmauern mitsamt ihren Bewohnern und Verteidigern mit einem Schlag in die Luft zu sprengen, – das hätte in seiner Gräßlichkeit ein zweiter Haltepunkt in der Entwicklung von Waffen sein können und müssen! Doch wieder: statt innezuhalten wandelte sich der Blitz des *Zeus* vom zuckenden Schwert in die Explosion von Dynamit und Trinitrotoluol; das an der Luft sich selbst entzündende Phosphor erlaubt es zudem, Brandbomben herzustellen und mit deren Hilfe nach dem Abwurf von Sprengbomben in den freigelegten Kanälen der Häuserreihen einen Feuersturm zu entfachen, wie im Juli 1943 in Hamburg, als bei der »Operation Gomorrha« über 40000 Menschen in Hammerbrook und Umgebung umkamen[19].

19 vgl. CHRISTOPH KUCKLICK: Bomben auf Hamburg, in: Geo Epoche Panorama, Nr. 12: Feuersturm, S. 40–91; S. 71: »Die britischen Bomber werfen (sc. des Nachts am 28. Juli 1943, d.V.) mehr als 50 Minuten lang immer neue Brandsätze in die Flammenfront ... Es trudeln in dieser Zeit mehr als 300000 Brandsätze herab ... Den Höhepunkt erreicht der Feuersturm zwischen 3.00 und 3.30 Uhr. Das Flammenmeer reicht vom Berliner Tor bis Wandsbek, das sind etwa vier Kilometer. 16000 Wohnblocks mit einer Straßenfront von 215 Kilometer Länge stehen in Flammen. In ihnen wohnten mehr als 400000 Menschen.« JÖRG FRIEDRICH: Der Brand, 113, notiert: »In der schwülen Hochsommernacht auf den 28. Juli stand die Temperatur zwischen 20 und 30 Grad. Im Zusammentreffen von Klima, Brandmischung, Verteidigungskollaps und Blockbaustruktur trat ein, was (sc. Admiral *Arthur*, d.V.) *Harris*' Codewort ›Gomorrha‹ der Operation unterlegte. Wie *Abraham* im 19. Kapitel Ge-

Und noch weit mehr läßt sich mit Hilfe der Chemie im Krieg machen, als Spreng- und Brandbomben zu zünden. Als 1915 an der Westfront der deutsche Vormarsch zum Stehen kam und der Zwei-Fronten-Krieg in einen zermürbenden Stellungskrieg überging, bei dem keiner der Seiten selbst bei massivstem Artilleriefeuer ein Durchbruch gelang, verfiel der Chemiker *Fritz Haber* (1868–1934) auf die Idee, mit Chlorgas die Frontlinien der Gegenseite in unentrinnbare Todeszonen zu verwandeln: am 22. April 1915, gegen 18 Uhr, als der Wind günstig steht, »lassen deutsche Offiziere nördlich des belgischen Städtchens Ypern auf rund sieben Kilometer Frontlänge aus Tausenden von Stahlflaschen etwa 150 Tonnen Chlor abblasen.« In den Schützengräben der Franzosen sterben 1200 Soldaten, in deren Lungen das Chlorgas zu Salzsäure wird, etwa 3000 werden verletzt – man wird sie nicht behandeln können. *Haber*, der 1909 mit der Fixierung des Stickstoffs der Atemluft die Grundlage für die Herstellung von Kunstdünger, aber auch für die künstliche Gewinnung von Salpeter zur Sprengstoffherstellung gelegt hatte, wird mit eigens geschulten Gaspionierregimentern im weiteren gegen die eingesetzten Gasmasken des Gegners die Taktik des »Buntschießens« entwickeln, indem er zunächst das extrem reizende Blaukreuz verschießen läßt, das die Soldaten nötigen soll, die Masken herunterzureißen, um dann die tödlichen Grünkreuz-Geschosse mit ihrem Chlorgas einzusetzen. Am 13. Juli 1917 kommt es zu einem ersten Angriff mit Senfgas, das 50mal giftiger ist als Chlorgas; es dringt durch die Kleidung und verätzt die Haut zu langen gelben Blasen; die ersten Soldaten sterben qualvoll zwei Tage später. Aber es gibt kein Halten: 80000 Soldaten werden im Gaskrieg umkommen, mehr als 1 Mio werden verwundet. Und die

nesis schaute er gegen die sündige Stadt, und sah: ›Qualm stieg von der Erde auf wie der Qualm aus einem Schmelzofen.‹ Er zerschmolz zwischen vierzig- und fünfzigtausend Personen. Siebzig Prozent davon entfielen auf den Bezirk Mitte, wo die Waffe eine Tötungsquote von 5,9 Prozent erreicht. In den reinen Wohnstraßen von Hammerbrook fallen sechsunddreißig von hundert Bewohnern.«

besten Wissenschaftler werden dabei behilflich sein, wie die späteren Nobelpreisträger *Otto Hahn* und *Gustav Hertz*[20].

Was hier geschah, war kein Heldentum mehr wie der Schwertkampf, den man in den Gladiatorenkämpfen Roms sogar als ein unterhaltsames Schauspiel in der Arena mit tosendem Beifall begleiten konnte[21]; dies jetzt war ein anonymes flächenweises Ausrotten von Menschen wie bei einer Schädlingsbekämpfung, und der Applaus dafür galt nicht mehr einzelnen Soldaten, sondern einzig der Zahl der Getöteten, – es können fortan nicht genug sein, um dem Sieg näherzukommen. Einzig *Habers* Frau, *Clara Immerwahr,* vermochte diese Welt der gefeierten Massenmorde nicht länger mehr zu ertragen: am 2. Mai 1915 nahm sie sich das Leben. Wie auch soll man leben in einer Welt, in welcher der Fortschritt von Wissenschaft und Technik zu einem massenweisen Hinmorden von Menschen vernutzt wird?

Aber die Haager Landkriegsordnung verbietet den Einsatz von Giftgas? – Das hinderte in unseren Tagen nicht, daß im Krieg gegen den Iran, der am 22. Sept. 1980 auf einer Frontlinie von 600 km begann, um die Ausbreitung des schiitischen Islam unter Ayatollah *Khomeini* zu hindern, die USA dem später als Diktator bekämpften *Saddam Hussein* dabei halfen, Senfgas und Sarin herzustellen; in den erbitterten Kämpfen um bestimmte Zonen am Persischen Golf 1983–1984 wurde es schonungslos eingesetzt; erst die Tötung von etwa 5000 aufständischen Kurden bei Chalabdscha mit Giftgas machte man *Saddam Hussein* zum Vorwurf. Ein Teil des Giftgases kam übrigens aus der BRD (West); aber: »In den deutschen Massenmedien wurden die Verbrechen von *Saddam Hussein* (sc. gegen die Iraner, d.V.) vertuscht, um die USA nicht zu brüskieren.«[22] Der Krieg, der sich bis 1988 hinzog, kostete mehr als 400000 Menschen das Leben, und er

20 Vgl. CAROLINE LAHUSEN: Der Tod aus dem Labor, in: Geo Epoche, Nr. 14: Der Erste Weltkrieg, 86–87.

21 Vgl. E. DREWERMANN: Richtet nicht!, 1. Bd., S. 383–393.

22 Vgl. DANIELE GANSER: Imperium USA, 240–241: Saddam Hussein überfällt Iran und setzt Giftgas ein.

wurde geführt, um die geostrategische Position der USA im erdölreichen Mittleren Osten zu stärken.

Aber natürlich: noch ganz andere Möglichkeiten bietet die Chemie zur Entwicklung von Massenvernichtungswaffen. Noch bevor Hamburg im Bombardement der Royal Air Force seinen mörderischen Feuersturm durchlitt, hatte 1942 der US-Chemiker *Louis Fieser* von der Harvard-Universität das Napalm erfunden, ein kaum zu löschendes gelartiges Benzin, das mit Aluminiumsalzen der *Na*phthen- und *Palm*itinsäure versetzt ist und dadurch zähflüssig und klebrig an den Körpern von Menschen haftet, denen es mit einer Brandtemperatur von 1300 Grad furchtbare Verletzungen zufügt. Doch eben dies: das am meisten Schreckliche, ist *genau* das einzig Richtige auf dem Weg zum Siegfrieden. Wohl, dem Kriegsrecht zufolge[23], gilt die Kombattantentrennung: Zivilisten müssen geschützt und dürfen nicht angegriffen werden. Aber wie denn! Die Viehherden, die Frauen, die wehruntauglichen Männer sorgen an der »Heimatfront« für den nötigen Nachschub an Proviant und Rüstungsgütern – von jeher wurden sie geplündert, versklavt und ermordet. Das Inferno der Stabbrandbomben in Hamburg hatte gezeigt, wie wirksam es ist, Tausenden von Menschen das Leben zu nehmen, doch das ist nur Phosphor; Napalm brennt nicht nur, es ist sein eigener Brandbeschleuniger; also ist es noch weit besser geeignet, möglichst viele Menschen auf einen Schlag in Flammen aufgehen zu lassen. General *Curtis LeMay*, der 1944 den Luftkrieg der USA gegen Japan leitete, sah in dem neu entwickelten Napalm deshalb das ideale Instrument, Tokio abzufackeln. Am 9. und 10. März 1945 verbrannten auf seinen Befehl hin zwischen 80000 und 120000 Japaner in ihren Bambushäusern[24]: ein paar Zehntausende mehr oder weniger – *so what!* Skrupel? Die hatte man als erfolgreicher Meister des Massenmords nicht zu haben.

Es waren und sind einzig Einzelne, für die das Entsetzliche ein Ende des Mitmachens bedeutet. So der Friedensaktivist HOWARD

23 So in gewissem Sinne bereits HUGO GROTIUS im Jahre 1625, vgl. E. DREWERMANN: Richtet nicht!, 2. Bd., 526–537, S. 533–536.
24 DANIELE GANSER: Imperium USA, 160.

ZINN (1922–2010). Einen Monat nach dem Feuerinferno von Tokio mußte amerikanischerseits auch in Europa noch einmal ein Exempel statuiert werden: Der Krieg auf dem Kontinent stand bereits unmittelbar vor dem Ende, doch für die 8. Flotte der US-Air Force schien es zu verlockend, einen großflächigen Napalm-Angriff zu fliegen. Am 14./15. April 1945 schickte man 1300 Bomber ohne Begleitschutz durch Abfangjäger in das Zielgebiet von Bordeaux, wo im Gebiet von Royan, einem Ferienort mit etwa 20000 Einwohnern, noch etwa 30000 deutsche Soldaten stationiert waren; 2 Mio Liter Benzin goss man über sie aus, um sie in dem gelierten Feuer des Napalms bei lebendigem Leib zu verbrennen. Man fand das großartig. Für HOWARD ZINN jedoch war es erbärmlich, – es änderte seine Einstellung zum Krieg ein für allemal und von Grund auf[25]. Denn er sah: Alle Mittel, die

25 HOWARD ZINN: Die Bombe, 69–97: Die Bombardierung von Royan. Die Quintessenz eines Bewohners der Stadt lautete: »Royan ist mit der zivilisierten Welt untergegangen, durch den Irrtum, die Grausamkeit und die Dummheit des Menschen.« (S. 79) Die Kritik traf nicht zuletzt General *Edgard de Larminat*, den Befehlshaber der Truppen in der Region Bordeaux, der drei Jahre später, 1948, endlich sein Schweigen brach und erklärte: »In allen Kriegen geschehen diese bitteren Fehler ... Das ist der ... unvermeidbare Preis des Krieges ... Wir ehren diejenigen, die im Krieg gestorben sind, wir helfen den Überlebenden und bauen die Ruinen wieder auf, aber wir halten uns nicht damit auf, nach Gründen für diese bedauerlichen Ereignisse zu suchen. Denn eigentlich gibt es nur einen einzigen Grund, und das ist der Krieg.« (S. 80) In Wirklichkeit zeigen die Memoiren von Admiral *Hubert Meyer*, dem französischen Kommandanten in der Region La Rochelle und Rochefort, daß er in den Verhandlungen mit dem deutschen Admiral *Ernst Schirlitz* zu dem Ergebnis gekommen war, die Deutschen würden die Häfen für den Handel öffnen (S. 80–81), – es gab nicht einmal militärisch einen Grund für das Vorgehen der US-Air Force. Aber: recht hatte Luftmarschall Sir *Robert Saundby*, der zu der Bombardierung Dresdens sagte: »Nicht diese oder jene Handlung im Krieg ist unmoralisch und unmenschlich. Unmoralisch ist nur der Krieg selbst. Sobald ein Krieg begonnen wurde, kann er niemals menschlich oder zivilisiert geführt werden. Sollte eine Seite dies versuchen, dann wäre sie bald geschlagen. Solange wir Konflikte zwischen den Nationen im Krieg austragen, müssen wir die Grausamkeiten, die Schrecken und die Gewaltexzesse, die der Krieg mit sich bringt, ertragen.« (S. 81) Doch nicht einmal dieses Bedauern teilte *Hubert Meyer*; den Begriff Schuld kannte er nicht, im Gegenteil, er hatte seine Pflicht getan; und gerade mit dem endgültigen Sieg vor Augen, suchte jeder »nach einer letzten Gelegenheit, um sich hervorzutun und ein bisschen

eingesetzt werden, um einen Krieg zu gewinnen, widerlegen die Zielsetzung, für die er angeblich geführt wird; bereits die Entwicklung immer mörderischer Waffensysteme ist bar jeder Menschlichkeit und ihre Anwendung ein menschenverachtendes Verbrechen.

Das freilich wußte auch *Curtis LeMay:* »Wir wären alle als Kriegsverbrecher vor Gericht gestellt worden, wenn wir den Krieg verloren hätten,« sagte er.[26] Also: man muß weiter hauen und stechen, sengen und sprengen, um sich *post festum* in eigener Siegerjustiz das Recht zu erteilen, alles richtig gemacht zu haben. Doch welch ein Gewissen läßt mit dieser Farce im Konfetti-Regen der ihre Soldaten feiernden Sieger sich auf Dauer belügen? – Gerade dies ist die entscheidende Frage der Bergpredigt, wenn sie erklärt: »Richtig leben einzig die Menschen, die jeder Gewalt sich verweigern« (Mt 5,5). Wer dieser Einsicht nicht folgt, flieht alsbald nicht mehr nur in Angst vor dem Feind auf der Gegenseite in die Spirale der Angstverbreitung durch Steigerung martialischer Massaker, er flieht auch vor seinem eigenen Gewissen, das untrüglich weiß, wie falsch das ist, was er tut und getan hat.

d) Selbst Atombomben sind nicht genug oder: Der Wille zur Weltmacht

Doch auch die Zerstörungsmöglichkeiten der mechanischen Physik sowie der thermischen und explosiven Wirkungen der Chemie sind begrenzt – sie verbleiben allesamt in der Sphäre der Elektronenhülle der Atome. Wie aber, wenn man die Radioaktivität bestimmter Elemente mit ihrer natürlichen Neutronenabstrahlung ausnutzt, um eine Kettenreaktion einzuleiten und so eine Bombe

Ruhm zu erringen; Bescheidenheit wurde verachtet und Vorsicht als Feigheit gesehen.« (S. 93) Denn nur so ist oder wird man zum Soldaten: »Seine einzige Pflicht ist zu gehorchen mit all seinem Glauben, seinem Mut, seiner Widerstandskraft.« (S. 94) Genauso wie der französische Admiral in diesen Worten dachte auch sein deutscher Gegenspieler *Schirlitz*. Nicht erst der Krieg, das Soldatsein ist das Problem.

26 DANIELE GANSER: Imperium USA, 160–161.

von nie dagewesener Vernichtungsgewalt zu erstellen? Am 1. Jan. 1939 hatte *Otto Hahn* (1879–1968) mitgeteilt, was er zusammen mit *Lise Meitner* (1878–1968) und *Fritz Straßmann* (1902–1980) herausgefunden hatte: »Der Urankern kann durch Aufnahme eines langsamen Neutrons ... in zwei etwa gleichschwere Bruchstücke (darunter einen Bariumkern) zerplatzen, wobei eine sehr hohe Energie von etwa 100 MeV (sc. Mega-Elektronenvolt, d. V.) frei wird.«[27] Als dann am 2. Dez. 1942 in Chicago *Enrico Fermi* (1901–1954) die erste Kettenreaktion gelang[28], war das der Startschuß für das Manhattan-Projekt, für den Bau einer Uran- und Plutoniumbombe unter Leitung von General *Leslie R. Groves*[29], die nach dem Placet von *Harry Truman* am 6. und 9. August 1945 über Hiroshima und Nagasaki zu ihrem verheerenden Einsatz kamen.

Gestartet von der kleinen Insel Tinian 2500 km im Südosten von Japan, brachte Major *Paul Tibbets* in dem Flugzeug, das den Namen seiner Mutter trug: »Enola Gay«, die Bombe mit dem harmlos klingenden Namen »Little Boy« ins Ziel; um 8.15 Uhr Ortszeit in einer Höhe von 580 m über dem Shinea-Krankenhaus im Zentrum der japanischen Stadt Hiroshima klinkte er sie aus, und was er damit anrichtete, ließ die Welt für einen Augenblick erschaudern. »Wo gerade noch geschäftiges Treiben herrschte, sorgt der Blitz der ersten im Krieg eingesetzten Atombombe für ein Inferno. In Sekundenschnelle verwandelt eine gewaltige Druck- und Hitzewelle von mindestens 6000 Grad die Stadt in eine lodernde Hölle. Alles, was aufrecht stand, wird zerdrückt. – Von den 350000 Bewohnern sterben auf einen Schlag mehr als 70000 Menschen. Bis Ende Dezember 1945 erhöhte sich die Zahl

27 HELMUT RECHENBERG: Lise Meitner, Otto Hahn, Irène Joliot-Curie und Fréderic Joliot, in: Karl von Meÿenn (Hg.): Die großen Physiker, II 220.

28 A.a.O., II 221.

29 Vgl. GAR ALPEROVITZ: Hiroshima., Kap. 47: Leslie R. Groves, 642–660, S. 660: »Immer wieder hat *Groves* behauptet, die Atombombe habe zahllose (sc. amerikanische, d. V.) Menschenleben gerettet – möglicherweise sogar eine halbe Million. Dokumente ... jedoch ... deuten darauf hin, daß *Groves* durchaus wußte, daß die Japaner zu dem Zeitpunkt, an dem die Atombombe abgeworfen wurde, kurz vor der Kapitulation standen.«

der Toten auf 140000. Verstört und mit Brandblasen übersät irren die Überlebenden durch die verwüstete Stadt. Haut hängt in Fetzen an ihren Leibern.«[30] Die Kombination aus Hitze, Druck und nuklearer Strahlung führt bei den unmittelbaren Opfern zu Krebserkrankungen, Wachstumsstörungen, Blutkrankheiten und Erbschädigungen für mehrere Generationen. Und warum?

Die Bombe war nicht (mehr) nötig, um Japan zur Kapitulation zu zwingen, doch mit ihr konnte man den Sowjets zeigen, wer künftig als Nachfolger der Japaner Herr im Pazifik sein würde – so wie mit der Bombardierung Dresdens in Westeuropa. Seit 1945 bildete die Einkreisung Rußlands und die Vorherrschaft im Pazifik das Hauptziel US-amerikanischer Außen- und Militärpolitik. Sogleich nach der Kapitulation Japans errichteten die USA auf den Inseln ihre Militärstützpunkte, genauso wie in Europa ab 1949 zugunsten der Nato. – *Paul Tibbets* seinerseits verspürte über sein Handeln nicht den Hauch von Zweifel oder Reue – er hatte getan, was er sollte, und erklärte noch als 90jähriger: »Ich würde nicht zögern, wenn ich noch einmal die Wahl hätte.«[31] Nicht anders dachte auch Major *Charles Sweeney,* der drei Tage später die Bombe über Nagasaki zündete, die weitere 70000 Menschen in den Tod riß[32]: »Befehl ist Befehl,« erklärte er 1995 auf RTL, »jeder Soldat der Welt hätte dasselbe getan.« Damit hatte er leider recht, wie wir im nächsten Abschnitt noch näher erläutern müssen.

Der Wahn der Waffenproduktion indes ging ungehemmt weiter. Eine Uran-Spaltbombe kann eine gewisse kritische Masse nicht überschreiten, sonst führt die Neutronenemission der Atomkerne zu einer unkontrollierbaren Selbstexplosion. Also glaubte man als erstes, möglichst viele Atombomben bauen zu müssen. Weltweit gibt es derzeit 28000 Atomwaffen, davon gehören 95% den USA und Rußland. »Etwa 13000 sind sofort einsatzfähig, ungefähr 4000 ständig in höchster Alarmbereitschaft.

30 LARS NICOLAYSEN: Tausendfacher Tod in der Flammenhölle, in: Neue Westfälische, Nr. 181, 6./7. August 2005.

31 A.a.O., (dpa): Keine Reue beim Bomberpiloten.

32 DANIELE GANSER: Imperium USA, 162.

Sie können innerhalb weniger Minuten ein Inferno anrichten. Noch immer weigern sich die Atomwaffenbesitzer USA, Russland, China, England, Frankreich, Israel, Indien und Pakistan, atomar abzurüsten, obwohl sich die meisten von ihnen vertraglich dazu verpflichtet haben. Im Gegenteil: die USA beschleunigen die Entwicklung neuer bahnbrechender ›Mini-Nukes‹.«[33]

Diese höchst bedrohlich Situation ist das Resultat des sog. Kalten Krieges, der mit dem Zusammenbruch des Sowjetimperiums 1989 keinesfalls aufgehört hat, sondern trotz des Friedensangebots *Michail Gorbatschow*s unbeirrt fortgesetzt wird, indem die USA sich als die einzig verbliebene Weltmacht vorkommen und jeden möglichen Konkurrenten ihrer globalen Hegemonialpolitik auszuschalten suchen. Bereits am 18. Februar 1992, zwei Monate nach der Auflösung der Sowjetunion am 26. Dez. 91, erklärte *Paul Wolfowitz*, seinerzeit Staatssekretär für politische Fragen im Pentagon, in einem Entwurf des »Defense Planning Guidance 1994–1999«, wie die amerikanische Außenpolitik zu konzipieren sei: »Unser erstes Ziel,« schrieb er, »ist es, das Wiedererstarken eines neuen Rivalen, sei es auf dem Territorium der ehemaligen Sowjetunion oder anderswo, der eine Drohung in dem Ausmaß darstellt, wie es die Sowjetunion war, zu verhindern.«[34] In dem Bewußtsein, daß wir als die Sieger im Kalten Krieg die »Guten« sind und den Auftrag haben, die Welt vor den Mächten des »Bösen« zu schützen, ist es das unverhohlen formulierte Ziel der USA, unter Ausnutzung der ethnischen Gegensätze das riesige russische Staatsgebilde in seine Teile zu zerlegen, wie soeben in der Ukraine, in Georgien, zuvor im ehemaligen Jugoslawien, Moldawien, womöglich auch in Weißrußland, und hernach mit gleicher Strategie China als werdende Großmacht auszuschalten.

Was diesem Projekt hinderlich im Wege steht, ist einzig die selbstgeschaffene Hinterlassenschaft der eigenen Maßlosigkeit – man kann nicht mehr sagen: getrieben von Angst, man muß jetzt unumwunden sagen: verlockt von der *idée fixe* amerikanischer

33 FRANZ ALT: Die Gefahr besteht weiter, in: Neue Westfälische, Nr. 181, 6./7. August 2005.

34 ULRIKE GUÉROT – HAUKE RITZ: Endspiel Europa, 43.

Weltherrschaft. Was Jesus in Mt 4,8–10 als eine Versuchung des »Teufels« betrachtete, weil es nur erreichbar ist um den Preis unerhörter Verbrechen aus Machtgier und Herrschsucht, erscheint den heutigen Nachfahren der frommen Pilgrim Fathers auf der «Mayflower«, derer man am Thanksgiving Day noch immer alljährlich gedenkt, als ein geradezu göttlicher Auftrag. Allein das erklärt, warum es nicht einmal jetzt mit den beiden Atombomben-Abwürfen auf Japan ein reumütiges Innehalten gab, sondern sogleich an der nächsten Horrorwaffe gebastelt wurde: der Wasserstoffbombe.

Um unipolar die einzige Weltmacht zu sein, benötigt man im Wahnsinn menschlicher Geschichte die größte nur denkbare Tötungskapazität, und eine solche bietet nun mal nicht eine Uran-Spaltbombe. Wenn man hingegen die Energie der Sonne vom Himmel auf die Erde holt, indem man die Fusion von Wasserstoff zu Helium, die auf unserem Zentralgestirn unter dem Einfluß der Gravitation erfolgt, auf unserem Planeten unter dem Druck einer A-Bomben-Explosion herbeiführen würde, so verfügte man über einen nach oben hin unbegrenzten Energieausstoß; dann besäße man als einziger eine alles vernichtende Waffe[35]. Einer solchen Möglichkeit konnte das Pentagon im Rüstungswettlauf mit Sowjetrußland nicht ausweichen. Wer die H-Bombe besitzt, kann sogar den Besitzer von A-Bomben erpressen.[36]

Und tatsächlich: Am 1. November 1952 zündeten die USA die erste Wasserstoffbombe der Welt auf der Insel Elugelab im Nor-

35 ECKART CONZE: Wer zuerst schiesst, stirbt als zweiter, in: Die Zeit. Geschichte, Nr. 3, 2012, 28–34, verweist auf die »Logik« der wechselseitigen atomaren Abschreckung.

36 MATTHIAS VAN DER MINDE: Dialektik der Bombe, 130–131, schildert in seiner sorgfältigen Untersuchung kritisch die Unversöhnlichkeit der Angst und die Tödlichkeit der Drohungen im Hintergrund der H-Bomben-Entwicklung. 1952 drohte *Truman* damit, Chinas Militärbasen in der Mandschurei »mit der gesamten Bandbreite des US-Waffenarsenals« zu vernichten, wenn es sich nicht binnen zehn Tagen aus Korea zurückziehen sollte. »Falls es zum Krieg komme, wäre es ein Krieg um Alles oder Nichts *(all out war)*. Städte wie Moskau, Sankt Petersburg, Peking, Shanghai und viele andere würden eliminiert werden. Es sei die letzte Chance für die Sowjetunion, zu entscheiden, ob sie überleben wolle oder nicht.«

den des Eniwetok-Atolls auf den Marshallinseln. »Mike«, wie man das Vernichtungsungeheuer kumpelhaft nannte, explodierte »in Form eines Feuerballs von fünf Kilometern Durchmessern – mit einer äquivalenten Sprengkraft von 10,4 Millionen Tonnen TNT. Damit ist (war) Mike tausendmal gewaltiger als die Bombe, die Hiroshima zerstörte ... allein der Feuerball hätte ganz Manhattan verschlingen können, die Druckwelle von Mike hätte alle fünf Stadtteile New Yorks vernichtet ... Der Atompilz wird fünfzig Kilometer aufsteigen und sich mit über 160 Kilometer Durchmesser über den Himmel ausbreiten. Die Insel Elugelab existiert nicht mehr.«[37] Doch im Rüstungswettlauf konnte keiner der Kontrahenten nachgeben. Statt sich von der amerikanische Übermacht erpressen zu lassen, zündete bereits ein Jahr später die Sowjetunion ihrerseits in Semipalatinsk in Kasachstan »Joe IV«, ihre erste Wasserstoffbombe, wobei ihr Konstrukteur *Andrei Sacharow* zur Vermeidung von radioaktivem Fallout freilich konventionellen Sprengstoff zur Kompression einsetzte; ihre Wirkung war deshalb geringer als die der amerikanischen Wasserstoffbombe, erreichte aber immerhin das 40fache der Hiroshima-Bombe! Vernünftigerweise hätte man aus diesem neuerlichen Patt den Schluß ziehen können, daß man in einer Sackgasse steckte; jedoch im Irrenhaus der Angst wird aus Vernunft nichts weiter als eine Strategie der unbedingten Selbstdurchsetzung.

Schon ein Jahr später, am 1. März 1954, brachten die USA auf dem Bikini-Atoll eine Wasserstoffbombe zur Explosion, die sie zum Selbstruhm »Bravo« nannten, so wie sie die Testzündung der ersten Atombombe am 16. Juli 1945 in Alamogordo »Trinity« (Dreifaltigkeit) nannten[38]: wer sich im Besitz solcher Waffen

37 A.a.O., 132–133. – Der Explosionsvorgang kombiniert eine A- mit einer H-Bombe. Die Zündung einer herkömmlichen Spaltbombe erzeugt Röntgenstrahlung, welche die Hülle der Fusionsbombe zu Plasma erhitzt. Auf diese Weise wird »das Fusionsmaterial zusammengedrückt und auf Fusionstemperatur erhitzt. Neutronen der Fusion rufen eine Kernspaltung in einer Hülle aus dem Uran-Isotop-238 hervor, wodurch der größte Teil, mehr als 75 Prozent, der Bombenenergie freigesetzt wird.«

38 A.a.O., 79–80. – An »Bravo« ist der Zündmechanismus von technischem Interesse: er basiert auf Lithiumdeuterid. »Lithium in einer Bombe soll Neu-

weiß, mag sich allmächtig fühlen, – er »wird sein wie Gott« (Gen 3,5). »Bravo« war in der Tat der bis dahin größte Atomtest in der Geschichte der Menschheit. 40000 Wirbeltiere hatte man mitgenommen, um an ihnen zu erproben, in welch einer Entfernung die Druckwelle die Körper beschädigt, die Schallwelle die Trommelfelle zerplatzen läßt, die Hitzewelle die Haut versengt, die nukleare Strahlung Krankheiten und genetische Schäden beim Nachwuchs hervorruft, – und das alles nicht, um der Menschheit zu zeigen, daß es Dinge gibt, die man in alle Zeit schlechterdings nicht tun darf, sondern um vor allem den Sowjets zu demonstrieren, wozu man fähig ist, im Falle man dem amerikanischen Machtdiktat sich nicht beugen sollte. Der Stolz auf die Sprengkraft der Bombe (15 Mio to TNT!) war so groß, daß »Bikini« und »Atom« zu den »heißesten« Begriffen der Damenmode gerieten: es war *sexy* und *funny*, so »explosiv« wirken zu können.

Demgegenüber blieb es umsonst, daß *Albert Einstein*, *Albert Schweitzer*, *Linus Pauling*, *Carl Friedrich von Weizäcker* u.a. auf die Gefahren hinwiesen, die sie mit dieser »Sicherheits«- oder, richtiger, Einschüchterungspolitik heraufziehen sahen[39]; ungeachtet aller Warnungen rüstete man weiter auf: Rußland kompensierte seine Unterlegenheit an Nuklearwaffen durch einen Vorsprung in der Raketentechnik und startete am 26. August 1957

tronen aus den Reaktionen von Deuterium-Isotopen (sc. Schwerem Wasserstoff, H2, d.V.) untereinander aufnehmen und daraus unter anderem das Wasserstoff-Isotop Tritium machen, das dann wiederum mit Deuterium fusioniert und dabei Energie und freie Neutronen produziert, wodurch der ganze Vorgang wiederholt wird. Tritium muss so nicht teuer im Reaktor produziert werden; außerdem kann Lithiumdeuterid bei Zimmertemperatur in fester Form gelagert werden und muss nicht, wie Deuterium, innerhalb der Bombe extrem heruntergekühlt werden, um in flüssiger Form einsatzfähig zu sein.« Das Ergebnis: »Bravo ist eine Bombe, die auch in das Laderohr des frühen strategischen Düsenbombers Boeing B 47 *(Stratojet)* passte.« Die Sprengkraft der Bombe sollte bei 5 Mio to TNT liegen; doch man übersah in der Planung ein wichtiges Detail: »Eines der verwendeten Lithium-Isotope, Lithium-7, das immerhin 60 Prozent des gesamten verwendeten Lithiums ausmacht, setzt nach Beschuss durch ein Neutron zwei weitere frei. Die Explosion wird viel gewaltiger ...: Statt fünf entfaltete die Bombe fünfzehn Millionen Tonnen Sprengkraft.« (A.a.O., 139–140)

39 A.a.O., 148–152, zu den Protesten um 1957.

zum ersten Mal eine Interkontinentalrakete mit atomaren Sprengköpfen; und als am 4. Oktober der erste Satellit, *Sputnik* 1 (russ.: Begleiter), auf eine Erdumlaufbahn geschossen wurde, gefolgt am 3. November von *Sputnik* 2 mit der Hündin *Laika* an Bord, löste das im Westen geradezu einen Schock aus[40]. Um zu vermeiden, daß die BRD (West) atomar bewaffnet wurde, riskierte *Nikita Chruschtschow* 1959 den Berlin-Konflikt. Was man jetzt im Falle eines Atomkrieges plante, war nicht mehr nur der Sieg auf dem Schlachtfeld, sondern die völlige Vernichtung des Gegners. Eine Liste der Abwurfziele, die 1956 in den USA erstellt (aber erst 2015 veröffentlicht) wurde, sah 179 Atombombenabwürfe allein auf Moskau vor, 149 auf St. Petersburg, 91 auf Ostberlin[41], – es genügte nicht mehr nur der *kill*, es brauchte nunmehr den *overkill*, den man in der Nato-»Philosophie« als *flexible response* zu kaschieren suchte: auf jeder Ebene der Bedrohung wollte man »angemessen« reagieren können.

Doch eben dadurch wuchs das Drohpotential ins Ungemessene. Am 30. Oktober 1961 zünden die Sowjets »die größte Bombe der Geschichte: *Tsar Bomba* ... *Zar* wird ... aus zehneinhalb Kilometern Höhe über der 900 Kilometer langen Doppelinsel Nowaja Semlja in Nordpolarmeer abgeworfen ... (und) entfaltet eine Sprengkraft von 50 Millionen Tonnen (50 Megatonnen) ... *Zar* ist tausend- bis anderthalbtausendmal so gewaltig wie die Bomben von Hiroshima und Nagasaki zusammen. Der Feuerball wird durch die eigene Schockwelle vom Boden zurückgeworfen, so dass er die Erde nicht berührt. Er erreicht fast die Höhe des Abwurfbombers ... Der Atompilz steigt 24 Kilometer auf. Die Gebäude eines 56 Kilometer entfernten Ortes werden komplett zerstört. Noch Hunderte von Kilometern entfernt werden Holzhäuser zerstört und andere beschädigt. In 100 Kilometern Distanz hätte die Bombe Verbrennungen dritten Grades verursacht.« Bei einer anderen Konstruktion hätte die Bombe darüber hinaus sogar eine Sprengkraft von bis zu 160 Mio to TNT entfalten können, so aber, infolge einer strahlungsfreien Kernfusion,

40 A.a.O., 153.
41 A.a.O., 163.

entfaltete sie »nur« 97% ihrer Sprengkraft; anderenfalls »hätte die weltweite Strahlung durch Atomtests noch einmal um ein Viertel« zugenommen[42].

Doch unbeirrt von den wachsenden Gefahren der irrsinnigen Rüstungspolitik geht die Entwicklung immer neuer Waffen und der Ausbau schon bestehender Bestände weiter. Die Trägersysteme: die Satelliten, die Raketen, die Bomber, die Flugzeugträger, die U-Boote, werden vermehrt und modernisiert; die Nutzung elektronischer Datenverarbeitung für eine hybride Kriegsführung im Cyber-Raum entwickelt sich zu einem neuen Standard; das gezielte Töten mit Hilfe von Drohnen im sog. Antiterror-Krieg sowie der Aufbau einer regulären »Kriegsökonomie« zur wechselseitigen Schwächung[43] beweist im Verein mit dem irrsinnigen Anstieg der Rüstungsausgaben den ungebrochenen Willen, nach SCHOPENHAUERS Maxime des *unmoralischen* Verhaltens jede Schwäche eines eingebildeten oder wirklichen Gegners bzw. Konkurrenten maximal auszunutzen. – Insgesamt offenbart das alles nur eines: den angstgetriebenen Willen einer staatlich organisierten Tötungsbereitschaft, die selbst durch Niederlagen wie in Vietnam und Afghanistan oder durch das Desaster von Chaos und Terror (wie im Irak, Libyen, Syrien, Jemen u. a.) nicht etwa beendet, sondern verstärkt sogar in bürgerkriegsähnlichen Frontbildungen angeheizt wird.

e) Rüstungsprogramme als Nato-»Zeitenwende«

Der Beweis: Seit der Gründung der BRD (West) 1949 war Deutschland noch nie so rüstungs- und kriegsbereit wie in der jetzigen »Zeitenwende«, in welcher bereits die Versuche einer Entspannung oder Aussöhnung zwischen Ost und West rückblickend kategorisch als Fehler gebrandmarkt werden. »Wie schnell das *Friedensprojekt Europa*, die EU, mithilfe einer sagen-

42 A. a. O., 179.

43 Vgl. HERFRIED MÜNKLER: Die neuen Kriege, 159–173: Wenn sich der Krieg wieder lohnt: Ökonomie der neuen Kriege.

haften Kriegspropaganda seit Februar 2022 zu einer Drehscheibe für den ›Ringtausch‹ schwerer Waffen wurde, … kann nur noch fassungslos, wütend und traurig zugleich machen. Seit einem halben Jahr (sc. von August 22 rückgerechnet, d. V.) brüllt sich Europa erschütternd kriegslüstern und geschichtsvergessen in diesen Krieg hinein, der Russe ist wieder da, ganz als ob Europa auf einen Feind gewartet habe, um sich endlich zu einen. Kämpfen gilt wieder als chic … Es geht fast nur noch um den militärischen Sieg, es geht wieder um Imperialismus und Einflusszonen – amerikanische hier, russische dort: Europa muß nun in Kiew verteidigt werden, so wie damals (sc. 2001, d. V.) am Hindukusch … Es ist ganz so, als hätte Europa sich entschieden, noch einmal die Elemente der Kriegspropaganda (sc. aus der Zeit des 1. Weltkriegs, d. V.) zu wiederholen … Wohin man schaut, überschwängliche Parteinahme für die Ukraine, völlige Dämonisierung des Gegners, Reduzierung des Feindes auf eine Person *(Putin)*, fehlende Kontextualisierung, klare Teilung in Gut und Böse, empörte Abwehr von Mitverantwortung, Moral statt Geostrategie (sc. im Suchen nach politischen Lösungen, d. V.), der Gegner ist allein für alle Gräuel verantwortlich, man selber verteidigt ein edles Ziel und keine Interessen, nur der Feind begeht Grausamkeiten, eigene Fehler passieren unabsichtlich, der Feind benutzt unerlaubte Waffen, wer die eigene Berichterstattung in Zweifel zieht, ist ein Verräter, in diesem Fall ein ›Russlandversteher‹ oder Ähnliches. Die Psychodynamik der Kriegshetzer erinnert an 1914. Europa in der kompletten Regression.«[44]

Wohl, Rußland hat am 24. Februar 22 das souveräne Gebiet der Ukraine angegriffen; doch wer ernsthaft Frieden will, muß, statt einseitiger Schuldvorwürfe, den Hintergrund des jetzigen Krieges betrachten, der spätestens mit dem Putsch von 2014 auf dem Maidan begann und mit dem die westlichen Kriegsvorbereitungen unter der Führung der USA gegen Rußland eingeleitet wurden. Deutlich wird bei näherem Hinblick, »dass der Ukraine die Rolle zukam, stellvertretend für den Westen einen Krieg mit

44 ULRIKE GUÉROT – HAUKE RITZ: Endspiel Europa, 18–19.

Russland zu beginnen, der dann militärisch und logistisch von NATO-Mitgliedsstaaten unterstützt werden sollte ... Dieser Prozess sollte begleitet werden durch einen Wirtschaftskrieg (Sanktionen), Informationskriegsführung (antirussische Propaganda) und eine nukleare Einkreisung Russlands, die vor allem durch den Raketenschild in Rumänien und Polen sowie seegestützte ... Zerstörer ... sichergestellt werden sollte.«[45] Waffenlieferungen, Truppenausbildung, Beistandszusagen, Wirtschaftshilfen, Manöverübungen, Dauerbeschuß des Donbass mit etwa 15000 Toten – all das bildete den Vorlauf dessen, was in den westlichen Medien pflichtgemäß heute als »*Putins* Angriffskrieg« apostrophiert wird. Was man in Wahrheit zu sehen bekommt, ist die Bewahrheitung der zentralen Botschaft der Bergpredigt: wer Macht will, kann nicht Frieden halten oder erhalten.

Für die westliche Politik müßte daraus aktuell folgen: Abbau

45 A.a.O., 132. – Bekanntlich hat Rußland noch im Dezember 2021 gefordert, den Beschuß der Zivilbevölkerung im Donbaß, der seit 2014 ca. 15000 Tote gekostet hat, einzustellen, das aber wurde von der Nato abgelehnt, in der Fehleinschätzung, Rußland werde für die Bevölkerung im Donbaß keinen Krieg beginnen, oder in dem perfiden Kalkül, entweder Rußland werde die Nato-Ostausdehnung hinnehmen oder sich auf einen Krieg einlassen, bei dem man es militärisch und wirtschaftlich »ruinieren« könne, wie die deutsche Außenministerin *A. Baerbock* es als Ziel ausgibt. Für die letztere Möglichkeit spricht die Erklärung der Ex-Bundeskanzlerin *Angela Merkel* in der »Zeit« vom 7. Dez. 2022, man habe mit dem Minsker Abkommen von 2014 zur Befriedung des Donbaß Rußland nur hinhalten wollen, um Zeit für die Aufrüstung Kiews zu gewinnen. Die Nato als größte Angriffsarmee der Weltgeschichte erstrebt offenbar nach 1989 als Siegerin im Kalten Krieg die Erfüllung des Auftrags, für den sie 1949 gegründet wurde: Rußland als Konkurrenten der USA auszuschalten. – Als treibende Kraft dahinter steht das, was ANDREA KOMLOSY: Zeitenwende, 119–162, als »kybernetischen Kapitalismus« in den Leitsektoren Medizin, Robotik, Biotechnologien, Nanotechnologien, Additivtechnologien und kognitive Systeme beschreibt; geschaffen wird »der neue Mensch«, nicht als *Cyborg* (Cyberorganismus), sondern als »Begleiterscheinung der Kybernetischen Revolution«, denn deren »Veränderungen brechen mit den Werten der bürgerlichen Freiheit und der bürgerlichen Demokratie ... Die Corona-Maßnahmen stehen nicht am Anfang dieser Transformation. Sie geben ihr jedoch einen entscheidenden Anstoß ... So können die Produkte aus Informationstechnologie, Medizin- und Biotechnik als Lösungen begriffen werden ... Dass sie hauptsächlich der Kapitalverwertung ihrer Gründer dienen, gerät dabei nur allzu leicht aus dem Blick.« (S. 162)

der Rüstungsausgaben und keine weiteren Rüstungsexporte mehr, welche die Kriegsgrausamkeiten vor allem in den dichter besiedelten Ortschaften der Ukraine nur verlängern und vermehren. Denn: »Letzten Endes wird niemand gewinnen. Es werden alle verloren haben,« prophezeit richtig DANIELA DAHN[46]. Fest steht schon jetzt: »Die Taktiken, mehr Waffen zu senden und schärfere Sanktionen einzusetzen, haben nicht funktioniert ... der Konflikt wird (sc. im Gegenteil, d. V.) immer schlimmer.«[47]

Warum aber macht man trotzdem immer und immer wieder so weiter? Die Antwort kann nur lauten: weil es im Kampf um die Macht mit immer furchtbareren Waffen denn doch einen Sieger gibt, der an und in jedem Krieg garantiertermaßen gewinnt – die Waffenindustrie. Nie sind Geschäfte ertragreicher als in den Hauptfeldern menschlicher Angst vor dem Tod: im Fall von Krankheit und Krieg. Pharmahersteller und Waffenproduzenten sind die unschlagbaren Profiteure jeder gesundheitlichen und jeder militärischen Krise. Allein der Rüstungshaushalt der USA soll in 2022 laut *Joe Biden* auf mindestens 770 Mrd Dollar angehoben werden, das sind 20 Mrd mehr als *Donald Trumps* letzter Militäretat. Für mögliche Kriege gegen Rußland und China braucht man Hightechgerät, »wie es etwa der Rüstungskonzern Lockheed Martin herstellt: den Tarnkappenbomber F 35 ... Nicht zuletzt verschlingt auch die Modernisierung der US-Atomwaffen eine unsinnige Menge Geld.«[48] Die EU ihrerseits kapriziert sich unterdessen auf das Luftkampfsystem FCAS (Future Combat Air System), das in den Händen von Dassault und Airbus liegt und nicht nur über Tarnkappeneigenschaften verfügen soll, sondern es soll »darüber hinaus via Satellit mit einer Gefechtscloud vernetzt sein, begleitet von Kampfdrohnen und Drohnenschwärmen fliegen und ... Künstliche Intelligenz (KI) für die Kriegsführung nutzen. Von Pilotenhelmen ist die Rede, die die Augenbewegungen und die Gehirnströme der Piloten messen, um

46 DANIELA DAHN: Im Krieg verlieren auch die Sieger, 31.
47 CLARE DALY: »Es findet einer der größten Propagandakriege statt«, in: junge Welt, 12./13.11.22.
48 JÖRG KRONAUER: Zwölf Nullen angepeilt, in: junge Welt, 18.2.22.

Entscheidungen zu optimieren. Die Kosten sollen sich auf bis zu 100 Milliarden Euro belaufen, 2040 soll das FCAS einsatzbereit sein.«[49] Als rüstungspolitisch maßgebend genommen wird in der BRD derzeit die Erklärung von Nato-Generalsekretär *Jens Stoltenberg*, »dass er eine Erhöhung der Verteidigungsausgaben über das bislang geltende Ziel von zwei Prozent des Bruttoinlandsprodukts hinaus erwartet. Das wären dann (sc. im BRD-Haushalt, d. V.) 80 Milliarden Euro pro Jahr.«[50] Allein für die Düsseldorfer Rüstungsschmiede Rheinmetall bedeutet das eine Umsatzsteigerung in der Munitionssparte um rund 25% auf 285 Mio Euro gegenüber dem Vorjahr. »Unterm Strich verbucht Rheinmetall einen Gewinn von 86 Millionen Euro, ein Zuwachs von neun Millionen.« Nach *Tobias Lindner* (Bündnis 90/Die Grünen), dem Staatsminister des Auswärtigen Amtes, funktioniert die transatlantische Zusammenarbeit derzeit »so gut ... wie nie«. Dafür stehen allein schon die Sanktionspakete gegen Rußland. »Die Dinge lagen fertig in der Schublade.«[51]

So also wird, so also soll die Zukunft sich gestalten, – es sei, wir richteten uns gegen alle Wahrscheinlichkeit, aber notgedrungen von der Widerwärtigkeit der als normal erscheinenden politischen Pragmatik mit ihren immer neuen Kriegs-Planspielen im Einsatz von Millionen Toten, über die man mit Panzern und Bulldozern hinwegrollen muß, um sich ihrer zu entledigen, denn doch endlich und endgültig nach der Mahnung der Bergpredigt: Richtig leben Menschen allein, die gewaltlos genug sind, um sich von jeglichem Waffenbesitz und Waffengebrauch, erfüllt von Abscheu, abzuwenden. – Wie das geschehen kann? Es muß und es wird geschehen in jedem, der die Herausforderung für sich selbst in einem persönlichen Krisenaugenblick begreift.

49 JÖRG KRONAUER: Nach dem Eklat. FCAS-Luftkampfsystem, in: junge Welt, 28.11.22, Nr. 277, S. 3.
50 GESINE LÖTZSCH: Kriegswirtschaft?, in: junge Welt, 24.11.22, Nr. 274, S. 8.
51 DAVID MAIWALD: Rheinmetall sagt danke, in: junge Welt, 11. Nov. 22, Nr. 263.

2. *Die Lehre aus Hiroshima: Güte statt Gemetzel*

In ihrer Filmnovelle »Hiroshima, mon amour« hat MARGUERITE DURAS die schutzlose Liebe einer jungen Französin aus Nevers zu einem deutschen Soldaten gegen die fanatische Grausamkeit der Kriegsgewinnler gestellt und daneben die traumatische Trauer eines Japaners in Hiroshima, der den Bombenabwurf zwar physisch überlebt, doch seelisch nie überwunden hat. Ständig durchdringen die Erinnerungen an Hiroshima und an Nevers einander und sind doch zu belastet und zu verschieden, um zueinander zu finden. Die Frau aus Nevers hält sich in Hiroshima auf, um einen »Film über den Frieden« zu drehen, denn warum nicht, »es gibt doch auch Reklamefilme für Seife.«[52] Viermal war sie auf der Suche nach Erklärungen im Museum von Hiroshima gewesen. Aber: Es gibt keine. »Ich habe die Geduld gesehen«, berichtet sie, »die Unschuld, die offenbare Sanftmut, mit der jene, die vorläufig Hiroshima überlebten, ihr Los trugen ... Die Frauen laufen Gefahr, mit unwünschbaren Kindern niederzukommen, mit Mißgeburten, aber es geht weiter. Die Männer laufen Gefahr, mit Zeugungsunfähigkeit geschlagen zu sein, aber es geht weiter. Der Regen jagt Schrecken ein. Aschenregen auf die Gewässer des Pazifischen Ozeans. Die Wasser des Pazifischen Ozeans töten. Die Fischer vom Pazifischen Ozean sind tot. Die Nahrung jagt Furcht ein. Man wirft die Nahrung einer ganzen Stadt weg. Man gräbt die Nahrung ganzer Städte ein ... Hör mich an ... Es wird wieder angehen. Zweihunderttausend Tote. Achtzigtausend Verletzte. In neun Sekunden. Die Zahlen sind amtlich. Es wird wieder angehen ... Es werden zehntausend Grad auf der Erde sein. Zehntausend Sonnen, wird man sagen ... Eine ganze Stadt wird vom Erdboden hochgehoben werden und als Asche herabfallen ...«[53]

Dabei war die Frau aus Nevers, die all das Furchtbare sehen wollte, um es der Menschheit in Erinnerung zu rufen, selber einmal voll mädchenhaften Glaubens an die Liebe gewesen. Ein junger Deutscher mit verbundener Hand hatte an einem Baum

52 MARGUERITE DURAS: Hiroshima, mon amour, Dritter Teil, S. 44; 45.
53 A.a.O., Erster Teil, S. 25–28

gestanden und ihr beim Klavierspielen zugehört; er ging nicht fort, er kam immer wieder. »Wie sollte ich ignorieren, daß er für mich dastand ... Ich begann, von einem Feind zu träumen, nachts, tags. Und in meinen Träumen mischten sich Unmoral und Moral auf solche Art, daß die eine von der anderen bald nicht mehr zu unterscheiden war. Ich wurde zwanzig Jahre alt ... Der Zusammenbruch (sc. der deutschen Wehrmacht, d. V.) war im Anzug. Er (sc. der deutsche Geliebte, d. V.) war glücklich, weil's das Ende des Krieges war. Er sprach zu mir von Bayern, wo ich ihn wieder treffen sollte. Wo wir heiraten sollten ... Ich nahm diesen Feind da aus von den anderen. Es war meine erste Liebe ... Sein Körper war der meine geworden ... Ich hatte keine Heimat mehr außer der Liebe selbst ... Niemals würden wir uns zu trennen haben, das bildeten wir uns ein ... Mittags sollten wir uns wieder treffen, auf dem Kai an der Loire. Als ich mittags auf dem Kai an der Loire eintraf, war er noch nicht ganz tot. Man hatte von einem Garten am Kai aus geschossen. Ich blieb den ganzen Tag auf seinem Körper liegen und die ganze folgende Nacht. Am nächsten Tag kam man ihn aufzulesen und tat ihn auf einen Lastwagen. In dieser Nacht dann wurde die Stadt befreit. Die Glocken von Saint-Lazare erfüllten die Stadt ... Man brachte mich in ein Sammellager am Marsfeld. Dort sagten einige, man müsse mich scheren ... Das Geräusch der Schere auf meinem Kopf ließ mich völlig gleichgültig. – Ich streckte mich im Gras aus, um zu sterben. Aber ich starb nicht. Ich fror ... Man sagte mich tot ... ich lebte im Keller der Apotheke. Ich konnte die Füße der Leute sehen ... Ich wurde wahnsinnig. ... Nachts ganz spät ließ man mich manchmal mit einer Kapuze überm Kopf heraus. Und zwar allein ... Meine Haare brauchten ein Jahr, bis sie nachwuchsen.«[54] All das Unmenschliche fügen Menschen Menschen zu, wenn sie Krieg führen, und es ist in gewissem Sinn nur folgerichtig in der Logik des Wahnsinns der Angst.

Jeder Krieg besteht in seiner Vorbereitung und Durchführung darin, Menschen in zählbare Einheiten zu verwandeln. 100000

54 A.a.O., Anhänge: Nevers (Gedächtnis-Protokoll), 103–111, S. 107–111.

Tote in Hiroshima in wenigen Sekunden – die Zahl stimmt, und sie ist schrecklich; doch sie ist nur eine Zahl. Was sie bedeutet, erkennt man erst in den Einzelschicksalen. Wenn Krieg ist, darf ein französisches Mädchen sich nicht in einen deutschen Soldaten verlieben. So eine ist eine Schande, so eine muß man schänden. *Oder*: man begreift, wie schändlich der Krieg ist! Man beginnt, um so mehr an die Liebe zu glauben. An die Liebe ohne Grenzen. An die Liebe, die den politischen Unterschied zwischen Freund und Feind aufhebt. An die Liebe unter einem Himmel, an dem, den Worten der Bergpredigt nach, Gott seine Sonne scheinen läßt über Gute und Böse und es regnen läßt über Gerechte und Ungerechte. (Mt 5,45) Jeder Krieg ist ein Verbrechen an den Menschen, ein Verbrechen an Gott, ein Verbrechen an der Liebe. Er ist die Lieblosigkeit selbst.

Allein deswegen gibt es für ihn keinerlei Rechtfertigungsgrund. Die heutigentags favorisierte Nato-Parole von der *responsibility for protect* bietet nichts als die Ausrede und den Vorwand zum militärischen Eingreifen an jedem machtpolitisch relevanten Ort der Erde, etwa auf dem Balkan in dem Bosnienkrieg von 1992 bis 1995 und in dem völkerrechtswidrigen Kosovokrieg mit dem ersten Nato-Einsatz *out of area* 1999[55].

Demgegenüber ist es von größter Bedeutung zu sehen, wie Jesus sich gegenüber der neuerdings auch in Kirchenkreisen wieder favorisierten Forderung nach einem »gerechten« (gerechtfertigten) Krieg verhalten hat, – es ist die klarste Auslegung seiner Worte in der Bergpredigt durch das persönliche Beispiel.

In seinen Tagen befand sich das vermeintlich dem Volke Israel von Gott gegebene Land in der Hand der Römer, nachdem *Pompeius* es 63 v. Chr. in die römische Provinz Syrien eingegliedert hatte. Vor allem für die streng am Gesetz orientierten Pharisäer bedeutete diese Tatsache einen unausstehlichen Skandal: die Hei-

55 ULRIKE GUÉROT – HAUKE RITZ: Endspiel Europa, 50–53; die Vorgehensweise war in gewissem Sinne der Probelauf für die Übernahme der Ukraine; vgl. auch E. DREWERMANN: Von Krieg zu Frieden. Kapital und Christentum, III 81–109: Jugoslawien, der Militärisch Industrielle Komplex (MIK), das Gleichgewicht des Schreckens, die Ukraine und die Nato-Osterweiterung.

den, die Unbeschnittenen, verunreinigten den geheiligten Boden Israels! Ihnen auch nur die Hand zu geben bedeutete einen Bruch mit dem Reinheitsgesetz. Neben der kultischen Korrektheit standen natürlich auch politische Interessen auf dem Spiel, die, wie stets, religiös überhöht wurden: Darf man dem Kaiser Steuern zahlen und damit sein Unrechtsregime unterstützen? In Mk 12,13–17 ist genau das die Frage, mit der man Jesus als Feind der Römer denunzieren oder als Freund der Römer korrumpieren will. Und was ist es mit der Hoffnung auf die Wiederkehr *Davids?* Verkörpert der verheißene Messias nicht gerade die Hoffnung, mit göttlicher Gewalt die Besatzer aus dem Land zu jagen[56], wie es die Sikkarier (die »Dolchmänner«) mit ihrer Guerilla-Taktik in den Bergen Galiläas bereits als Heiligen Krieg vorbereiten?

Vor diesem hochgespannten religiös-politischen Hintergrund ist der Haß begreifbar, der Jesus als einem »Freund der Zöllner« entgegenschlägt. Nichts erscheint inmitten des ideologischen Freund-Feind-Denkens als so inakzeptabel, wie das, was der Mann aus Nazareth tut: er setzt sich mit den Helfershelfern der Römer, diesen Verrätern am eigenen Volke, diesen raffgierigen und korrupten Geldeintreibern zugunsten des Gegners und ihrer eigenen Tasche, demonstrativ an einen Tisch! Er lädt sie ein zum gemeinsamen Mahl des Geschenks der Gnade Gottes! Vergebung statt Krieg! Güte statt Gemetzel! Es wird der Dauervorwurf der Frommen sein, daß Jesus sich religiös wie politisch derart inkorrekt verhält (Mk 2,13–17). Und man weiß: er meint es ernst. Sein Verhalten gegenüber den Zöllnern ist zentral für seine Ankündigung von einem Gott der grenzenlosen Güte, von einem Gott, der nicht verurteilt, sondern durch Verstehen heilt, und der die »Sün-

56 Vgl. Die Psalmen Salomos, 1,21–22, übers. aus dem Hebr. von Rudolf Kittel, in: EMIL KAUTZSCH (Hg.): Die Apokryphen und Pseudepigraphen des Alten Testaments, II. Bd., S. 146:

> Sieh herein, o Herr, und laß ihnen erstehen ihren König, den Sohn Davids,
> zu der Zeit, die du erkoren, Gott, daß er über deinen Knecht Israel regiere.
> Und gürte ihn mit Kraft, daß er ungerechte Herrscher zerschmettere,
> Jerusalem reinige von den Heiden, die (es) kläglich zertreten.

Mit dem »ungerechten Herrscher« dürfte *Pompejus* gemeint sein.

der«, die Gesetzesbrecher, nicht abweist, sondern ihnen nachgeht wie der Hirt dem Schaf, das sich verloren hat (Lk 14,3–7).

Jesus selber ist es, der dieses Thema zur Entscheidung treibt: Krieg oder Friede, Güte oder Grausamkeit, Gott als Richter oder Retter? – Das Pessach-Fest naht; Jerusalem ist überlaufen mit Pilgern, die ihr Opferlamm durch die sadduzäischen Priester darbringen lassen möchten – über 140000 Schlachtungen in wenigen Tagen stehen an; die Stimmung vibriert in feierlicher Erregung, und Jesus nutzt sie, um sich dem Volke als der von Gott Verheißene zu erkennen zu geben. Feierlich hält er Einzug in die heilige Stadt. Doch er tut es gerade nicht als ein zweiter *David,* als ein Messias des Heiligen Krieges; er hält sich an die Verheißung des Propheten Sacharja (9,9–11): Kommt er wirklich, der Gottgesandte, der zum Heil Beauftragte, so wird er nicht einreiten auf einem Schlachtroß, mit martialischer Attitüde, sondern »sanftmütig«, wehrlos, gewaltfrei – nur solche werden das »heilige« Land besitzen (Mt 5,5.9). Als erste Maßnahme wird er »die Bogen zerbrechen« und »die Kriegswagen verbrennen«, er wird statt der totalen Mobilmachung die totale Abrüstung ausrufen, auf daß allseits Friede sei im Lande. Freilich: Jesus selber wird diese Einstellung das Leben kosten. Als es vor *Pilatus* darauf ankommt, wählt das Volk, wieder einmal, den als kriegerischen Widerstandskämpfer verhafteten *Barabbas*; und Jesus? »Ans Kreuz mit ihm!« (Mk 15,16)

Lohnt der Friede, auch wenn er in dieser Welt scheinbar »utopisch« ist, weil er keinen Ort auf Erden im Verwaltungsgebiet der Machthaber haben soll, ein derartiges Opfer? Ist er das wert: das eigene Leben?

Die Frage ist falsch gestellt. Sie lautet eigentlich: Kannst du, willst du wirklich mit dem Krieg weiterleben? *Clara Immerwahr* konnte es nicht. *Carl von Ossietzky* wollte es nicht. Und *Stefan Zweig* ertrug die bloße Vorstellung nicht mehr, man könnte weiter das Verbrennen und Ertränken Tausender Matrosen auf den Frachtschiffen und Tankern der Weltmeere bejubeln als einen Erfolg »unserer« U-Boot-Waffe; und am schlimmsten: man würde am Ende eines Krieges mit Millionen Toten sich als Sieger feiern lassen, und die Kirchenglocken überall, nicht nur in Nevers und Paris, würden jubelnd läuten zum Dank an Gott, und man würde das »Narrativ« für alle Zeiten in allen Gazetten, in allen Geschichtsbüchern als verbindlich durchsetzen: man hat alles richtig gemacht, es ging nicht anders, der Massenmord war ein Akt der Verantwortung für Freiheit und Humanität[57]. Zuviel der Lügen,

57 Auch die Kirchen rüsten nach. Der mitteldeutsche Bischof und EKD-Friedensbeauftragte *Friedrich Kramer*, der deutsche Waffenlieferungen an die Ukraine ablehnt, erntet den Widerspruch des Berliner Bischofs *Christian Stäblein*, man könne nicht Solidarität mit der Ukraine bekunden und ihr dann zu gewaltfreiem Widerstand raten. Doch genau das sollte man, um bei Berücksichtigung russischer Sicherheitsinteressen zu einem Verhandlungsfrieden zu gelangen, anstelle eines Stellvertreterkrieges, der sich immer länger hinziehen wird und immer mehr Tote fordert – als Erfolg der seit 2014 systematisch aufgerüsteten und ausgebildeten ukrainischen Armee verkündet *Wolodymyr Selenskyj* anläßlich seines Washington-Besuchs kurz vor Weihnachten 2022 schon mal den Tod von 95000 russischen Soldaten, – so soll es weitergehen! Die eigenen Verluste gab er nicht an, – man wird sie allenfalls beziffern, um das Ausmaß russischer Verbrechen anzuklagen. – In den Weihnachtsansprachen 2022 »haben die katholische und evangelische Kirche in Deutschland Krieg und Gewalt verurteilt und zum Dialog für Frieden in der Ukraine aufgerufen. Zugleich aber betonten sie das Recht des von Russland angegriffenen Landes, sich militärisch zu verteidigen. Dabei müsse auch Deutschland der Ukraine helfen. dpa: Weihnachtliche Friedensbotschaft gegen den Krieg, in: Neue Westfälische, 27.12.22, S. 3. Der Vorsitzende der deutschen Bischofkonferenz, *Georg Bätzing,* erklärte: »Auch wenn die Unterstützung des völkerrechtswidrig überfallenen Landes durch alle benötigten Güter weitergehen muss, braucht es gleichzeitig jetzt schon Friedensinitiativen.« Die Worte verbleiben in der Lehre vom »gerechten Krieg«, weisen »politisch korrekt« Rußland die Alleinschuld an dem »Aggressionskrieg« zu, betonen die Notwendigkeit der Lieferung von Waffen und machen damit die Aufforderung zu »Friedensinitiativen« durch »diplomatische Gespräche und vertrauensbildende Maßnahmen« zu einem gut gemeinten Feigenblatt; ähnlich betonte die EKD-Ratsvorsitzende *Annette Kurschus,* »Gesprächskanäle dürften nicht zugeschüttet werden«, es bleibe aber »weiterhin richtig«, die »Ukraine mit Waffen gegen den russischen Angriffskrieg zu unterstützen.« »Das Gebot ›Du sollst nicht töten‹ bedeute auch, man dürfe nicht zusehen, wie unschuldige und wehrlose Menschen mitten in Europa getötet würden. Auch Deutschland müsse der Ukraine daher helfen, sich in dem ›menschenverachtenden Krieg‹ zu schützen.« Von der menschenverachtenden Machtpolitik der Nato-Osterweiterung mit den Vorläuferkriegen 1999 auf dem Balkan gegen Serbien, 2001 in Afghanistan, 2003 im Irak, 2011 in Libyen, ab 2014 in Syrien, 2014 im Jemen, dem Putsch auf dem Maidan 2014 ... – kein Wort. »Vertrauensbil-

zuviel des Tötens, zuviel dieser Welt (Joh 16,8). Am 23.2.1943 schied *Stefan Zweig* mit seiner Geliebten *Lotte Altmann* in Petrópolis aus dem Leben[58]. Er berief sich nicht auf den Juden aus Nazareth, doch er folgte ihm nach.

dend« sprechen müßte man als erstes mit den USA, und mit Rußland nicht erst dann, wenn man es nach *Selenskyjs* Vorstellung aus dem Donbaß und von der Krim vertrieben hat. Statt dessen: eine eindeutige Schuldzuweisung verbunden mit der vermeintlich christlichen »Pflicht« der »Guten«, die »Bösen« mit Waffengewalt niederzuzwingen! Die Botschaft der Engel in Bethlehem vom »Frieden auf Erden« sollte genau dieses Denken überwinden. – Unbeirrt findet am Tag der hl. drei Könige, am 6. Jan., im Dom zu Köln ein »Soldatengottesdienst« statt, in dem in diesem Jahr 2023 Kardinal *Rainer Maria Woelki* das Wort aus Mt 5,9: »Selig, die Frieden stiften« auf die Soldaten bezog, die an dieser Botschaft »in besonderer Weise« teilhätten. Denn: »Sie tragen durch ihren Dienst in einzigartiger Weise mit Sorge um den Frieden in der Welt«. Im Zweifelsfall sei Krieg »nötig, um durch Verteidigung die Bedingung der Möglichkeit für Frieden zu schaffen.« Die Soldaten kämpften »für die Freiheit unserer Nation, für ein freies Europa, für eine gerechte Welt in Sicherheit« gegen den »furchtbaren und verabscheuungswürdigen Angriffskrieg Russlands.« Dem gegenüber forderte das Kölner Friedensforum einen »sofortigen Waffenstillstand, Stopp jeglicher Waffenlieferungen und die Aufnahme von Verhandlungen mit dem Ziel eines Systems der gemeinsamen Sicherheit in Europa.« BERNHARD KREBS: Der »Pfaff« vom Rhein, in junge Welt, 21./22.1.23, Nr. 18, S. 4.

58 Zum Selbstmord von *Stefan Zweig* und *Lotte Altmann* vgl. DONALD PRATER und VOLKER MICHELS (Hg.): Stefan Zweig. Leben und Werk, 346–351.

III
»Leistet dem Bösen keinen Widerstand« (Mt 5,38) oder: Keine Kriegsbereitschaft mehr durch moralische Aufrüstung

1. *Von Macht und Geld oder: Geschäfte mit dem Krieg*

Die uns Regierenden aber folgen nicht der Botschaft Jesu, sie verfolgen gänzlich andere Pläne. Solange man am Krieg weit mehr verdient, als es am Frieden möglich scheint, sind Waffenproduktion und Waffenhandel ein blühendes Geschäft, auf das ein wahrer *money maker* nicht verzichten wird. Nur so läßt sich das Paradox erklären, daß nach 1989, als der Kalte Krieg beendet war, »die Rüstungsausgaben weltweit um 80 Prozent gestiegen (sind), die Zahl der bewaffneten Konflikte nahm rapide zu. Krieg ist als Instrument der Politik zurückgekehrt. Im Kostüm der ›humanitären Intervention‹, die niemals befriedet. Dafür beträgt der Gewinn des internationalen Waffenhandels so viel wie das Einkommen der Hälfte der Weltbevölkerung ... Über eine Billion Dollar gibt (allein) die Nato jährlich für Rüstung ... aus ..., eine Institution des Kalten Krieges, im Denken und im Herzen‹«, wie der russische Außenminister *Sergej Lawrow* erklärt[1], der persönlich inzwischen den Nato-Vorposten Polen nicht mehr betreten darf. Der Grund: es ist und soll die Nato sein das Instrument der Weltmachtambition der USA.

Wie rigoros und egozentrisch diese durchgesetzt werden soll, zeigte sich besonders drastisch am 22. Jan. 2021, als der Atomverbotsvertrag (TPNW, Treaty on the Prohibition of Nuclear Wea-

1 Daniela Dahn: Im Krieg verlieren auch die Sieger, 144–145.

pons) der UNO in Kraft trat, der völkerrechtlich Atomwaffen genauso ächtet wie Chemie- und Biowaffen und der bereits am 7. Juli 2017 nach langen Verhandlungen von 122 der 193 UN-Staaten gebilligt worden war; bis Ende 2020 hatten 86 Staaten den Verbotsvertrag verbindlich unterschrieben, – es sah so aus, als hätte man weltweit begriffen, daß die Abschreckungspolitik der Atommächte zugunsten der vermeintlichen Sicherheit einzelner Staaten die globale Gefährdung aller heraufführt; eben deshalb wollte die Völkergemeinschaft der Diktatur der Angst ein Ende setzen. Doch prompt veröffentlichte am 15. Dezember 2020 der Nato-Rat eine Erklärung, in der die Nato-Staaten den Atomwaffenverbotsvertrag bedingungslos ablehnten; statt dessen begann man mit der Installierung neuer Trägersysteme und der Entwicklung taktischer Nuklearsprengköpfe[2]. – Aufrüstung statt Abrüstung, Eskalation statt Eintracht, noch mehr Militär statt Menschlichkeit.

Und so kam es dann: Laut dem Internationalen Friedensforschungsinstitut Stockholm (SIPRI) wurden allein im Jahre 2021 weltweit von den 100 größten Waffenkonzernen Kriegsgeräte für 592 Milliarden US-Dollar verkauft; 40 dieser Unternehmen gehören den USA und erzielen einen Umsatz von 299 Milliarden Dollar, das sind 51% aller Waffenverkäufe; an zweiter Stelle steht mit 18% China, gefolgt von Großbritannien mit 6,8% und Frankreich mit 4,9%; das in der westlichen Presse als besonders gefährlich dargestellte Rußland steht bei 3%, die viel kleinere BRD aber bei 1,6%; in der EU insgesamt stiegen die Rüstungsverkäufe auf 123 Mrd Dollar[3]. – Und wofür das alles? Große

2 A.a.O., 103; 105.

3 ARNOLD SCHÖLZEL: Glänzende Waffendeals, in: junge Welt, 6. Dez. 22, S. 1. – Und so geht's weiter. *Japan* als Frontstaat der USA bei der »Eindämmung« Chinas kündigt gerade an, den Militärhaushalt im nächsten Fünfjahreszeitraum um 56% auf 318 Mrd US-Dollar aufzustocken; 37 Mrd Dollar sollen davon in die Entwicklung von Langstreckenraketen investiert werden. Vgl. JÖRG KRONAUER: Australien kriegsbereit, in: junge Welt, 8. Dez. 22, Nr. 286, S. 1. Auf diese Weise will und wird Japan »schon in wenigen Jahren den drittgrößten Militäretat weltweit aufweisen, beschafft mit dem Geld US-Kampfjets vom Typ ›F-35‹ und ›Tomahawk‹-Raketen ..., die unter anderem China mit einem Raketenhagel überziehen« können. Und die USA arrangieren es so: Von Okinawa aus, erklärt Kriegsminister *Lloyd Austin*, wird man

Teile der Bevölkerung stellen diese Frage, indem sie die Unsummen für militärische Rüstung vergleichen mit den fehlenden Mitteln im Kampf gegen Hunger und Elend, Flüchtlingsursachen und soziale Unruhen, Bildungsnotstand und medizinische Mangelversorgung, – Waffen sind keine Nahrungsmittel und auch keine Medikamente; sie töten Menschen, aber ersetzen keine Menschen. Jeder weiß das, doch eben deshalb weiß auch die Schicht der Regierenden, was gegen die drohende Auflehnung der Regierten gegen sie zu tun ist.

2. *Ein erster Weg, die Zustimmung des Volkes zu gewinnen*

Zwei Wege, immer dieselben, bieten sich an, um Zustimmung und Unterstützung für den Dauereinsatz militärischer Gewalt zu erzielen: Angst und Propaganda.

a) Angstpropaganda und Sicherheitsversprechen

Bei der Verbreitung von *Angst* befindet sich das Militär in seinem Wesenselement: die Angst der Staaten voreinander bildet das Wurzelgeflecht, an dem der Baum der stets zu späten Erkenntnis

Truppen auf Inseln wie Yonaguni und auf die strategisch wichtigen Senkaku-Inseln verlegen können. Letztere werden auch von China beansprucht – sie wurden 1895 gemeinsam mit Taiwan von den Japanern dem Reich der Mitte weggenommen, mußten aber 1945 wieder abgegeben werden; die Siegermacht USA behielt sie allerdings für sich ein, um sie 1972 in wohlweislichem Eigeninteresse Japan zuzuschlagen. Die jetzige militärische Beistandserklärung für die Senkaku-Inseln verschärft den Konflikt mit China strategisch plangemäß. JÖRG KRONAUER: Lunte ist gelegt, in: junge Welt, 13.1.23, Nr. 11, S. 8. – *Australiens* Militärhaushalt soll von aktuell 49 Milliarden auf 80 Mrd Australische Dollar (AUD) im Jahre 2030 angehoben werden, wobei vor allem Rüstungskäufe aus den USA zu Buche schlagen, wie die Anschaffung der F-35, die soeben auch von der Ampelkoalition der BRD geordert wird. Sechs B-52-Bomber, die auch Atomwaffen tragen können, werden auf der Luftwaffenbasis Tindal im Norden Australiens stationiert, als Dauerbedrohung Chinas.

in die Höhe wächst. Es ist nicht schwer: man muß nur den Angstfaktor in der Bevölkerung durch gezielte Verbreitung von Drohszenarien steigern (»der Ruse kommt«), und die Untertanen werden wie eine Schafherde zusammenrücken. Wie aber, wenn sie von der Scheußlichkeit der Waffen, die ihnen aus »Sicherheitsgründen« stets verborgen bleiben müssen, sich nicht sowohl beschützt als vielmehr bedroht fühlen? Dann gilt es, die Grundlagen menschlichen Zusammenlebens, die moralische Motivation, gezielt ins Militärische zu manipulieren. Das kann strategisch konsequent nur auf zwei Ebenen geschehen: zum einen muß die gesellschaftliche Meinung moralisch nach- und aufgerüstet werden, um kriegsbereit gemacht und kriegsfähig gehalten zu werden, und zum zweiten muß das Gewissen der Einzelnen umtrainiert werden, um das *Soldat*sein, letztlich das Töten von Menschen, als einen Beruf zum Empfang von ausgehandeltem *Sold* zu betrachten, als einen Job also, ganz so normal wie der eines Metzgers.

Aber Menschen sind keine Tiere? Das hatten wir gerade: sie sind gefährlicher als jedes Raubtier! Zu dem Zweck gibt es das Training zum Töten auf den Kasernenhöfen aller Staaten der Erde und gibt es die Kasernierung der gelernten Tötungsspezialisten seit den Tagen der Assyrer: in stehenden Heeren jederzeit einsatzbreit.

Doch weil sich das moralisch schwer »verkaufen« läßt, geht es, entsprechend dem staatlich verordneten Wunschbild, einem Soldaten, einem Rekruten, der sich zur Wehrmacht berufen fühlt oder dahin einberufen wird, angeblich auch nie nur ums Geldverdienen, um eine Art Kopfgeldprämie beim *body counting* gefallener Feinde also; offiziell hat es ihm zu gehen um das Gemeinwohl, um den Schutz »unserer« Werte, um das Große und Ganze der Weltordnung. Allerdings, wie sich zeigt, treibt es besonders die Mittellosen, die Unterprivilegierten, die vom Bildungssystem Abgehängten, die Plebejer und Proletarier unter den Bürgern, weit überproportional zum Barras; sie sind allemal die ersten Opfer des Krieges, in den die Trommler und Werber aller Zeiten sie locken mit lohnenden Aussichten für die Zeit danach, wenn sie nichts mehr sind als allseits geachtete Kriegsveteranen[4]. Um so wichtiger ist es daher, die Verführbarkeit mit ebenso falschen wie fatalen Versprechungen als einen immer neu sich wiederholenden Generationenbetrug beim Aufbau des Militärs zu entlarven und bewußt zu machen.

»Mach, was wirklich zählt«, lautet zum Beispiel die Aufforderung der Bundeswehr-Werbung derzeit in den Aufschriften harmloser Stadtomnibusse; das Logo allerdings verrät sich unbewußterweise selbst: »Gezählt« wurden im Vietnamkrieg Tag für Tag die Erfolge der GI's beim Abschießen von »Gooks« (Kanaken) und von »Charlies«, denn je höher die Zahlen gefallener »Vietcongs« stiegen (als welche alle Getöteten galten), desto näher wähnte General *William Westmoreland* sich dem Ende des Krieges; wenn also »wirklich« etwas »zählte«, so waren es die zur Strecke gebrachten Vietnamesen, zu deren »Befreiung« man mehr als eine halbe Million amerikanischer Soldaten in ein asiatisches Land von der Größe Bayerns geschickt hatte, nur weil die Bevölkerung dort endlich frei sein wollte vom Kolonialismus der Franzosen, der Japaner, dann wieder der Franzosen und schließlich der Amerikaner; mehr als 2 Mio Zivilisten und 1,2 Mio Soldaten kamen dabei ums Leben[5]. »Wirklich« suggeriert eine Realität, die im Kontext von Krieg und Militär sich fast immer als Lüge erweist; doch wer erwartet von Werbung auch schon Wahrheit?

Gleichwohl ist es für die Militärpolitik eines jeden Staates von elementarer Bedeutung, die Bevölkerung gegen jedweden Anflug von Kriegsmüdigkeit und nachlassender »Wehrbereitschaft« zu immunisieren. Also gehört es zum politischen Geschick, ständig einen Feind zu präsentieren, zu dessen Bekämpfung man immer

4 JOSHUA KEY: Ich bin ein Deserteur, 47–67, erzählt, wie man ihn 2002 in die Armee lockte mit dem Versprechen, nur beim Brückenbauen in den USA eingesetzt zu werden; doch statt zu einer *Nondeployable Military Base* kam er nach seiner Ausbildung zur 43. Combat Engineer Company, einer Kampfkompanie (S. 67); erzählt hatte man ihm, er müsse wohl mal auch eine Brücke sprengen, um eine neue zu bauen, mehr nicht, zudem könne er bei seiner Familie bleiben – alles werde »ein Kinderspiel« (S. 53) –, und alles war Lüge wie der ganze Krieg.

5 ARMIN WERTZ: Die Weltbeherrscher, 131.

noch mehr Militär braucht: wenn es nicht mehr Briten und Franzosen sind, wie im Kaiserreich, dann »kommt der Russe«, oder es droht, wie schon vor 120 Jahren, mal wieder »die gelbe Gefahr« oder »der Islamismus«, oder »der Terrorismus« muß weltweit bekämpft werden.

Nur: wie könnte man Menschen dauerhaft und in solch einem Ausmaß als gefährlich hinstellen, außer man erklärt sie für abgrundtief böse? Denn ist es nicht so: Sie wünschen uns, den Rechtschaffenen, Lebensfreudigen und Freiheitsliebenden, nur Übles. Und warum? Weil sie kriminell sind, weil sie von Diktatoren regiert werden, weil sie die Sexualität und die Frauen unterdrücken, weil sie fremde Völker wirtschaftlich abhängig machen möchten. Das alles, wohlgemerkt, tun wir selbst natürlich nicht, solche Handlungsweisen sind uns wesensfremd, denn wir haben das Christentum und die Aufklärung und die Demokratie und eine regelbasierte Außenpolitik …

b) Die Dämonisierung des Gegners durch die Zweiteilung in Gut und Böse

Egal, wie im einzelnen die Begründungen ausfallen, allesamt umrahmen sie das stets gleiche Bild: Der andere ist eine ständige Gefahr, eben weil er ist, wie er ist: – er ist böse von Natur aus. Also geht es nicht anders: man muß gegen ihn vorgehen wie gegen einen Schädling in der Natur sonst, man muß ihn ausrotten. Umgekehrt sind wir, die wir seinem Unwesen uns ausgesetzt sehen, die Guten und die Richtigen, die als solche das Recht und die Pflicht haben, seinem Treiben mit allen Mitteln entgegenzutreten. – Da dieses Denken nicht nur weit verbreitet ist, sondern als geradezu selbstverständlich gilt, ist es wichtig sich klarzumachen, was da geschieht.

In der Bergpredigt faßt Jesus das »Umdenken« seiner Botschaft dahin zusammen, wir sollten aufhören, übereinander zu Gericht zu sitzen, denn unser eigenes Urteil falle unweigerlich auf uns selbst zurück. (Mt 7,1–3) Der Grund dafür ist unschwer zu begreifen. Nichts ist so förderlich, um einen bestehenden Konflikt prinzipiell unlösbar zu machen, wie die so beliebte Zweiteilung in Gut und Böse. Also: Drüben stehen die Gesetzesbrecher, die Unrechttäter, die Vertreter einer menschenfeindlichen Politik der Macht und der Gewalt, hier stehen die Hüter von Recht und Ordnung, von Menschlichkeit und Anstand, die Wahrer von Wahrheit und Zuverlässigkeit; beide Lager sind einander so entgegengesetzt wie Feuer und Wasser, – wo das eine ist, kann das andere nicht sein; es gibt keine Möglichkeit zur Versöhnung, es gibt nur einen Entscheidungskampf auf Sein oder Nicht-Sein. Doch das nahezu Tragische jetzt: man muß aufeinander losgehen in moralischer Verpflichtung! Das massenweise Töten von Menschen auf dem Schlachtfeld setzt sich als sittliches Gebot! Das Ethische selber tritt in den äußersten Widerspruch zu sich selbst. Und warum? – Zwei Ursachen sind dafür namhaft zu machen.

c) Der unmoralische »Wert« der Machtdurchsetzung aus Gewinngier

Zum einen: es handelt sich um eine Verschleierung, eine Lüge, die geschickt genug ist, ihre Spuren zu verwischen. Ursprünglich nämlich ging es durchaus nicht um einen Konflikt von Gut und Böse, ursprünglich ging es simpel um Interessenkonflikte. Auf dieser Ebene müßte man sagen: Wir wollen die Kontrolle über den Mittleren Osten, um die Erdölvorkommen im Irak, im Iran, am Kaspischen Meer kostengünstig ausbeuten zu können; doch diesem Programm stünde als Veto das Logo der Friedensbewegung im Wege: Kein Blut für Öl! – Oder man müßte sagen: Wir brauchen den Zugriff auf die Rohstoffe, Arbeitskräfte und Handelswege der ganzen Welt, weil unser Wirtschaftssystem auf einer wechselseitigen Vernichtungskonkurrenz basiert, die nur einen Sieger zuläßt, und das müssen und wollen wir sein; einem solchen Denken stünde der Satz des französischen Sozialisten und als Pazifisten ermordeten *Jean Jaurès* (1859–1914) entgegen: »Der Kapitalismus trägt den Krieg in sich wie die Wolke den Regen.«[6] – Man könnte auch sagen: Wir dürfen zur Verteidigung der Besitz- und Eigentumsverhältnisse im kapitalistischen Wirtschaftssystem keinen Konkurrenten dulden, der uns gefährlich werden könnte; wir werden jeden potentiellen Gegner mit Sanktionen einengen, mit Rüstungsprogrammen ökonomisch schwächen und, wenn nötig, ihn militärisch vernichten. Doch was soll's? In jedem Falle hat man es mit Interessenkonflikten, nicht mit moralischen Gegensätzen zu tun.

»Ehrlicherweise« wird diese Tatsache mitunter sogar auch programmatisch ausformuliert. So ließ der Verteidigungsminister unter *Bush* sen., *Dick Cheney*, in Antwort auf das Friedensangebot *Gorbatschows* in der Zeit von September 1991 bis Mai 1992 eine Arbeitsgruppe jene Leitlinien erarbeiten, wie die militärische Dominanz der USA ausgebaut und als *Bushs* des Älteren »neue Weltordnung« in einem amerikanischen 21. Jahrhundert gefestigt werden könnte. Da heißt es: »Jede infrage kommende feindliche Macht (ist) daran zu hindern, in einer Region dominant zu werden, die für unsere Interessen von ausschlaggebender Bedeutung ist ... Potentielle Rivalen (sollen) erst gar nicht auf die Idee kommen, regional oder global eine größere Rolle spielen zu wollen.« Und mit Blick auf die Natopolitik in Europa wurde angemahnt: »Wir müssen darauf achten, dass es keine auf Europa zentrierten Sicherheitsvereinbarungen gibt, welche die NATO untergraben könnten.«[7]

6 Zit. nach KLAUS EICHNER: Bis alles in Scherben fällt, 65.

7 A.a.O., 66–67. – Das Problem liegt darin, daß es militärisch sich verstärken, aber nicht lösen läßt, – die Methode im Kalten Krieg, das Sowjetimperium »kaputtzurüsten«, wird sich nicht wiederholen lassen. Tatsächlich scheint »die ökonomische Dominanz des transatlantischen Westens im Kern bereits vorüber«, »weil immer mehr nichtwestliche Staaten – vor allem China, aber auch Indien und südostasiatische Staaten – wirtschaftlich aufsteigen, während der Westen ökonomisch schrumpft.« JÖRG KRONAUER: Ende der Dominanz, in: junge Welt, 6. Jan. 23, Nr. 5, S. 3. – Selbst der *Wirtschaftskrieg*, den die USA mit ihrer exzessiven *Sanktionspolitik* betreiben, behindert zwar viele andere Länder in ihrer Entwicklung, ist aber nur ein Notbehelf infolge der eigenen Wirtschaftsschwäche. Rechtlich könnte nur der UN-Sicherheitsrat Sanktionen verhängen, doch die USA verstehen sich selbst als globale Ord-

Was sich an diesen Formulierungen deutlich zeigt, ist die ideologische Umformung von Machtfragen in Moralbegründungen: Wer der US-Dominanz gefährlich werden könnte, ist eine »feindliche Macht«. Also mußte Nordstream II zugunsten von amerikanischem Fracking-Gas boykottiert werden, also müssen diplomatische Annäherungsversuche insbesondere zwischen Deutschland und Rußland schon im Ansatz torpediert werden; gleichermaßen sind die Projekte einer chinesischen Seidenstraße in Afrika und Europa an jeder geeigneten Stelle durch eigene Einflußnahme zu unterbinden. Und warum? Weil man bei Handelsverträgen von dem Verhandlungspartner »abhängig« werden könnte!

Man beachte: Solange es um Geschäfte bei der Produktion und dem Austausch von Waren geht, ist eine (wechselseitige) Abhängigkeit selbstredend unerläßlich und sogar wünschenswert; sobald sie aber den globalen Hegemonialanspruch der USA gefährdet, ist sie machtpolitisch gefährlich und deshalb auch schon moralisch verwerflich. Ganz in diesem Sinne kann der Generalsekretär der Nato, *Jens Stoltenberg,* den Richtspruch ausgeben:

nungsmacht; wozu da die UNO? »Die USA haben mittlerweile – allein oder zusammen mit den EU-Staaten – gegen rund 40 Länder solche eigenmächtigen Maßnahmen verhängt – faktisch gegen ein Drittel der Menschheit. Einige, wie die Wirtschaftsblockaden gegen Kuba, Iran, Venezuela, Nordkorea und Russland, sind allgemein bekannt. Die verheerenden Folgen der Blockaden gegen bereits völlig verarmte Länder wie Nicaragua, Mali, Simbabwe oder Laos hat jedoch kaum jemand auf dem Schirm.« JOACHIM GUILLIARD: Keine »zivile« Alternative, in: junge Welt, 7./8. Jan 23, Nr. 6, S. 12–13. Man erinnere sich: Allein die Embargopolitik gegen den Irak von 1990 bis 2003, zwischen dem 1. und dem 2. Krieg der USA am Golf, kostete mehr als eine Mio Iraker das Leben, darunter ca. 500000 Kinder. Keine mittelalterliche Belagerung zeitigte Wirkungen solchen Ausmaßes. Doch wie sang bereits der mit seinen Liedern gefährlich gewordene und auf rätselhafte Weise ermordete JOHN LENNON »But first you must learn how to smile as you kill, / If you want to be like the folks on the hill« (Working Class Hero, 1971): Aber zuerst mußt du lernen, zu lächeln, während du tötest, / Wenn du sein willst wie die Leute auf dem Capitol Hill. – Wie man zur Durchsetzung der eigenen Wirtschaftspolitik z.B. den Bau von Nordstream 2 zu boykottieren sucht und hernach ihre Sprengung befiehlt, zeigt SEYMOUR HERSH: Auf Tauchgang – Mission erfüllt, Teil 1, in: junge Welt, 11./12.2.23; 2. Teil: 13.2.23. Vgl. REINHARD LAUTERBACH: Alle Tage Sabotage, in: junge Welt, 10.2.23, S. 3; DIRK HAUTKAPP: Nord Stream: USA unter Verdacht, in: Neue Westfälische, 10.2.23, S. 2.

»Freiheit ist wichtiger als Freihandel, der Schutz unserer Werte wichtiger als Profit.«[8] Wohlgemerkt, »Freihandel« war während des gesamten Kalten Krieges das Schlagwort schlechthin im Kampf gegen die kommunistische Planwirtschaft; jetzt, nach dem Zusammenbruch des sowjetischen Machtblocks, wo der chinesische Staatszentralismus wirtschaftlich stärkere Wachstumsraten aufweist als die USA und auch handelspolitisch expandiert, ist »Freihandel« als Bedrohung des amerikanischen Kapitalismus und Imperialismus zu betrachten und identisch mit Unfreiheit; jetzt ist es, zum Schutz unserer Freiheit (und unserer Menschenwürde und unserer »Werte«), eine sittliche Pflicht, zu den Waffen zu greifen und jederzeit kriegsbereit zu sein. – Das und nichts weiter ist die »Zeitenwende«, die wir gerade erleben; sie ist die Umwendung rein ökonomischer in angeblich absolut ethische »Werte«. Was mit dieser »Wende« als Sichtblende beabsichtigt ist und erreicht werden soll, versteht sich von selbst: *moralische* Werte lassen sich nicht militärisch verteidigen, sie müssen gelebt und persönlich vermittelt werden; wenn aber *wirtschaftliche* Vorteile zu moralischen Werten mutieren, wird es ein ethisches Gebot, in globalem Maßstab zum Krieg zu rüsten, ihn zu planen, ihn zu trainieren und durch *sittliche Nachrüstung* möglich zu machen. Denn: unsere Werte sind wichtiger als Profit! Sagen müßte man ehrlicherweise: unser Profit ist unser einziger Wert. Doch das wäre als »unmoralisch« allen klar erkennbar; es muß »gewendet« werden durch einen Wechsel der Ebenen, ermöglicht durch ein *double speak* im Umgang mit dem Wort »Wert«.

Was da geschieht, ist erkennbar schlicht eine Unwahrheit, die durch Dauerwiederholung sich als Wahrheit setzen soll. Und das muß sein. Denn die größte Gefahr, die dem Kriegskapitalismus droht, besteht darin, daß man seine Struktur und Dynamik begreift: er kämpft einzig und allein für den Surplusprofit der Kapitaleigner; das ist sein »Wert«, – etwas anderes kennt er nicht; doch wer im »Volk« wird schon für die Geldvermehrung der Geldbesitzer in den Krieg ziehn? Aber: wenn man dem »Volk«

8 THOMAS SEIM: Herausforderung Zeitenwende, in: Neue Westfälische, 10./11. Dez. 22, S. 2.

beibringt, daß es – bei aller Ausbeutung und Entfremdung – in seiner »demokratischen« (nicht etwa plutokratischen oder oligarchischen) »Freiheit« bedroht wird von einem Feind, der mit Gewalt und Tyrannei seine nationale Identität und Kultur zerstören will, dann allerdings stehen »geistige Werte« zur Disposition, dann muß man leider sehr »ungeistig« fremde materielle und kulturelle Werte zerstören, um sich selbst in folgsamer Abhängigkeit von der eigenen Administration unabhängig zu halten von der drohenden Übernahme durch ein fremdes Regime.

3. *Ein zweiter Weg: moralische Umerziehung*

Wie sich eine solche moralisch motivierte Kriegspropaganda in den Mainstream-Medien ausnimmt, kann man in dem federführenden Organ deutscher Transatlantiker, in der FAZ, beispielhaft in einem Kommentar aus dem Jahre 2003 wenige Tage vor Eröffnung des zweiten Golfkriegs der USA nachlesen, geschrieben damals, um Kanzler *Schröders* Weigerung, sich an dem Angriffskrieg der Amerikaner zu beteiligen, auf das schärfste zu rügen und ihm genau das Programm unter die Nase zu halten, dem Jesus sich in Mt 4,8–10 entschieden verweigert hat, in der allzeit gültigen Erkenntnis, daß durch Weltmachtallüren nach dem Vorbild von Kaiser *Augustus* kein Friede, sondern nur immer neue Kriege entstehen: »Wir brauchen das Imperium Americanum«, hieß es damals in der FAZ. »Die multipolare Weltordnung ist eine Gefahr für den Frieden. Die Vereinigten Staaten müssen Hegemon der Menschheit werden.« »Der Mensch ist dann am freundlichsten, wenn er, entwaffnet, zum Bösen keine Gelegenheit bekommt. Für diese schwierige, schreckliche, unlösbare, aber unabdingbare Aufgabe muss sich die Menschheit auf die Suche nach dem Hegemon begeben, dem einen, dem – möglichst – guten. Seine Aufgabe besteht darin, alle A-, B- und C-Waffen zu zerstören, mit List und mit Tücke und mit Waffengewalt ... Irak ist nur der erste Schritt auf diesem langen, verantwortungsvollen und vielleicht auch blutigen Weg. Dieser Hegemon kann ... nur eine einzige Macht sein, die Vereinigten Staaten ... Das Imperium Americanum ist unsere Chance. Eine andere haben wir nicht.«[9]

Aus moralischer Verantwortung also, als Hüter und Verteidiger des Guten in der Welt, mußte man die USA förmlich anflehen, sich erneut auf den »blutigen Weg« der Rettung der Welt zu begeben und ein zweites Mal den Irak anzugreifen. Welche Kriegsverbrechen die USA selber 1991 bereits in der »Operation Wüstensturm« beim Aufbau ihrer »neuen Weltordnung« begangen hatten, als sie im Irak mehr als 100000 Menschen töteten, hätte man natürlich wissen können, – der Ex-Justizminister RAM-

9 Frankfurter Allgemeine Sonntagszeitung, 9. März 2003, S. 11, zit. n. MICHAEL LÜDERS: Die scheinheilige Supermacht, 123–124. Wie aktuell dieses Denken im Ukraine-Krieg wieder zum Vorschein kommt, beschreibt die Brüsseler Historikerin ANNE MORELLI: Verteufelter Feind, in: junge Welt, 31.12.22/1.1.23, Nr. 305, S. 12–13: »Um einen Krieg populär zu machen, muss die Öffentlichkeit davon überzeugt werden, dass wir uns in Notwehr befinden und der ›andere‹ angefangen hat. Der ›andere‹ ist von expansionistischen Visionen getrieben. Es ist also Russland, das als alleiniger Verantwortlicher für den Krieg in der Ukraine betrachtet wird. Doch schon MACHIAVELLI warnte davor, immer nur denjenigen, der als erster sein Schwert zieht, als Verantwortlichen für einen Konflikt anzusehen. Denn der Angreifer kann in eine Situation geraten sein, in der es für ihn keine andere Möglichkeit mehr gab, als in einen offenen Krieg einzutreten.« Vgl. NICCOLÒ MACHIAVELLI: Der Fürst, 26. Kap., S. 139: »der Krieg ist gerecht für den, der dazu gezwungen ist, und die Waffen sind heilig, wenn sie die einzige Hoffnung sind.« Wer aber trägt die Schuld, wenn jemand seinen Gegner bewußt in diese Lage treibt? Andere übliche Methoden bestehen in der Personalisierung des Bösen bzw. in der Dämonisierung der Führerpersönlichkeit des Gegners: *Putin* leidet an Paranoia, an mörderischer Unzurechnungsfähigkeit, wie *Bernard-Henri Lévy* ferndiagnostisch psychiatrisiert. Selbst *Papst Franziskus* gilt als »Putin-Versteher«, wenn er andeutet, daß Rußland seit 8 Jahren von der Nato bedrängt wird und die Ukraine eine Mitverantwortung für den Krieg trägt. Wie solche desinformierenden Narrative der Schuldzuweisung sich durchsetzen lassen, zeigte sich 1990 bei der »Brutkastenlüge«, die der US-PR-Konzern Hill und Knowlton gegen den Irak ersann; die in New York und Peking ansässige Agentur Ruder Finn war im Balkankrieg der Nato gegen Serbien tätig. »Und es ist wahrscheinlich Zufall, dass dem ukrainischen Präsidenten und seiner Ehefrau *Olena* mit Kwartal 95 ein Kulturindustrieunternehmen gehört, das unter anderem Werbekampagnen produziert.« How to sell war? Man muß den Krieg »richtig« vermarkten, mit Hilfe von Lügen, die wirken wie Zigaretten, die Freiheit versprechen oder Völkerverständigung oder Individualität und Abenteuer.

SEY CLARK hatte als Augenzeuge den bis dahin schlimmsten konventionell geführten Krieg ausführlich dokumentiert, inklusive seiner jahrelangen Vorausplanung, der Manipulation der Öffentlichkeit, dem Einsatz uranhaltiger Geschosse und dem als Highway des Todes bezeichneten Abschlachten der auf dem Rückzug befindlichen irakischen Soldaten[10].

Kein Krieg, muß man sagen, ohne moralisch verlogene Begründungen; doch das schier Unglaubliche ist die Tatsache, daß die immer gleichen Lügen immer wieder geglaubt werden: Was die FAZ 2003 noch gegen die deutsche Regierung zugunsten einer imperialistischen Weltmachtpolitik mit ihrer Kette endloser Kriege als sittliche Notwendigkeit zu rechtfertigen suchte, stellt mittlerweile im Jahre 2023 die offizielle politische Korrektheit in den Medien der gesamten EU dar; wer derzeit in den Tagen des Ukraine-Krieges nach wie vor für ein Ende des Mordens, für eine Einstellung der Waffenlieferungen und für einen Verhandlungsfrieden plädiert, wird in der »Presse« in die Presse genommen mit dem Vorwurf, ein »rechter Querdenker« und »*Putin*versteher« zu sein. Ein Nachdenken auch nur über die Ursachen und Hintergründe des »russischen Angriffskrieges«, wie die inzwischen ge-

10 Vgl. RAMSEY CLARK: Wüstensturm, S. 89–92: Der Highway des Todes. – Wie üblich wurde der Gegner, *Saddam Hussein,* dämonisiert (S. 61–64), alle Verhandlungen verweigert (S. 64–68) und der Krieg mit der »Brutkastenlüge« vorbereitet. KLAUS EICHNER: Bis alles in Scherben fällt, 29–30: »So hatte … eine Krankenschwester vor der UNO mit tränenerstickter Stimme von brutalen Säuglingsmorden und ein Arzt als Zeuge von ähnlichen Verbrechen irakischer Soldaten berichtet. – Bei der vermeintlichen Krankenschwester handelte es sich um die fünfzehnjährige Tochter des kuweitischen Botschafters in den USA, der angebliche Chirurg war ein Zahnarzt. Die Texte dieser angeblichen Augenzeugen hatte eine New Yorker PR-Firma geschrieben.« Beim 3. Golfkrieg 2003 mußte der US-Außenminister *Collin Powell* im UN-Sicherheitsrat mit der Lüge von den angeblichen Massenvernichtungsmitteln den Zugriff der USA auf die Macht im Mittleren Osten als Rettung der Menschheit vor einer weltbedrohenden Gefahr stilisieren. Vgl. dagegen SEVIM DAĞDELEN: »Es geht um die »Vorherrschaft des Westens«, in: junge Welt, 10./11. Dez. 2022, Nr. 288, S. 2: »Beim 22. Transatlantischen Forum der Parlamentarischen Versammlung der NATO … stand einmal mehr die Frage im Mittelpunkt, wie die globale Vorherrschaft des Westens bewahrt und auch militärisch abgesichert werden kann.«

setzliche Sprachregelung lautet, steht unter medialem Verbot: die Frage der Schuld darf nur eindeutig beantwortet werden, denn einzig gegen einen Alleinschuldigen, einen Verbrecher, lassen sich moralisch die Gefühle des Hasses, der Rache, des Abscheus, des Willens zu Gewalt und Vergeltung auch militärisch mobilisieren.

a) Das Problem einer binären Ethik-Typologie statt Therapie des »Bösen«: PHILIP ZIMBARDOs *Gefängnisexperiment*

Die Bedingung dafür, daß diese bewußte Manipulation der öffentlichen Meinung zur Kriegsvorbereitung immer wieder funktioniert, hat allerdings einen *zweiten Grund*, und dieser liegt unterhalb der Politik; er ergibt sich aus einer logischen Bequemlichkeit unseres Denkens.

Denn: die einfachste Form des Versuchs, sich in der Vielfalt der Weltwirklichkeit geistig zurechtzufinden, besteht in einer Klassifizierung der Sinneseindrücke nach bipolaren Gegensatzpaaren: hell – dunkel, heiß-kalt, weich-hart, und ebenso auch: schön-häßlich, faul-fleißig, gut-böse. Auf diese Weise entsteht eine Typologie, die von den Eckpunkten einer Bewertungsreihe her bestimmte Phänomene in einem Mehr oder Weniger von Zwischenstufen anordnet und damit eine gewisse Übersicht verschafft. Ein solches Verfahren ist nützlich, doch wird dieser Nutzen erkauft mit einem schweren Nachteil: man wird dazu verleitet, an der Oberfläche der Erscheinungen sich im praktischen Umgang zurechtzufinden, ohne nach den Gründen hinter den Phänomenen zu suchen. Wenn auch nur langsam, beginnend mit den Griechen, sich fortsetzend erst wieder in der Zeit der Renaissance, entwickelte sich – unter dem Einfluß der Araber – in Europa eine Methode der Ursachenforschung, die wir heute als Naturwissenschaft bezeichnen und die uns in den Stand versetzt, die Welt der Erscheinungen als die Wirkung der vier Grundkräfte der Natur nach Maßgabe von exakt zu formulierenden Gesetzen zu erklären: der Eindruck von hell und dunkel entsteht durch die neuronale Verarbeitung elektrodynamischer Strahlung in Auge und Gehirn; heiß und kalt entstehen durch die Wirkung der Brownschen Molekularbewegung auf unsere Sinnesrezeptoren etc., – für jede Erscheinung in der Natur suchen wir nach einer kausalen Ableitung. Einzig auf dem Gebiet der Moral bleiben wir bei der Bipolarität des phänomenalen Bewertungssystems von Gut und Böse stehen, ja, wir weigern uns geradezu, nach den Gründen »des« Guten und »des« Bösen zu suchen. Das kann geschehen, indem wir dahinter mythische Kräfte (Götter und Teufel) am Werke sehen oder in ihnen metaphysische Prinzipien erblicken, für die es gar keine kausalen Erklärungen geben kann, – die Entscheidung zwischen Gut und Böse soll ja gänzlich im Raum der menschlichen Freiheit getroffen werden; mit naturwissenschaftlichen Methoden des objektivierenden Erklärens ist so etwas wie Freiheit in jedem Falle nicht zu entdecken; einzig durch ein Verstehen, das dem Subjekt in der Ich-Perspektive gewidmet ist, läßt Freiheit sich auffinden und fördern.

Und das ist jetzt das Problem: in einer Kultur, die als »real« nur anerkennt, was sich naturwissenschaftlich erkennen läßt, bleibt zur Begründung von Gut und Böse nur eine Freiheit übrig, die man axiomatisch in Ethik und Justiz voraussetzen muß[11], ohne sie wirklich verstehen oder erklären zu können. Dadurch bildet das Denken in Gut und Böse auf dem Boden der Ethik den einzigen Bereich, in dem wir in unserer Kultur in einem irreduzierbaren bipolaren Kategoriensystem verbleiben; und diese Tatsache, die uns dazu verleitet, in jedem Konfliktfall das Gute für uns selber zu reklamieren und das Böse dem Gegner zuzuschreiben, ist in sich selber geradezu gefährlich: sie hält uns darin gefangen, Erscheinungen zu beurteilen, ohne ihr Auftreten zu begreifen, und im Falle wir auf etwas »Böses« treffen, bleibt uns damit nur die gewaltsame Beseitigung seiner Symptomatik übrig anstelle der Durcharbeitung seiner Gründe. Die Lage, die sich daraus ergibt, ähnelt der eines Arztes, der seinem Patienten das Erscheinungsbild seiner Erkrankung wegbefehlen wollte, weil er von der Krankheitsursache keine hinreichende Kenntnis nimmt:

11 Vgl. E. DREWERMANN: Richtet nicht!, Bd. 3, S. 188–211: Erklären oder Verstehen.

der Patient darf einfach nicht, wie die »Kriegszitterer« im Trommelfeuer des Stellungskrieges 1916 an der Westfront, sich so unmännlich und verängstigt aufführen, er muß sich zusammennehmen und sich als »kriegsverwendungsfähig« zurückmelden. Statt durch Verstehen seiner Gründe das »Böse« zu »überlieben«, wie wir es als die zentrale Haltung der Bergpredigt verstehen, bleibt nur das frontale Vorgehen im Kampfmodus. Die Kriegsgefahr wird so nicht verringert, sie wird notwendigerweise vergrößert, in dem ständigen Bemühen freilich, das Gute vermeintlich zu verteidigen und durchzusetzen.

Wie unheilvoll die moralische Bewertung der Wirklichkeit im Rahmen einer bipolaren Typologie von Gut und Böse sich gestaltet, versuchte der amerikanische Sozialpsychologe PHILIP ZIMBARDO 1971 in seinem berühmt gewordenen Gefängnisexperiment im kalifornischen Palo Alto nachzuweisen. Nirgends – außer auf einem Schlachtfeld – treffen die Vertreter des Guten und des Bösen so unmittelbar aufeinander wie in einem Gefängnis: die Wachmannschaft verkörpert das Gute und dringt auf die Einhaltung gegebener Normen, die Häftlinge repräsentieren durch ihr Dasein das Böse. ZIMBARDO nun wollte untersuchen, was allein schon die Funktion, offiziell, als beamtete Person, in Uniform, das Gute darzustellen und zu vertreten, aus erwachsenen Menschen macht. Wie verhalten sich Leute, die nach dem üblichen Schwarz-Weiß-Schema von Gut und Böse einander moralisch und juridisch beurteilen, und zwar lediglich in einem Rollenspiel, noch nicht einmal, weil sie von der Richtigkeit der vorgegebenen Bewertungsschablonen persönlich überzeugt wären? Wohlgemerkt, die »Bösen« waren in dem Test so wenig böse, wie die »Guten« gut waren; beide Lager *spielten* nur die Guten und die Bösen. Doch um so erschreckender war das Ergebnis des Experiments: es mußte nach sechs Tagen abgebrochen werden, denn schon in den ersten drei Tagen brachen Gewalt und Rebellion aus; die Gewalt der »Wärter« nahm ständig zu, während der Widerstand der Häftlinge abnahm und schließlich ganz aufhörte – der spielerische Machtkampf war entschieden, die »Guten« hatten gesiegt, doch nur, indem sie selbst in der Realität zu den

»Bösen« geworden waren, die feindselige, aggressiv-sadistische Züge entwickelten. Daran die Schuld aber trug nicht ihre perverse Charakterstruktur, sondern allein die Rollenzuschreibung im Auftrag eines zweiwertigen moralischen Beurteilungsschemas[12]. – Als 2004 die Bilder aus dem Folter-Gefängnis von Abu Ghraib um die Welt gingen, fühlte ZIMBARDO sich in dem Resultat seines Gefängnis-Experiments auf furchtbare Weise bestätigt: jemand, der, wie im Krieg, das Gute gegen das Böse zu schützen hat, verliert jegliche Skrupel, – alle Mittel, die dazu taugen, den Gegner niederzuringen, sind richtig.

Daraus ergibt sich: die bipolare Entgegensetzung von Gut und Böse selbst blendet nicht nur die Suche nach den Ursachen von Gut und Böse aus, sie macht auch blind für die Methodenwahl des eigenen Vorgehens. Die Absolutsetzung des Ziels, das Böse in Gestalt des Gegners zu vernichten, relativiert und rechtfertigt vermeintlich jedes noch so brutale Handeln. Wer es, wie die GIs in Abu Ghraib, mit mutmaßlichen Terroristen zu tun hat, der muß sie zum Sprechen bringen mit allem, was die Psychologen der CIA sich an physischen und psychischen Foltermethoden ausgedacht haben. Nur wer die potentiellen Mörder zur Aussagebereitschaft foltert, wer sie zum »Quieken« bringt, rettet, so lautet die Vorgabe, unschuldiges amerikanisches Leben[13]. Von diesem Punkt an gilt es als unmoralisch, noch moralisch zu sein. Die ethische Perversion ist komplett.

12 A.a.O., III 738–742: Das Gefängnisexperiment oder: Die Zweiteilung in Gut und Böse. – Die belgische Historikerin ANNE MORELLI sieht in der Professionalisierung der PR- und Werbeanstalten einen Hauptgrund für die erfolgreiche Durchsetzung politisch gewünschter Narrative, die sich des binären Systems zur Dämonisierung des Gegners bedienen: »Daher muß der feindliche Soldat als das radikale Gegenteil zu unserem freundlichen Soldaten inszeniert ... werden.« ANNE MORELLI: »Propaganda wirkt nur als binäres System«, in: junge Welt, 12.1.23, Nr. 10, S. 2.

13 Vgl. PHILIP ZIMBARDO: Der Lucifer Effect. How Good People turn Evil, London-Sidney-Auckland-Johannesburg 2009.

b) Der Selbstwiderspruch aller moralischen Kriegsbegründungen

Dabei wird freilich nur der Grundfehler offenbar, der in der Logik bipolarer Wertungen im Raum der Ethik enthalten ist: Ethische Werte und Maximen gelten für *alle* Menschen, sie sind universal; die Einteilung in Gut und Böse aber verleitet wie von selbst dazu, diese Zweiteilung auf einzelne Menschen ebenso wie auf ganze Menschengruppen anzuwenden, und da sie beim Bewerten von Verhaltensweisen stehen bleibt, ohne sich mit dem Verstehen der Hintergründe weiter aufzuhalten, kommt sie unmittelbar einer Aufforderung gleich, die als Übeltäter und Bösewichter Identifizierten »auszuschalten« und »unschädlich« zu machen, was in der Militärsprache so viel besagt wie umbringen und ermorden. Ethische Grundsätze, deren Bedeutung gerade darin besteht, daß sie eine universelle Geltung beanspruchen, werden jetzt von einer einzelnen Gruppe für sich selbst reklamiert und bei der Gegengruppe negiert. Das an sich Allgemeingültige wird damit fraktioniert und in eine totalitäre Waffe gegen alles umgewandelt, was von den Vorstellungen des Eigenen abweicht. Der Gegner gefährdet jetzt nicht mehr nur unsere materiellen Interessen; indem er in vorgegebener Sicht von den für alle gültigen Regeln der Menschlichkeit abweicht, erweist er sich selber als Unmensch, – er besitzt kein Recht mehr, unter Menschen zu leben; die an sich für alle Menschen geltenden Regeln sind auf ihn nicht mehr anwendbar. Er ist jetzt tatsächlich auszurotten wie Ungeziefer. Eben diese Auffassung bietet die entscheidende Rechtfertigung für das Vorgehen im Krieg: das Töten tausender von Menschen mit Streubomben und Napalm bedeutet gerade so viel wie eine Entlausungsaktion oder wie die chirurgische Entfernung einer Krebsgeschwulst.

Der Widersinn einer jeden Kriegsbegründung liegt damit offen zu Tage. Die Moral selbst, indem sie zum Kampfmittel entartet, befiehlt ihre eigene Aufhebung; in jedem Kriege geschieht genau das. Darin besteht er.

Es ist deshalb richtig, jedoch nicht grundsätzlich genug formuliert, wenn SIGMUND FREUD 1915 zu den Geschehnissen des Ersten Weltkriegs schrieb: »Der einzelne Volksangehörige kann in diesem Krieg mit Schrecken feststellen, was sich ihm gelegentlich schon in Friedenszeiten aufdrängen wollte, daß der Staat dem Einzelnen den Gebrauch des Unrechts untersagt hat, nicht weil er es abschaffen, sondern weil er es monopolisieren will wie Salz und Tabak. Der kriegsführende Staat gibt sich jedes Unrecht, jede Gewalttätigkeit frei, die den Einzelnen entehren würde. Er bedient sich nicht nur der erlaubten List, sondern auch der bewußten Lüge und des absichtlichen Betrugs gegen den Feind, und dies zwar in einem Maße, welcher das in früheren Kriegen gebräuchliche zu übersteigen scheint. Der Staat fordert das Äußerste an Gehorsam und Aufopferung von seinen Bürgern, entmündigt sie aber dabei durch ein Übermaß von Verheimlichung und eine Zensur der Mitteilung und Meinungsäußerung, welche die Stimmung der so intellektuell Unterdrückten wehrlos macht gegen jede ungünstige Situation und jedes wüste Gerücht. Er löst sich los von Zusicherungen und Verträgen, durch die er sich gegen andere Staaten versichert hatte, bekennt sich ungescheut zu seiner Habgier und seinem Machtstreben, die dann der Einzelne als Patriotismus gutheißen soll. – Man wende nicht ein, daß der Staat auf den Gebrauch des Unrechts nicht verzichten kann, weil er sich dadurch in Nachteil setzte. Auch für den Einzelnen ist die Befolgung der sittlichen Normen, der Verzicht auf brutale Machtbestätigung in der Regel sehr unvorteilhaft.«[14]

4. LEO TOLSTOIS *Erkenntnis: Ein Staat, der tötet, verdient nur Verachtung*

So ist es: im Krieg zeigt der Staat sein wahres Gesicht; doch das Problem stellt sich schlimmer: würde ein Staat offen erklären, daß seine moralische Friedfertigkeit nur eine Tarnung, eine chronifizierte, ihm wesenseigene Lüge sei, verlöre er seine Berechti-

14 SIGMUND FREUD: Zeitgemäßes über Krieg und Tod, in: Werke, X 329–330.

gung in den Augen seiner erschrockenen Bürger; also muß er, wie FREUD es beschreibt, jeden intellektuellen Widerstand mit Geheimhaltungen und Fehlinformationen sowie Gewaltmaßnahmen in Form von Kontrolle und Strafe niederhalten und propagandistisch ein Bild der Lage zeichnen, das sein Verhalten zumindest als Notmaßnahme und als vaterländische (oder »wertebasierte«) Pflicht erscheinen läßt. Doch selbst die in jedem Krieg üblichen Lügen und Betrugsmanöver der Regierenden würden der für notwendig gehaltenen Sicherheit ihrer Wirkung entbehren, wenn sie nicht die Spannung zwischen Lüge und Moral selbst aufheben würden: im Krieg wird die Moral selbst zu einem Kampfmittel umgelogen. Daraus ergibt sich nun allerdings eine Folgerung, die in dieser Klarheit als erster LEO TOLSTOI gezogen hat: einem Staat, der militärpolitisch sich in seiner Rüstung und im soldatischen Training zum Töten jederzeit kriegsbereit zeigt und diesen Zustand obendrein als unabdingbar zu seinem Selbsterhalt von seinen Bürgern einfordert, kann und darf man nicht mehr glauben; seine Legalität basiert auf Illegalität, sein Recht auf Unrecht, seine Moral auf Unmoral[15].

15 Vgl. LEO TOLSTOI: Mein Glaube, Kap. 3, S. 41: »Man sagt zu Unrecht, daß die christliche Lehre nur die Erlösung des einzelnen im Auge habe und sich nicht auf allgemeine, auf Staatsangelegenheiten beziehe ... Soll ich in den Krieg ziehen oder nicht? Ich ... habe ... zu wählen zwischen dem Gesetz Gottes und dem Gesetz des Menschen.« Vgl. E. DREWERMANN: Richtet nicht!, III 537–560: Wenn Recht zu Unrecht wird oder: Die Lüge des Legalen. MICHAEL LÜDERS: Die scheinheilige Supermacht, 144–147: Über die Wahrheit in der Politik, S. 146, zitiert die Stellungnahme des britischen Literaturnobelpreisträgers *Harold Pinter* zum Irakkrieg 2003: »Die Invasion Iraks war ein Akt des Banditentums, ein Akt unverhüllten Staatsterrorismus ... Eine Militärmaschinerie ist verantwortlich für den Tod tausender und abertausender unschuldiger Menschen. Wir haben dem irakischen Volk Folter, Streubomben, abgereichertes Uran, unzählige Akte wahlloser Morde, Verelendung, den Tod gebracht und reden davon, dem Nahen Osten Freiheit und Demokratie zu bringen.'« In Wahrheit richtet sich der Anspruch der USA auf »Dominanz auf allen Ebenen« *(Full Spectrum Dominance).* »Das bedeutet die Kontrolle zu Land, auf See, in der Luft‹ sowie unbegrenzten Zugriff auf alle natürlichen Ressourcen und Bodenschätze.« (S. 147) Doch *Pinters* Worte der Kritik an der »Ordnungsmacht« der USA wurden von der FAZ, der Süddeutschen Zeitung und anderen transatlantisch eingebundenen Medien als »Hassparolen« abgetan. »Wer die USA als ›barbarisch‹ bezeichnet, hat dem zufolge der zivilisier-

Gesehen hat das im Prinzip bereits der Kirchenlehrer CYPRIAN im 3. Jh., als er die Welt mit christlichen Augen wie von einem hohen Berge herab als eine Art gewaltiges, weil gewalttätiges Tollhaus beschrieb: »Sieh nur«, forderte er den Leser auf, »wie die Straßen von Wegelagerern versperrt, wie die Meere von Seeräubern besetzt und wie Kriege mit dem blutigen Greuel des Lagerlebens über alle Länder verbreitet sind! Es trieft die ganze Erde von gegenseitigem Blutvergießen; und begeht der einzelne einen Mord, so ist es ein Verbrechen; Tapferkeit aber nennt man es, wenn das Morden im Namen des Staates geschieht. Nicht Unschuld ist der Grund, der dem Frevel Straflosigkeit sichert, sondern die Größe der Grausamkeit.«[16] Die »Wegelagerei« und »Piraterie« von damals maskiert sich heute als die Anlage von Militärstützpunkten und Waffenlieferungen zum Aufbau von Einflußzonen. Doch das, was sich dabei Staat nennt, ist als Militärmacht kaum je etwas anderes als eine »große Räuberbande«, in der »nicht die Habgier erloschen, sondern ... Straflosigkeit dafür eingetreten ist.«[17]

Denn vor allem: Die eigenen Verbrechen sind in dieser Logik

ten Welt entsagt und ist zum medialen Abschuss freigegeben.« (S. 149) Egal, ob er christlich, pazifistisch oder sozialistisch motiviert ist, – es gehört sich zu behaupten, er stehe »in der rechten Ecke«, er vertrete die Meinung der »Reichsbürger« und sei ein »Verschwörungstheoretiker«. Vgl. ULRIKE GUÉROT – HAUKE RITZ: Endspiel Europa, 95–101: Informationskriegsführung und Propaganda: »Über Russland gibt es seit nunmehr 15 Jahren keine positiven Nachrichten mehr in der deutschen Presse.« (S. 96) – Zur Natokonformität der westlichen Medien im Informationskrieg um die Ukraine vgl. DANIELA DAHN: Im Krieg verlieren auch die Sieger, 97–101: Von allen Seiten Nebelkerzen. Verstörend sind Rußlands Vorwürfe über US-Biolabore in der Ukraine; das US-Militär verfügt nach eigenen Angaben über 336 Labore weltweit. »Das US-Militär zeige großes Interesse« an »der Sammlung von Biomaterialien, entsprechender Manipulationen von Viren, Bakterien und ihren Trägern in den Gebieten, die an den russischen Grenzen« liegen. ARNOLD SCHÖLZEL: Auf der Spur, in: junge Welt, 11./12.2.23, S. 3.

16 CAECILIUS CYPRIANUS: An Donatus, 6, in: BKV Bd. 34, S. 45.

17 So AUGUSTINUS: Gottesstaat, IV, in: BKV Augustinus, I 192–193, der im übrigen allerdings die Theologie an die politische Lage der Kirche im Imperium Romanum nach *Konstantin* anzupassen suchte und in Übernahme der Staatslehre CICEROs die Lehre vom »gerechten Krieg« mitbegründete.

gar keine Verbrechen, sondern in hoher Verantwortung geleistete Verdienste für die Menschheit[18]. Keine Skrupel, kein Bedauern – Konfettiparaden für die siegreich Heimkehrenden und für die Gefallenen in den eigenen Reihen ein Ehrenbegräbnis in Arlington. – Im gesamten Umraum von Militär und Krieg: in Vorbereitung, Durchführung und Nachbereitung, ist dieser abscheuliche Selbstbetrug der moralisch Guten, die wir selber sind, und die Propagandalüge von dem Dämonisch-Bösen, das der Gegner verkörpert, schier unerläßlich, um alles als »richtig« erscheinen zu lassen, was die »Gerechten« für nötig finden, um ihr »Recht« durchzusetzen.

a) Vom Selbstbetrug »gerechter« Kriege

Daß es sich all die Zeit so verhält und dennoch niemals richtig sein kann, wußte vor einem halben Jahrtausend bereits der Humanist und Pazifist ERASMUS VON ROTTERDAM (1469–1536): Wer, fragte er, würde im Kriegsfall sein Anliegen nicht für gerecht halten[19]? Der Lehre vom »gerechten Krieg« stellte er mit

18 Ein Beispiel dafür mag der Umgang der USA mit dem »Schurkenstaat« Iran und die »präemptive« Ermordung von *Qasem Soleimani* am 3. Jan. 2020 dienen: »Sofort nach der Tat erfolgte das entsprechende Framing (sc. die perspektivische Einordnung, d. V.) aus dem Weißen Haus: Amerika habe einen seiner größten Feinde ausgeschaltet, nach *Osama bin Laden* 2011 und *Abu Bakr al-Baghdadi* 2019, dem Anführer des ›Islamischen Staates‹. Der Schiit *Soleimani,* einer der ranghöchsten Militärs einer souveränen Nation, wurde in eine Reihe mit sunnitischen Extremistenführern gestellt und avancierte somit zum Top-Gefährder. In den Worten von Präsident *Trump:* ›Er war der Nummer-Eins-Terrorist auf der ganzen Welt.‹ Dieses Framing half, die Frage nach der Legalität seiner Ermordung abzuwehren.« MICHAEL LÜDERS: Die scheinheilige Supermacht, 189–190.

19 ERASMUS VON ROTTERDAM: Die Erziehung des christlichen Fürsten, 11. Kap., in: Schriften, Bd. 5, 339–357, S. 343; vgl. DERS.: Die Klage des Friedens, in: Schriften, Bd. 5, S. 361–451, wo ERASMUS auf die physischen und moralischen Schäden eines jeden Krieges hinweist (S. 433–439). Zu ergänzen sind diese Betrachtungen durch die moralische Schädigung der Personen in der staatlichen Umerziehung von friedlichen Bürgern zu tötungsbereiten Soldaten auf den Kasernenhöfen der Welt.

Recht in aller Entschiedenheit die Lehre Christi entgegen mit ihrem Wissen, daß man Rechtsstreitigkeiten niemals durch Gewalt klären kann, weil dabei stets nur ein Krieg aus einem anderen erwächst. Die moralisch gerechtfertigte Gewalt gibt sich selbst das Recht zu allem Unrecht. Diese unerträgliche Unwahrhaftigkeit nötigt jeden christlich gesonnenen Regenten zu der unbedingten Pflicht, den Standpunkt seines Gegners zu verstehen und über seine Forderungen und Erfordernisse nachzudenken, mit dem Ziel der Kriegsvermeidung zugunsten eines Friedensabschlusses. Niemals hat die eine Seite allein recht. Die gesamte bipolare Moral ist moralisch falsch.

Erkannt hat diesen Sachverhalt 100 Jahre danach, in den Wirren des 30jährigen Krieges, noch einmal der große Philosoph und gläubige Christ BLAISE PASCAL (1623–1662), indem er die moralische Polarisierung des staatlich organisierten Freund-Feind-Denkens als Kernproblem möglicher Verständigung betrachtete. »Weshalb töten Sie mich?« läßt er fragen und gibt zur Antwort: »Weshalb? Wohnen Sie nicht jenseits des Wassers? Mein Lieber, würden Sie diesseits wohnen, wäre ich ein Mörder und es wäre ein Verbrechen, Sie solcherart zu töten; da Sie aber am anderen Ufer wohnen, bin ich ein Held, und was ich tue, ist recht.«[20] »Spaßhafte Gerechtigkeit«, fährt PASCAL fort, »die ein Fluß begrenzt! Diesseits der Pyrenäen Wahrheit, jenseits Irrtum ... Nichts kann lächerlicher sein, als daß ein Mensch das Recht hat, mich zu töten, weil er jenseits des Wassers wohnt und weil sein Fürst mit meinem Krieg führt, obgleich ich keinen Streit mit ihm habe ... *Ex senatus consultis et plebiscitis crimina exercentur*«, zitiert er SENECA: Auf Grund von Senats- und Volksbeschlüssen werden Verbrechen begangen, und fügt noch die radikal staatskritische Bemerkung des TACITUS hinzu: »*Ut olim vitiis sic legibus laboramus*«: wie einst an Lastern, so leiden wir (jetzt) an Gesetzen[21]. Gesetze, die den Krieg gebieten, meinte TACITUS, überwinden nicht die Laster der Vorzeit, sie erklären sie vielmehr in der Gegenwart zu einer unabdingbaren Pflicht. Was man als

20 BLAISE PASCAL: Über die Religion (Pensées), Fragment Nr. 293, S. 147.
21 A.a.O., Fr. 294, S. 147–148.

Bürger nimmermehr tun durfte, gerade das soll man tun als Soldat.

Daß eine solche »Verwirrung« möglich ist, liegt nach PASCAL daran, daß man das unveränderliche Gesetz, das Gott in das Herz eines jeden Menschen gelegt hat, nach der Erbsünde nicht länger mehr kennt noch anerkennt, sondern es ersetzt durch die Sitten und Gebräuche des jeweiligen Landes oder durch die Gesetze eines Naturrechts, das allen Ländern gemeinsam sein soll, es aber nicht ist – sogar Raub, Blutschande und Mord an Kindern und Eltern finden ihren Ort unter den tugendhaften Handlungen bestimmter kulturabhängiger Moralvorstellungen, wußte er. Da sagt der eine, »das Wesen des Rechtes sei die Autorität des Gesetzgebers, ein anderer, der Nutzen des Herrschers, ein dritter, der gegenwärtige Brauch,« schreibt er, »und das einzig Gewisse ist, daß gemäß der reinen Vernunft nichts an sich gerecht ist, alles schwankt mit der Zeit.«[22] Um gleichwohl die staatliche »Ordnung« trotzdem aufrecht zu erhalten, muß man die eigentlich grundlosen Bräuche als vernünftig darstellen; man »darf die Wahrheit der gesetzlosen Setzung nicht merken lassen, sie wurde einmal ohne Begründung gegeben, sie ist vernünftig geworden; man muß sie als maßgeblich ewig betrachten und ihr Herkommen verbergen, wenn man nicht will, daß sie bald ende.«[23]

Doch natürlich ist alles dies eine Täuschung; dahinter stehen in Wahrheit Machtkämpfe, in denen die Stärkeren ihre Herrschaft als Gesetzgeber zu festigen suchen. Einen festen Halt böte indessen allein der Glaube an Gott, wie ihn Christus gebracht hat. Dann aber ist die Differenz absolut, die das Gewissen des Einzelnen trennt von den Setzungen staatlicher Gesetze: »Man muß Gott mehr gehorchen als den Menschen.« (Apg 5,29) Dieses Wort des *Petrus* sollte eine Kirche wie die katholische, deren Leiter sich als Nachfolger *Petri* bezeichnen läßt, zu dem erklärten urchristlichen Widerspruch gegen jedwede staatliche Kriegspolitik zurückführen, statt sich als staatstragend zu gerieren und in das Mediengetöse der Kriegsbefürworter immer von neuem (und

22 A.a.O., S. 149.
23 A.a.O., S. 150.

besonders jetzt in der sog. »Zeitenwende«) einzustimmen. Sie müßte, um das Beispiel Jesu nicht zu verraten, dem Einzelnen das Gewissen stärken, nein zu sagen gegen Krieg und Gewalt. Die Erlösung der Welt und der Menschheit von den Folgen der Abkehr von Gott sollte ihre Aufgabe sein, nicht aber dem Staat das Kriegführen zu erleichtern, indem sie sich als Kirche von ihm Militärgeistliche bezahlen läßt, die den Soldaten beibringen, sie erfüllten mit ihren Kriegseinsätzen inmitten einer gefallenen Welt just Gottes Willen.

b) Die Umprägung des persönlichen Gewissens von Tötungshemmung zu Tötungsbereitschaft

Daß es nicht richtig sein kann und es kein Recht gibt, Menschen gezielt und geplant mit allen zur Verfügung stehenden Gerätschaften auf den Schlachtfeldern der Welt hinzumähen, weiß eigentlich jeder, und so gebrochen auch immer, baut alles, was wir Kultur und Zivilisation nennen, auf dieser Evidenz auf. Für die staatliche Militärmaschinerie indessen ergibt sich daraus bei der Rekrutierung von Bürgern zum »Wehrdienst« ein nicht leicht zu lösendes Problem: Die Indoktrination der sittlichen Pflicht, sich zur Kriegsführung fähig zu machen, kann gewiß durch eine ständig sich wiederholende Propaganda in allen Medien die Akzeptanz von Kriegsrüstung und Kriegsführung in der Bevölkerung steigern und die noch verbliebenen Gegenstimmen unter soziale Ächtung stellen; doch sich an einem Kampfgeschehen real zu beteiligen mit dem Willen, möglichst viele der Feinde durch Tod oder Verwundung »unschädlich« zu machen, ist etwas anderes; das muß eigens trainiert werden. Wie also wird der Bürger zum Soldaten, der Zivilist zum Killerprofi, der Familienvater zum Töter von Frauen und Kindern? Ein solcher Prozeß erfordert die Umformung der gesamten Persönlichkeit, und er offenbart bei näherer Betrachtung die ganze Unmenschlichkeit und methodisch beabsichtigte Entmenschlichung auf dem Wege zur »Diensttauglichkeit« eines »kriegsverwendungsfähigen« Soldaten.

Den Kern des Problems fand der amerikanische Sozialpsychologie STANLEY MILGRAM in einer Notiz von GEORGE ORWELL: »Während ich dies schreibe«, hatte er bei einem Bombenangriff aufgezeichnet, »sitzen über mir hochzivilisierte Menschen in Flugzeugen und versuchen mich zu töten. Sie hegen gegen mich als Individuum keinerlei Feindschaft, wie ich nicht gegen sie. Sie erfüllen nur ihre Pflicht, wie es so schön heißt. Ich zweifle nicht daran, daß die meisten von ihnen gutherzige, gesetzestreue Männer sind, die im Privatleben nicht einmal im Traum daran dächten zu morden. Wenn es aber andererseits einem von ihnen gelingt, mich mit einer gezielten Bombe zu zerfetzen, wird er deswegen keineswegs schlechter schlafen.«[24]

Wie ist es möglich, fragte sich MILGRAM, daß persönlich integre gutmütige Familienväter zu Massenmördern werden? Mit Erklärungen wie: »Die Menschen sind so«, im Sinne von »aggressiv, sadistisch, rücksichtslos, bösartig«, – ist das, was im Krieg tatsächlich geschieht, nur sehr begrenzt zu verstehen. Das Massenmorden im Krieg ist nicht eine überschäumende Triebhandlung, kein orgiastischer Exzeß sexualpathologischer Individuen, kein kollektiver Rausch der Enthemmung unterdrückter Perversionen, – all solche Momente gibt es ohne Zweifel immer wieder in Kriegshandlungen, und sie zeigen in grausiger Form, wozu Menschen imstande sind; doch führt dieser Deutungsansatz wohl zur Erklärung einer Fülle von Einzelvorkommnissen, er übersieht aber das Entscheidende: ein Krieg wird in großen Gruppen organisiert, trainiert, exekutiert; er findet statt nicht auf der Basis persönlicher Motivationen, sondern ganz im Gegenteil in völliger Ausklammerung individueller Gefühle und Bedürfnisse. Es mag sein, daß jemand »freiwillig« Soldat wird, um die Abhängigkeit von seiner Mutter oder die Angst vor seinen Klassenkameraden zu überwinden, er kann aus persönlicher Verzweiflung den Tod auf dem Schlachtfeld förmlich suchen als einen larvierten Suizid, doch solche Leute sind nur sehr begrenzt brauchbar für den Fah-

24 STANLEY MILGRAM: Das Milgram-Experiment, 29.

nendienst, – mit ihnen ist kein Staat zu machen und kein Krieg zu gewinnen.

c) Der desaströse Drill soldatischen Gehorsams

Auf die entscheidende Spur in diesem Zusammenhang kam MILGRAM beim Anblick der Geschehnisse des Vietnam-Krieges, als »unsere amerikanischen Soldaten routinemäßig Dörfer niederbrannten, eine Strategie des ›freien Schußfeldes‹ betrieben, Napalm extensiv anwendeten, die fortschrittlichste Technik gegen primitive Armeen einsetzten, weite Gebiete des Landes entlaubten, die Evakuierung von Kranken und Alten aus Gründen militärischer Zweckdienstlichkeit erzwangen und unmittelbare Massaker unter Hunderten von unbewaffneten Zivilisten veranstalteten.«[25]

Besonders vor Augen stand MILGRAM das Massaker von My Lai, als am 16.3.1968 amerikanische Soldaten die über 500 Zivilisten eines Dorfes töteten[26]. Aus diesem Verbrechen war seiner Meinung nach etwas Typisches zu lernen[27]: »Was haben wir ... gefunden?« fragte er. »Nicht Aggression, denn die Menschen ... (sc. die in seinem Experiment den Probanden Elektroschocks versetzten, d. V.), empfanden keinen Zorn, keine Rachsucht und keinen Haß ... Etwas weitaus Gefährlicheres kommt ans Licht: die Fähigkeit des Menschen, seine Menschlichkeit abzustreifen, ja

25 A. a. O., S. 208.

26 vgl. WOLFGANG SCHNEIDER (Text) – PETER EFFENBERG (Bild): Apokalypse Vietnam, 163–165: Frau Ha Thi Quy: »Sie haben mein Kind getötet«; vgl. auch CHRISTOPH FELDER (Reg.): My Lai Inside, Dokumentation 2018; der Film zeigt den Bordschützen *Larry Colburn* (1949–2016), den Photographen *Ronald Haeberle*, der die Kriegsgreuel der US-Armee begleitete, und den Überlebenden *Duc*, der heute im Bergischen Land lebt.

27 STANLEY MILGRAM: Das Milgram-Experiment, 211–214, gibt den Bericht von einem Beteiligten wieder, der in den Nachrichten des CBS (Columbia Broadcasting System) von *Mike Wallace* interviewt wurde: »Warum taten Sie das?« – »Weil ich den Befehl dazu hatte und glaubte, es tun zu müssen ... als ich es gemacht hatte, fühlte ich mich prima, aber später am gleichen Tag ging es mir doch an die Nieren.« (S. 213)

geradezu die Unvermeidlichkeit, daß er dies tut, wenn er seine individuelle Persönlichkeit mit übergeordneten institutionalen Strukturen verbindet ... Es ist eine bittere Ironie, daß die Tugenden der Loyalität, der Disziplin und der Selbstaufopferung, die wir am einzelnen so hoch schätzen, genau die Eigenschaften sind, die eine organisierte Kriegs- und Vernichtungsmaschinerie schaffen und Menschen an bösartige Autoritätssysteme binden. – Jeder Mensch hat ein Gewissen ... Doch wenn der Mensch seine Person in eine Organisationsstruktur einbringt, tritt an die Stelle des autonomen Menschen ein neues Wesen, das von seinen individuellen Moralvorstellungen nicht mehr eingeschränkt ist und nur auf die Sanktionen seitens der Autorität achtet.«[28]

Mit anderen Worten: Das persönliche Gewissen, die Stimme Gottes im Herzen des Einzelnen, die Zuständigkeit und Verantwortung für das eigene Tun, die Mündigkeit und Autonomie der Persönlichkeit, der Selbstwert und die Unvertauschbarkeit der Individualität, der unverzichtbare Mut, im Gegenüber der absoluten Person Gottes sich selbst absolut als Person zu riskieren, – im Grunde die gesamte religiöse Dimension der menschlichen Existenz muß beseitigt und ersetzt werden durch die Autorität des militärischen Vorgesetzten.

Es ist nicht anders zu sagen: Soldat wird man einzig durch den Götzendienst eines Gehorsams, der an die Stelle Gottes das Kommando des Drill-Sergeants auf dem Kasernenhof und des Kompanieführers auf dem Schlachtfeld setzt. Und da jede kriegsbereite staatliche Organisation bei der Rekrutierung ihrer Soldateska auf dieser doppelten Entheiligung: der Entmenschlichung des Menschen und der Entgöttlichung Gottes, basiert, erzeigt jeder Staat mit seinem Militär, was er wirklich ist: er ist der unbeabsichtigte, doch um so schreiendere Beweis für die unbedingte Notwendigkeit, die Idee eines Friedensreiches durch Weltherrschaft nach dem Vorbild von Kaiser *Augustus,* wie Jesus auf dem Berg der Versuchung, als eine satanische Verführung zurückzuweisen (Mt 4,9–16): sie ist die äußerste Antwort der Gottverlorenheit in

28 A.a.O., S. 216.

Form der Selbstvergöttlichung organisierter Staatsgewalt durch Gleichschaltung und Ausschaltung des Menschlichen; und der Ort, an dem diese Perversion, diese »Wende« vollzogen wird, ist nirgends klarer zu erkennen als in den Umerziehungsmethoden auf dem Exerzierplatz des Militärs.

»Wie kommt es,« fragte MILGRAM zu Recht, »daß ein anständiger Mensch im Verlauf von wenigen Monaten dazu gebracht wird, andere Menschen zu töten, ohne daß ihm sein Gewissen Grenzen setzt?« – daß man ihn seiner Individualität beraubt und ihn uniformiert zu einem funktionierenden Rädchen in der Fabrik des Todes macht? Die Verfahren, die dazu tauglich sind, verraten stets das gleiche Muster: »Zuerst muß dieser Mensch von seinem Standort außerhalb des militärischen Autoritätssystems an einen Standort innerhalb dieses Systems gebracht werden. Der wohlbekannte Gestellungsbefehl liefert dazu den formalen Mechanismus. Ein Treueeid dient dann dazu, die Verpflichtung des Rekruten auf seine neue Rolle zu stärken. – Der Raum, in dem die militärische Ausbildung stattfindet, ist von der übrigen Gesellschaft abzugrenzen, um sicherzustellen, daß keine konkurrierenden Autoritäten auftreten. Belohnungen und Strafen werden verteilt, je nachdem, wie brav einer gehorcht. Eine Zeitspanne von einigen Wochen wird für die Grundausbildung verwendet. Und obwohl der ... Zweck dieser Ausbildung die Vermittlung militärischer Fertigkeiten ist, ist es doch ihr fundamentales Ziel, jeden Rest von Individualität und Autonomie zu beseitigen.«[29]

Nur mit Blick auf diese Zielsetzung ist zu begreifen, wie auf den Kasernenhöfen der Welt mit den Rekruten bei ihrer Ertüchtigung zum Soldaten verfahren wird. Als erstes: Antreten in Reihe und Glied! Still-ge-standen! Die Augen-geradeaus! Gewehr-über! Links schwenk marsch! Im Gleichschritt! – Alle Kommandos werden schnarrend herausgebrüllt und haben zackig befolgt zu werden. Was man damit erreichen will, ist nicht nur Disziplin und Gehorsam auf Befehl, es geht im Grunde um die vollkommene Kontrolle über die körperliche Motorik der Auszubilden-

29 A.a.O., 208–209.

den: alle Bewegungsabläufe müssen der Selbststeuerung entzogen werden, ihr Körper gehört nicht mehr ihnen; was sie denken, was sie fühlen – egal! Mit der Mechanik streng zu befolgender Befehle wird ihnen die Seele aus dem Körper geschraubt, und was übrig bleibt, ist ein von außen steuerbarer Automat. Gerade die vollkommene Sinnlosigkeit der Befehle verfolgt eben den Sinn, alles eigene Denken, alles Eigene überhaupt wegzunehmen und an die Stelle der Persönlichkeit die befehlausgebende Instanz zu setzen. Diese selbst ist in ihrer Funktion ebenfalls nicht als Person, nicht als Mensch wahrnehmbar; die Autorität des Drill-Sergeants beruht nicht auf dem, was er ist, sondern auf den Abzeichen der Uniform, die seinen Rang markieren. Was er an Befehlen, Bemerkungen und Beleidigungen herausbrüllt, charakterisiert ihn nicht als Person, sondern als Teil eines unhinterfragbaren Apparates totaler Kontrolle und absoluter Befehlsgewalt. Gehorsam, Unterwerfung, Selbstpreisgabe – das sind die primären Lernziele der Grundausbildung. Nicht was du bist als Person, interessiert hier, sondern daß du bereit stehst zu tun, was man dir sagt, – diese Überzeugung soll »ausgebildet« werden.

Ein derartiger Prozeß der Entpersönlichung, der marionettenhaften Funktionsanpassung, der Verwandlung einer individuellen Existenz in eine bloße Nummer im Verband beginnt bereits mit der Übergabe der verordneten Kleidung: der Staat, das Militär war so großzügig, sie dir anzupassen; sie bleibt sein Eigentum, mit dem du sorgsam umzugehen hast; nicht dir gehört sie, sie drückt vielmehr aus, daß du mit Eintritt in die Armee dir selbst nicht mehr gehörst. Die Uniform, die du trägst, zeigt, daß du bist wie alle, für dich selber ein Nichts, eine Null in einer Ansammlung beliebig vieler anderer Nullen, die einen Wert nur dadurch bekommen, daß man dieser seriellen Folge von Nichtsen, die man einen Zug, eine Kompanie, ein Platoon nennt, eine Zahl vorschreibt. Das ist es, was du begreifen mußt: einzig was man dir vorschreibt, die Vorschrift an sich, der Befehl macht aus dem Nichts, das du bist, deinen Wert im Verband aus.

Deshalb also das unablässige Marschieren im Gleichschritt, in Kolonne, begleitet von Sprechsalven absurden Inhalts. Alles soll sich bewegen »wie ein Mann«, zusammengehalten nicht durch persönliche Gefühle, sondern allein durch den Kommandeur, der alle im Trupp vereint durch Vereinheitlichung. »Derartige Formationen,« sagt MILGRAM, »bestehen nicht aus Individuen, sondern aus Automaten. Die militärische Ausbildung zielt grundsätzlich darauf ab, den Soldaten auf eben diesen Zustand zu reduzieren, alle Spuren von Ichgefühl zu beseitigen und durch langanhaltende Beeinflussung sicherzustellen, daß die militärische Autorität akzeptiert wird.«[30]

Was da eingestanzt wird und die neue Identifikation eines Soldaten »ausbilden« soll, ist genau dies: das bedingungslose Parieren auf Befehl. Du hast kein Recht, darüber nachzudenken, was du tust, du hast zu tun, was der Ausbilder dir sagt. Denn merke dir ein für allemal: verantwortlich bist du nicht für den Inhalt des ergangenen Befehls, sondern nur für dessen prompte und exakte Ausführung. Nicht auf dich selbst darfst du dabei hören, – gehorchen heißt für einen Soldaten, auf seinen Vorgesetzten zu hören. Was immer du bisher gehört hast – von deiner Mutter, deinem Vater, deinem Lehrer, deinem Pastor, deiner Freundin –, vergiß es; es hat keine Geltung mehr. Ab sofort gilt, was der Spieß, der Schleifer, der Offizier dir in die Ohren brüllt. Denn auch er macht nicht, was er möchte; er verkörpert das Offizielle; durch ihn hindurch spricht das Erfordernis einer Lagebeurteilung, deren du dich nicht vermessen darfst; er ist das Sprachrohr der taktischen und strategischen Vernunft.

Ein Korps funktioniert nur in einem derart widerspruchsfreien Zusammenspiel all seiner Glieder. Jede Abweichung, jede Eigenmächtigkeit, jede Ausnahme gefährdet das Ganze. Deshalb ist jede Widersetzlichkeit, jedes Aufbegehren streng zu bestrafen. Und die wirksamste Form der Bestrafung ist die Entehrung durch die »Kameraden«: sie werden mitbestraft, wenn du nicht spurst, und sie werden dich entsprechend »dazwischennehmen«, wenn du aus der Reihe tanzt. Vergiß das nie: was du als Soldat bist, bist

30 A.a.O., 209.

du nur im Verband, im Kollektiv, in der Funktionseinheit aller unter zentralem Kommando.

Diese konsequente Entleerung des Ichs wird nachgefüllt durch den Ersatz einer Gruppenidentifikation mit dem Gefühl, in eben dieser Einheit, nicht als Einzelner, aber als Wir, etwas Besonderes, etwas Bedeutendes zu sein. Auch so verstärkt sich das Empfinden, nichts falsch machen zu können, wenn man tut, was alle tun[31]. Das Gruppengefühl ersetzt das Gewissen, und genau diese Haltung soll zur zweiten Natur werden. Endlose Übungen durch gleichförmige Wiederholung und körperliches Training bis zur Erschöpfung als perfekte Konditionierung von Folgsamkeit auf Befehl sind die Methoden der Wahl, und das Ergebnis steht schon im voraus fest: »Bei der Routineerfüllung seiner Pflichten empfindet der Soldat keine Hemmung gegen Tötung, Verwundung oder Verstümmelung anderer Menschen, seien sie Zivilisten oder Soldaten. Durch seine Handlungen fügt er Männern, Frauen und Kindern Angst und Tod zu, doch er sieht darin keine Ereignisse, die ihn persönlich angehen. Er erfüllt einen Auftrag.«[32] Und dieser Auftrag lautet: das Böse in Gestalt des Gegners zu vernichten. »Pardon wird nicht gegeben.« Denn *wir* verkörpern und verteidigen das Gute.

d) Die Züchtung spezieller Killerprofis

Wie diese Umerziehung zum Soldaten in der militärischen Ausbildung sich gestaltet, beschreibt der amerikanische GI JOSHUA KEY in Erinnerung an seine Vorbereitung auf den zweiten Golfkrieg

31 Wie allein dieses Prinzip: Macht durch Disziplin, Macht durch Gemeinschaft, Macht durch Handlung, verbunden mit der Vorstellung, eine besondere Mission zu erfüllen, eine faschistoide Gruppenpsychologie hervortreibt, zeigte sich in dem fünftägigen Experiment »Die Welle«, das *Ron Jones* 1967 in Palo Alto in Kalifornien in der Cubberley High School mit seinen Schülern veranstaltete, um ihnen begreifbar zu machen, was 1933 in Deutschland passiert sei. Vgl. den Roman von MORTON RHUE: Die Welle, S. 43; 61; 79; der Lehrer heißt dort *Ben Ross* und lehrt an einer Gordon High School.

32 STANLEY MILGRAM: Das Milgram-Experiment, 210.

der USA 2003 in seinem Buch »Ich bin ein Deserteur«: »In den siebzehn Wochen Grundausbildung wurden wir von den Ausbildern angeschrien, mitten in der Nacht geweckt und aus dem Gleichgewicht gebracht; ihr Job war es, uns zu brechen und nach ihrem Ideal wieder neu aufzubauen.«[33] Hinter dieser Praktik steckt in der US-Army eine Psychologie, welche die Trainingsverfahren sogar der Nazis in gewisser Weise noch verschlimmert. Die Soldaten der Großdeutschen Wehrmacht sollten sich als Angehörige eines arischen Erb- und Blutadels betrachten, die der biologischen Pflicht zur Reinerhaltung der Rasse nachzukommen hatten, indem sie »slawische Untermenschen« oder »jüdische Parasiten« versklaven bzw. genetisch »neutralisieren« sollten; als Deutsche, als »Germanen« besaßen sie eine wahnhafte Würde gegenüber allen anderen Völkern.

Umgekehrt das amerikanisch geprägte Ausbildungsverfahren: Es erklärt die Noch-Nicht-Soldaten unter ständigen Demütigungen und Erniedrigungen für einen Haufen Dreck (wörtlich: für ein verlogenes Stück Scheiße), aus dem der Ausbilder, wie Gott am Schöpfungsmorgen, einen wahren Menschen allererst erschaffen muß – vermöge seiner Wiederauferstehung in der Uniform von God's own Country. »Ich schwoll vor Patriotismus und Stolz an,« gesteht KEY, »wenn uns unsere Kommandeure erklärten, daß die Amerikaner das einzige anständige Volk der Erde seien und Muslime und Terroristen den Tod verdienten. – Wenn wir mit unseren Bajonetten auf Puppen einstachen, stand einer unserer Ausbilder auf dem Podium und schrie ins Mikrofon: ›Kill! Kill! Kill the sand niggers!‹ Auch wir mussten brüllen: ›Kill the sand niggers!‹, wenn wir in den Kopf und das Herz stachen und dann dem imaginären Feind die Kehle aufschlitzten. Während wir brüllten und zustachen, vergewisserten sich die Drill-Sergeants, daß wir alle brüllten. Offenbar war die Lektion nur vollständig, wenn wir bei der Verstümmelung unserer imaginären Feinde auch unseren Hass hinausschrien. – Ich schrie so laut und stach so unerbittlich zu wie alle anderen, und langsam wuchs in

33 JOSHUA KEY: Ich bin ein Deserteur, 60.

mir das Gefühl, dass ich wichtig war … Jetzt war ich amerikanischer Soldat und durfte mich stolz als perfekte Killermaschine betrachten. Ich hielt mich für patriotisch und unbesiegbar. Jedes Wort, das man mit sagte, glaubte ich auch, dass es Aufgabe der US-Armee sei, in der Welt für Ordnung zu sorgen. Unsere Ausbilder trichterten uns ein, Nicht-Amerikaner seien ›Terroristen‹ und ›Schlitzaugen‹. Die Muslime seien für die Attentate vom 11. September 2001 verantwortlich, und die Afghanen seien ›Scheißterroristen, die den Tod verdienen‹. – Die Offiziere hämmerten uns diese Weisheiten ein, indem sie uns Parolen auswendig lernen und im Sprechchor aufsagen ließen …

One shot
One kill
One Arab
One Asian.«[34]

Wenn man das liest, möchte es scheinen, als sei die Zeit stehen geblieben, aber man begegnet nur immer wieder dem Gleichen. Was wir erleben, ist keine »Zeitenwende«, es ist im Gegenteil ein Salto rückwärts: »Jeder Stoß ein Franzos, jeder Schuß ein Ruß« hieß das 1914 auf deutsch; und ein Deutscher, der heute amerikanischer Staatsbürger werden will, muß schriftlich erklären, für die USA zum Waffendienst bereit zu stehen. »Haben Sie gedient?« fragte man im Kaiserreich. Das Ja als Antwort bedeutete die Eintrittskarte zu dem Kreis der Achtenswerten, der Brauchbaren, der Zuverlässigen, der Dazugehörigen, – »eine verschworene Gemeinde« entstand so, umweht vom Eid auf Gott und Vaterland.

Das reguläre Resultat dieser Rebestialisierung des Menschlichen im Militär hat FRANCISCO GOYA (1746–1828) in seinen auf schreckliche Weise zeitlosen »Desastres de la Guerra« festgehalten. Unter dem Titel »Barbaren« stellte er auf einer Radierung eine der vielen Erschießungen dar, die vorgenommen wurden, als 1808 die Truppen *Napoleons* mit 7000 Soldaten auf den Wider-

34 A.a.O., 60–62.

stand von 25000 spanischen Bauern trafen, die mit Heugabeln, Knüppeln, Messern und Lanzen sich gegen die Invasoren zur Wehr setzten; beide Seiten verübten furchtbare Verbrechen, wie sie zu jedem Krieg gehören: man tötete nicht nur, man quälte zu Tode, um mit der Grausamkeit der Greuel dem Gegner Schrecken einzuflößen. Was auf dem Kasernenhof eigens geübt wird, diktiert spontan der Haß mit der üblichen Schablone der Zweiteilung von Gut und Böse. Was aber wird aus Menschen, die im Kampf gegen das Böse selber so böse werden, daß sie alle Menschlichkeit, alle Regung von Rücksicht und Mitleid abstreifen?

Da ist ein Peleton (Erschießungskommando) angetreten, um einen Mönch, mithin einen konservativ-klerikalen Feind der französischen Revolution, standrechtlich hinzurichten. Er lehnt sich auf gegen den Empereur, gegen den Kaiser eines Reichs der Vernunft über ganz Europa, – damit spricht er sich selbst das Urteil. Schon hat man ihn mit Armen und Beinen bäuchlings an einen Baum gebunden, und mit seinen Händen hält er sich an ihm fest, als könnte er dort, am Holz seiner Hinrichtung, wie Jesus am Kreuz, Schutz und Zuflucht finden. Real ist das Gegenteil intendiert: Schon haben zwei abkommandierte Soldaten ihre Gewehre angelegt, um diesen bigotten Widerständler, der die Parole der *liberté* für sein Spanien gegen das aufgeklärte Frankreich in Anspruch nimmt, als einen Ehrlosen durch gezielte Schüsse in den Rücken beiseite zu räumen. Wer der zu Erschießende wirklich ist, müssen sie weder sehen noch beachten, – der Mann ist für sie tot, noch eh' sie ihn töten. In weißer und schwarzer Ummantelung stehen die Füsiliere neben einander: mit einem Degen behängt *der eine,* weit vorgebeugt, um seine tödliche Waffe nur möglichst nah an sein todgeweihtes wehrloses Opfer heranbringen zu können; in dieser Stellung bleibt sein Gesicht verborgen hinter der schußbereiten Schulter, deren Arm das Gewehr hält. Neben ihm, aufrecht, nach hinten zurückgelehnt, steht *der andere* da, auch er zum gemeinsamen Feuer-frei-Befehl entschlossen. – Daß man *zwei* Leute benötigt, um eine einzelne gefesselte Person aus einer Entfernung von wenigen Zentimetern zu erschießen, hat ersichtlich keinen praktischen, doch um so mehr einen taktischen Grund: man kann das Schuldgefühl, einen Menschen zu töten, halbieren oder sogar ganz delegieren, – vielleicht hat ja nicht die eigene Kugel, sondern die aus dem Mündungslauf des fremden Gewehrs ihr tödliches Werk verrichtet.

Diese heuchlerische Selbstentlastung möglicher Gewissensvorwürfe gehört zum Standard derartiger Erschießungskommandos: eins der Gewehre wird mit Platzpatronen geladen, so daß jedem der Todesschützen die beruhigende Ausrede bleibt, er könne nicht wirklich wissen, ob er beim befohlenen Töten tatsächlich selber den finalen Schuß abgefeuert hat. – Doch was auch Schuldgefühle! Befehl ist Befehl, *das* entschuldigt alles. Aufmerksam beobachten drei Vorgesetzte im Hintergrund des höher gelegenen Hinrichtungsplatzes die sachgemäße Ausführung ihres Kommandos. Alle Beteiligten können nach vollbrachter Arbeit mit sich zufrieden sein. Sie haben getan, was getan werden mußte. *Barbaren* sind sie in ihrer Herzlosigkeit, will GOYA sagen. (Tafel 1)[35] Dieses sein Urteil indessen trifft alle Kriegführenden zu allen Zeiten.

5. Der Wahnsinn militärischer Gewalt

Denn es geht immer so weiter. Man hat diesen einen getötet, das Töten selbst aber hört damit nicht auf. Auch der grausige Anblick eines von Kugeln zerfetzten, von Säbelhieben zerstückelten, von Bajonettstößen aufgerissenen Körpers darf keine Rolle spielen; man kann beim Vormarsch der Truppe sich von den Leichen am Wege nicht aufhalten lassen, man muß lernen, darauf zu treten und darüber buchstäblich hinwegzugehen[36]. »Vor dem Hinter-

35 Vgl. PAOLO LECALDANO: Goya. Die Schrecken des Krieges, S. 94: Desastres de la Guerra, T. 38: Barbaren! Barbaros!

36 Vgl. PAUL ETTIGHOFFER: Verdun, 190–191, der die Landschaft um das zur Stätte des »Weißblutens« bestimmte Verdun schildert als »Land des Todes, Land des Grauens, Land der Verwesung ... wenn du die aufgeblähten Leichen siehst ... kannst (du) nicht wegschauen, sie liegen überall ringsum. In den Laufgräben liegen sie, und ganze Ablösungen eilen über die Toten hinweg,

grund solcher selbstreferentieller Orientierungssysteme (sc. wie dem Militär, d.V.) läuft ... alles geregelt ab. Doch Gewalt selber schafft Ordnung. Die Selbstvergewisserung ... wird ... dadurch untermauert, dass es hier keineswegs um individuelles Handeln geht, sondern um ein Handeln in einer Gruppensituation, in dem die Kameraden von den gleichen Handlungsnormen ausgehen. Vor diesem Hintergrund wird das Töten auch insofern entpersonalisiert, als es letztlich gleichgültig ist, wer wen getötet hat.«[37] Nicht ich, *wir* haben getötet. Wir mußten und müssen das tun. Wir waren, wir sind die Guten. Denn: wir töten die Bösen ... Nur: Wer sind wir da selbst?

Eine für immer gültige Antwort auf diese Frage hat ERICH MARIA REMARQUE gegeben, indem er in seinem weltbekannten Roman »Im Westen nichts Neues« bereits die Ausbildung der Rekruten als eine Umwertung von allem Wesentlichen ins Nichtige und des Nichtigen ins Wesentliche schilderte. »Wir wurden sechs Wochen militärisch ausgebildet und in dieser Zeit entscheidender umgestaltet als in zehn Jahren Schulzeit,« schrieb er. »Wir lernten, daß ein geputzter Knopf wichtiger ist als vier Bände SCHOPENHAUER. Zuerst erstaunt, dann erbittert und schließlich gleichgültig erkannten wir, daß nicht der Geist ausschlaggebend zu sein

weil niemand mehr Zeit hat, sie wegzuziehen. Du merkst es erst, wenn du auf etwas Weiches, etwas Schwammiges trittst, dann weißt du, hier liegt ein Mensch, ein Kamerad, ein Mensch wie du. – Du nimmst den Fuß rasch weg – aus einem Gefühl von scheuer Ehrfurcht vor dem Tod. Aber du hörst hinter dir den hohlen Tritt, den nachfolgenden Mann, der genau wie du auf den Toten treten muß. Und ein paar Schritte weiter liegt wieder einer, und der liegt nur zugedeckt unter dem Schlamm, den die Stiefel seiner über ihn hinwegschreitenden Kameraden auf ihm zurückließen. Ja, dieser Tote liegt so, daß du ihm – ob du es willst oder nicht – auf deinem nachtdunklen Pfad auf die Brust oder auf den Bauch trittst. Und unter der dünnen Schlammschicht meldet sich der Tote und gibt einen gurgelnden Laut von sich: ›ä-ä-ah‹. – Nein, er lebt nicht, er ist wirklich tot. Seit Tagen schon. Er ist schon gedunsen, und niemand kann dafür, daß die Luft aus seinem wie zum Schreien geöffneten Mund entweicht, wenn wieder einer auf ihn tritt – ›ä-ä-ah!‹ – Süßlich, ekelhaft, untragbar dieser Verwesungsodem.« – Das alles schrieb ETTIGHOFFER zum Ruhm des deutschen Soldaten, der ehrenhaft und tapfer sich im Krieg bewährt hatte.

37 So HARALD WELZER: Täter, 239.

schien, sondern die Wichsbürste, nicht der Gedanke, sondern das System, nicht die Freiheit, sondern der Drill ... Nach drei Wochen war es uns nicht mehr unfaßlich, daß ein betreßter Briefträger mehr Macht über uns besaß als früher unsere Eltern, unsere Erzieher und sämtliche Kulturkreise von PLATO bis GOETHE zusammen. Mit unseren jungen, wachen Augen sahen wir, daß der klassische Vaterlandsbegriff unserer Lehrer sich hier ... realisierte zu einem Aufgeben der Persönlichkeit, wie man es dem geringsten Dienstboten nie zugemutet haben würde. Grüßen, Strammstehen, Parademarsch, Gewehrpräsentieren, Rechtsum, Linksum, Hackenzusammenschlagen, Schimpfereien und tausend Schikanen: wir ... fanden, daß wir auf das Heldentum (sc. der Tötungs- und Todesbereitschaft an der Front, d. V.) wie Zirkuspferde vorbereitet wurden.«[38]

Diese antikulturelle Verdummung, diese mutwillige Zerstörung aller Geistigkeit ist indessen gerade das passende Mittel, um durch das Abstumpfen aller Gefühle und durch die Unterdrückung jeglichen Nachdenkens auf die brutale Zerstörungsarbeit des Krieges vorbereitet zu werden. »Aus uns,« sagt REMARQUE wenig später unter dem Eindruck der Kampfhandlungen, »sind gefährliche Tiere geworden. Wir kämpfen nicht, wir verteidigen uns vor der Vernichtung, wir schleudern die Granaten nicht gegen Menschen ... wir können zerstören und töten, um uns zu retten, um uns zu retten und zu rächen ... geduckt wie Katzen laufen wir, überschwemmt von dieser Welle, die uns trägt und die uns grausam macht, zu Wegelagerern, zu Mördern, zu Teufeln meinetwegen macht, dieser Welle, die unsere Kraft vervielfältigt in Angst und Wut und Lebensgier. Käme dein Vater mit denen drüben, du würdest nicht zaudern, ihm eine Granate gegen die Brust zu werfen.«[39] »Wir sind gefühllose Tote, die durch einen Trick, einen gefährlichen Zauber noch laufen und töten können.«[40] »Wir sind ... fürchterlich gleichgültig ... Wir sind verlassen wie Kinder und erfahren wie alte Leute, wir sind

38 ERICH MARIA REMARQUE: Im Westen nichts Neues, II. Kap., S. 21–22.
39 A. a. O., VI. Kap., S. 84–85.
40 A. a. O., VI. Kap., S. 86.

roh und traurig und oberflächlich – ich glaube, wir sind verloren.«[41]

Den Höhepunkt an Qual und Zerstörung erzeigt der Krieg in der Einrichtung von Lazaretten, deren Stationen in wechselnder Form hinter den Frontlinien einer jeden der kämpfenden Parteien sich für die Verwundeten hindehnen wie die Friedhöfe für die Verstorbenen. »Wie sinnlos ist das alles, was je geschrieben, getan, gedacht wurde, wenn so etwas möglich ist! Es muß alles gelogen und belanglos sein, wenn die Kultur von Jahrtausenden nicht einmal verhindern konnte, daß diese Ströme von Blut vergossen werden, daß diese Kerker der Qualen zu Hunderttausenden existieren,« resümierte REMARQUE. »Ich sehe, daß Völker gegeneinander getrieben werden und sich schweigend, unwissend, töricht, gehorsam, unschuldig töten. Ich sehe, daß die klügsten Gehirne der Welt Waffen und Worte erfinden, um das alles noch raffinierter und längerdauernd zu machen ... Unser Wissen vom Leben beschränkt sich auf den Tod. Was soll danach noch geschehen?«[42] »Granaten, Gasschwaden und Tankflotillen – Zerstampfen, Zerfressen, Tod. Ruhr, Grippe, Typhus – Würgen, Verbrennen, Tod. Graben, Lazarett, Massengrab – mehr Möglichkeiten gibt es nicht.«[43]

Das Furchtbare ist, daß REMARQUE sich gerade mit dieser Mei-

41 A. a. O., VI. Kap., S. 91.

42 A. a. O., X. Kap., S. 184–185.

43 A. a. O., XI. Kap., S. 196. – Das beinahe Tragische ist, daß die trügerische Werbung für das Militär den Realitätssinn soweit einschläfert, dass er erst erwacht, wenn es (fast) zu spät ist, und auch dann nicht aus dem Bewußtsein, im Krieg töten zu müssen, sondern in der Angst, sich in Lebensgefahr zu begeben bei einem »Kampfeinsatz«. So ist soeben »innerhalb eines Jahres ... die Zahl der Anträge auf Kriegsdienstverweigerung beinahe auf das Fünffache gestiegen. Waren im dafür zuständigen Bundesamt für Familie und zivilgesellschaftliche Aufgaben im Jahre 2021 noch insgesamt 201 solcher Anträge registriert worden, waren es 2022 genau 951 ... Seit der Aussetzung der allgemeinen Wehrpflicht in der Bundesrepublik können aktive Armeeangehörige, aber auch Reservisten und Ungediente die Kriegsdienstverweigerung beantragen.« Jeder Antrag wird einer Einzelfallprüfung unterzogen. Um dem Personalmangel entgegenzuwirken, akzeptiert die Bundeswehr »bis heute Jugendliche, die kurz- oder mittelfristig das 18. Lebensjahr abgeschlossen haben«, – eine Praxis, die von der UNO als Verstoß gegen die UN-Kinderrechtskonvention

nung auf fatale Weise irren sollte. Es gibt entsetzlich viel mehr Möglichkeiten zu mörderischen Massakern auf den Schlachtfeldern der Welt, als im Ersten Weltkrieg realisiert wurden. Wie ernst die derzeit regierende Ampelkoalition ihr Programm der »Zeitenwende« in Richtung einer breit aufgestellten Militärpolitik nimmt, stellte sie noch in der letzten Bundestagsdebatte im Jahre 2022 mit dem Programm für die nächste Zukunft vor: Acht Rüstungsvorhaben mit einem Umfang von jeweils mehr als 25 Mio Euro wurden vom Verteidigungs- und Haushaltsausschuß gebilligt. Kanzler *Olaf Scholz* betonte mit Emphase: »Wir leisten weiter unseren deutschen Beitrag zur nuklearen Teilhabe in der (Nato-)Allianz.«

Das ist nun endlich im Abstand von fast 70 Jahren die Beinahe-Erfüllung des uralten Ziels, das *Franz Josef Strauß* bereits 1955 sich bei der Einführung der Bundeswehr gesetzt hatte: nukleare Teilhabe der BRD. Ermöglicht werden soll diese jetzt durch die Anschaffung von 35 atomwaffenfähigen US-Überschall-Tarnkappenbombern des Typs F35 zu einem Kaufpreis von über 10 Mrd Euro, gekoppelt mit enormen Wartungskosten. Zudem: Von 2022 bis 2024 sollen 17000 Soldaten für die Nato-*Response Force* bereitgestellt werden, – *»response«* müßte hier allerdings nicht mit »Antwort«, sondern mit Einschüchterung bzw. Provokation (Rußlands) übersetzt werden. Und weiter so: 2023 soll Deutschland erneut die Führung der schnellen Nato-Eingreiftruppe übernehmen. Ab 2025 sollen ständig 30000 Soldaten für die Nato-Streitkräftestruktur bereitgestellt werden sowie für Heeres- und Luftwaffenpräsenz in der Slowakei, für die Luftwaffensicherung über Estland, für eine erhöhte Präsenz der Marine in der Ostsee sowie für eine dauerhafte Verstärkung des Nato-Gefechtsverbandes in Litauen. Die Münchner Firma Rohde und Schwarz erhält unterdessen einen Auftrag in Höhe von 1,35 Mrd Euro für die Anschaffung von zunächst 20000 abhörsicheren Digitalfunkgeräten, weitere 1,5 Mrd Euro für zusätzliche Bestellungen sind geplant. Rheinmetall soll die Munition für den Gepard-

betrachtet wird. MARC BEBENROTH: Kein Bock auf Krieg, in: junge Welt, 7./8. Jan. 23, Nr. 6, S. 1.

Panzer nachliefern. »Der Waffenbauer Heckler und Koch soll fast 120000 Sturmgewehre für gut 270 Millionen Euro liefern.« Anfang 2023 sollen des weiteren die neuen US-Atomwaffen B61–12 in der BRD stationiert werden, – die Hemmschwelle für deren Einsatz mit den F35–Bombern droht weiter abzusinken[44].

All diese Planungen und Beschlüsse werden natürlich dargestellt als Reaktion auf den Einmarsch Rußlands in die Ukraine am 24. Febr. 22. Doch längst vorher hatten die 100 größten Rüstungskonzerne der Erde »schwere Waffen und Militärdienstleistungen im Wert von fast 600 Milliarden Dollar verkauft ... die weltweiten Rüstungsverkäufe im Jahr 2021 (stiegen) um währungsbereinigte 1,9 Prozent auf 592 Milliarden Dollar ... Die weltweiten Rüstungsverkäufe nehmen ... seit mindestens 2015 kontinuierlich zu ... Zwischen 2015 und 2021 sind die Verkaufs-

44 ARNOLD SCHÖLZEL: Waffenorgie im Bundestag, in: junge Welt, 15. Dez. 22, Nr. 292, S. 1. – Gegründet werden soll eine neue Fertigungsanlage für Munition am Standort Unterlüß im Landkreis Celle durch den Rüstungskonzern Rheinmetall, um von Juni 23 an u.a. Munition für den Flugabwehrpanzer »Gepard« herzustellen. Damit reagiert die BRD auf das Veto der Schweiz gegen Munitionslieferungen an die Ukraine, betreffend einen Restposten von 35 mm-Geschossen eines Rheinmetall-Standortes in der Schweiz. Schon im Juli 23 will man eine erste Charge von Gepard-Munition (bis zu 300000 Schuß) an Kiew ausliefern. »Sehr erleichtert darüber zeigte sich die Vorsitzende des Verteidigungsausschusses, *Marie-Agnes Strack-Zimmermann*« (FDP); es sei von immenser Bedeutung, daß die BRD gemeinsam mit den Nato-Partnern bei der Herstellung von Munition unabhängiger werde. In den kommenden Jahren will Berlin mehr als 20 Mrd Euro für Munition ausgeben, darunter auch für Raketen und Artilleriemunition. Rheinmetall sieht sich daher »in der Verantwortung, die Bundesregierung nach Kräften dabei zu unterstützen, die erforderliche Verteidigungsfähigkeit der Bundeswehr wiederherzustellen.« RAPHAEL SCHMELLER: Munitionsherstellung in der BRD wird ausgebaut, in: junge Welt, 16.12.22, Nr. 293, S. 1. Mit solchen Redensarten kaschiert man die unschätzbar gewinnträchtigen Geschäfte mit dem Tod unzähliger Menschen. In der gleichen Zeit hat, laut dem neuesten Oxfam-Bericht, »das reichste Prozent der Weltbevölkerung (seit 2020) rund zwei Drittel des globalen Vermögens kassiert (63 Prozent). Derweil leben 1,7 Milliarden Beschäftigte in Ländern, in denen die Löhne schrumpfen ... 828 Millionen Menschen – zehn Prozent der Weltbevölkerung – leiden an Hunger.« In der BRD stieg der Vermögenszuwachs an das Top-1–Prozent sogar auf 81%. SEBASTIAN EDINGER: Ausbeutung am Limit, in: junge Welt, 16.1.23, Nr. 13, S. 8.

zahlen der 100 größten Rüstungskonzerne … um 19 Prozent angestiegen, der Wert für 2021 ist dabei der höchste.«[45]

Offensichtlich nimmt die Neigung der Staaten, auf militärische Stärke zu setzen, weltweit ungehemmt weiter zu. Keines der wirklich anstehenden Probleme der Welt wird auf diese Weise

45 STEFFEN TRUMPF: Globaler Rüstungshandel wächst weiter, in Neue Westfälische, 6. Dez. 22, S. 3. Allein Großbritannien machte bis Mitte Nov. 22 gut 4,1 Mrd Euro für Waffenexporte nach Kiew locker, die USA 22,9 Mrd. »Die Vereinigten Staaten wenden 3,47 Prozent ihrer Wirtschaftsleistung für ihre Streitkräfte auf, Griechenland schon 3,76 Prozent. Polen will seinen Militäretat dieses Jahr auf gut drei Prozent seines Bruttoinlandsprodukts aufstocken.« JÖRG KRONAUER: Fass ohne Boden, in: junge Welt, 4. Jan. 23, Nr. 3, S. 8. – Doch Kiew will mehr. Der frühere Botschafter *Andrij Melnyk* erklärt, die »Panzerwende«, bei der die USA Schützenpanzer der Marke Bradley und Marder an die Ukraine liefern, die BRD Patriot-Raketen sowie Gepard-Flugabwehrpanzer, die Panzerhaubitze 2000 sowie das Luftabwehrsystem Iris-T. nebst Kampfpanzern, könne »nur ein Anfang sein«; um *Putin* zur Kapitulation zu zwingen, verlangt er »Kampfpanzer, Kampfflugzeuge, Kampfdrohnen, Kriegsschiffe, U-Boote, ballistische Raketen … schon morgen.« MARKUS DECKER – CAN MEREY: »Mit Mardern und Patriots ist es nicht getan,« in: Neue Westfälische, 7./8.1.23, S. 3. – Und noch einmal Japan: Im Verein mit den USA sicherte Japans Ministerpräsident *Fumio Kishida* am 16.12.22 eine Verdopplung des Militärhaushaltes zu. Das japanische Kabinett hat festgelegt, »den Rüstungsetat in der Periode 2023 bis 2027 auf 43 Billionen Yen (rund 300 Milliarden US-Dollar) zu erhöhen.« 2017 sollen die Militärausgaben 2% des BIP erreichen. »Seit 1976 hatte sich Japan selbst auferlegt, nicht mehr als ein Prozent für Rüstung aufzubringen. In den Dokumenten wird festgehalten, Japan sehe sich mit der ›schärfsten‹ Bedrohungslage seit dem Zweiten Weltkrieg konfrontiert. Gefahr drohe dabei von China, Russland und Nordkorea.« – Wie die USA es haben wollen, sieht man Peking jetzt als »größte strategische Bedrohung« und rüstet nach Nato-Standard auf. Die Luftwaffe soll künftig auch das Weltall und die Sicherheit der eigenen Satelliten überwachen. »Ein wichtiger Punkt ist die Einführung der sogenannten ›Fähigkeit zum Gegenschlag‹.« Mit diesem irreführenden Wort ist die Möglichkeit gemeint, feindliche Raketenbasen zu vernichten, bevor diese zum Erstschlag ansetzen könnten. »Dafür will Japan entsprechende Langstreckenraketen entwickeln. In der Zwischenzeit will das Land als Überbrückung 500 Marschflugkörper des Typs ›Tomahawk‹ von den USA kaufen.« *Kishida*, der seit Oktober 2022 im Amt ist, liegt damit strategisch ganz und gar auf der Linie der amerikanischen Indopazifikpolitik. IGOR KUSAR: Japan hisst Kriegsflagge, in: junge Welt, 17./18. Dez. 22, Nr. 294, S. 1. – Die Aufrüstung in Europa wird, ebenfalls entsprechend den amerikanischen Vorgaben, begleitet von machtpolitischen Demonstrationen im Pazifik.

gelöst, im Gegenteil: rüstet der eine, rüstet auch der andere, und die Gefahr für alle wächst stetig. Statt verantwortlich dieser Entwicklung entgegenzusteuern, erstrebt die BRD soeben die militärpolitische Führungsrolle in der EU. Die ersehnte Wende des Jesus aus Nazareth soll definitiv beantwortet werden mit deren genauem Gegenteil. Und das Wort dafür ist: »Zeitenwende«.

6. *Die Botschaft der Gewaltfreiheit: Christus,* GANDHI *und »Die Furie des Krieges«*

Bei der Suche nach einer Stimme des Widerspruchs und des Widerstands vernimmt man wieder einmal von den »christlichen« Kirchen – nichts! Um so wichtiger ist es, die Haltung Jesu, der Gewalt Einhalt zu gebieten, als die eigentliche Umkehr gegen die derzeitige »Wende« zu stellen.

Vorbildlich dafür kann erneut MAHATMA GANDHI sein. Die immer wieder an ihn gestellte Frage lautete: Muß man nicht einen Dieb, den man im eigenen Hause erwischt, mit allen Mitteln vertreiben? Wird man nicht ein Kind auch mit Gewalt davor bewahren, seinen Fuß ins Feuer zu setzen? Muß man nicht die Engländer, die sich alles mit Gewalt aneignen, mit Gewalt daran hindern, so fortzufahren? »Warum können wir denn um Gottes Willen keine Gewalt anwenden? Wir versuchen nur, das zu behalten, was wir bekommen haben, indem wir Angst einflößen und es mit Gewalt verteidigen, solange es notwendig ist.« Genauso denken und handeln die »Verantwortlichen« der Staaten allerorten, und die »christlichen« Theologen bestätigen sie darin mit ihrer Doktrin vom »Naturrecht« und vom »gerechten Krieg«, mag auch Jesus gesagt haben, was er will. Doch einzig seine Mahnung: »Leiste dem Bösen keinen Widerstand« führt aus der Blutmühle der Menschheitsgeschichte heraus.

In gerade dieser Überzeugung machte GANDHI geltend, daß Gewalt nicht wirklich etwas verändert. »Wenn ich aufhöre zu stehlen aus Angst vor Bestrafung, werde ich wieder damit anfangen, sobald diese Angst vorbei ist«, schrieb er … »Wir gehen (sc.

dennoch, d. V.) grundsätzlich davon aus, daß wir die Menschen zu einem bestimmten Handeln zwingen können.« Doch das ist ein fundamentaler Irrtum, der nicht dadurch richtig wird, daß er überall verbreitet ist und vertreten wird.

Der Fehler beginnt bereits mit der Vorstellung, daß wir unsere Mittel frei wählen könnten, je nachdem, wie es uns zweckmäßig erscheint, um ein bestimmtes Ziel zu erreichen. Was der Gegner tut, müssen wir auch tun, sonst können wir ihn vermeintlich nicht überwinden, – immer müssen wir das Böse, das er tut, in der Rechtfertigung unseres eigenen Tuns übertreffen, um ihn mit noch größerem Bösen in die Knie zu zwingen. Aber, wandte GANDHI sehr richtig ein, bei diesem Denken tut man so, als wenn »zwischen Mittel und Ziel keine Verbindung bestehe ... Viele Menschen haben (sc. sogar, d. V.) im Namen der Religion unvermeidliche Verbrechen begangen, weil sie diese Verbindung zwischen Mittel und Ziel übersehen hatten. Ihr Argument hört sich an, als könnten wir Rosen züchten, wenn wir Unkraut säen ... Das Mittel ist wie die Sonne ... So wie es eine unzerstörbare Verbindung zwischen dem Mittel und dem Ziel gibt, so besteht auch die Verbindung zwischen dem Samen (sc. eines Baumes, d. V.) und dem Baum. Ich glaube nicht, daß ich irgend etwas erreichen werde, wenn ich zu Gott bete und dabei den Satan verehre ... Wir ernten genau das, was wir säen.« Deshalb kommt es entscheidend auf die Mittel an, denn sie bestimmen das Ergebnis, und man kann nicht sagen, der Zweck heiligt die Mittel; die Wahl böser Mittel verhindert vielmehr, daß je etwas Gutes erreicht wird.

Ein Beispiel GANDHIS: Wie gelange ich in den Besitz einer Uhr? Ich kann sie stehlen und mit Gewalt darum kämpfen; ich kann sie käuflich erwerben und muß den Preis dafür entrichten; ich kann darum bitten und sie als Geschenk erhalten, – je nach dem eingesetzten Mittel ist die Uhr in meiner Hand ein Diebesgut, ein rechtmäßig erstandenes Eigentum oder ein Zeichen von Großzügigkeit. Was etwas ist, entscheiden die Mittel. – Konkret: Ein bewaffneter Mann hat Ihr Eigentum gestohlen. Sie sind voller Zorn, Sie wollen den Schurken bestrafen, auch im Interesse Ihrer Nachbarn. »Sie holen viele bewaffnete Männer zusammen und wollen das Haus des Banditen angreifen. Der jedoch ... flieht und mobilisiert seine Freunde.« Er verkündet sogar, er werde in Ihre Gegend einfallen und sie plündern. Sie haben keine Furcht und bereiten sich entsprechend vor. In der Zwischenzeit aber schikaniert er Ihre Nachbarn. Sie suchen diese zu beschwichtigen und versprechen ihnen obendrein, Ihr Eigentum ihnen zu überlassen. Doch die Schikanen gehen weiter, und die Nachbarn sagen, so etwas gäbe es erst, seit Sie angefangen hätten, die Feindschaft zu schüren. Schließlich verwüsten die Banditen die ganze Gegend. Ihnen tuen die Betroffenen leid, aber Sie können jetzt nicht mehr aufhören und dem Räuber das Feld überlassen, sonst verlören Sie jegliche Ehre. Also sagen Sie den armen Menschen, sie würden all ihre Habe zurückerhalten, wenn sie sich Ihnen anschließen, und tatsächlich geben Sie ihnen Waffen in die Hand und schulen sie bei deren Einsatz, »um den Schurken das Handwerk zu legen. Nun hat der Kampf feste Formen angenommen, er beginnt. Die Zahl der Opfer nimmt zu, und die Nachbarn sind ständig Opfer der Angriffe und Verwüstungen. Das Ergebnis wird sein, daß es für Sie keinen Frieden mehr gibt. Die Rache hat den Frieden verdrängt. Die Menschen leben in ständiger Angst und fürchten, angegriffen und beraubt zu werden. Ihr ursprünglicher Mut hat sich in Feigheit gewandelt.« – Eigentlich kann kein Besonnener eine solche Entwicklung wollen. Aber allerorten geschieht es genau so.

Natürlich denkt bei der Lektüre dieser Zeilen aus dem Jahre 1919, geschrieben in Südafrika, jeder sogleich an das, was er soeben in der Zeitung von heute über die Ukraine gelesen hat, – wie wir »*Putins* Angriffskrieg« stoppen und »alle besetzten Gebiete zurückerobern« müssen. GANDHIS Gedanken sind von bleibender Aktualität, solange wir selber bleiben, wie wir sind. Doch wie, wenn wir der »Umkehr« Jesu statt der »Zeitenwende« der westlichen Politiker folgten? Dann würde es werden, wie die Bergpredigt es beschreibt: wir begönnen, die Gründe des »Bösen« zu verstehen und abzuarbeiten. Der Dieb macht Sie nicht länger zornig, – Sie sehen seine Bettelarmut und bekommen Mitleid mit ihm, oder Sie betrachten seine Gewohnheit zu stehlen als Krankheit, – Sie leisten keinen Widerstand, vielmehr lassen Sie die Türe offen und erleichtern den Zugang zu Ihren Habseligkeiten. Wohl, der Dieb kommt wieder, und er bestiehlt Sie erneut. Doch er ist durch ihre paradoxe Intervention verwirrt, – so etwas hat er noch nie erlebt. Er erkundigt sich im Ort über Sie »und erfährt, daß Sie ein großzügiger Mensch sind, der ein liebenswertes Herz hat. Er bereut, er kommt zu Ihnen, bittet Sie um Verzeihung, bringt alle Ihre Dinge wieder zurück und hört mit dem Stehlen auf. Er wird Ihr Kamerad, und Sie werden für ihn einen guten Arbeitsplatz suchen. Das ist die andere Methode.«[46]

Dieser Alternativvorschlag GANDHIS folgt genau den Worten Jesu, der den Nicht-Widerstand gegen das Böse ganz entsprechend erläutert: »Wenn jemand mit dir rechten will und dir deinen Rock nehmen, dann laß (ihm) auch den Mantel« (Mt 5,40). Anders gesagt: denk nicht daran, was dir fehlen würde und was du verteidigen müßtest, um es zu behalten, sondern denke daran, was dem anderen fehlt und was er benötigt. Kämpfst du um dein Recht, wird der Streit immer weitere Kreise ziehen und immer mehr Menschen schädigen, und du wirst erst Ruhe geben, wenn du als Sieger vom Platz gehst, doch Ruhe finden, wirst du so nie, denn die Zahl deiner Feinde wird linear wachsen mit der Zahl deiner gewonnenen Schlachten; gibst du hingegen dem anderen freiwillig, was er benötigt, machst du den Räuber zu deinem Freund. Hätte er gewußt, wie du wirklich bist, wäre er gar nicht erst auf die Idee gekommen, bei dir einzubrechen und dich mit Gewalt zu bestehlen; er hätte dich einfach um die Erfüllung seines Anliegens gebeten, im Vertrauen, daß du für ihn tust, was du kannst. Krieg oder Frieden – die Mittel, die du wählst, entscheiden darüber, was du erhältst. Gewalt erzeugt Gewalt, nur Güte gewährt Gemeinsamkeit. Ganz einfach, und trotzdem scheinbar so schwer für jeden, der weiterhin Macht will und Geld! Warum ist es in staatstragenden Kreisen so schier undenkbar, davon zu lassen?

46 MAHATMA GANDHI: Wege und Mittel, Kap. XVI: Brutale Gewalt, 97–105.

Einen Kommentar dazu hat als ein nach den bitteren Erfahrungen des Ersten Weltkrieges überzeugter christlich-ethisch-politischer Pazifist der Worpsweder Maler HEINRICH VOGELER (1872–1942) in seinem Ölbild aus dem Jahre 1919: »Die Kriegsfurie« gegeben, das sich in der Heinrich Vogeler Stiftung Haus im Schluh Worpswede befindet. (Tafel 2)[47]

Furien (griech.: Erinyen) sind eigentlich weibliche Rachegeister[48], doch verbindet sich ihre volkstümliche Vorstellung eher mit der rasenden Wildheit ausgelassener Weiber, die in orgiastischer Zügellosigkeit Männern nachjagen, um sie, wie die Mänaden im Rausch des *Dionysos* den Sänger *Orpheus*[49], bei lebendigem Leibe in Stücke zu reißen. Die Frau allerdings, die auf VOGELERS Bild in betörender Nacktheit mit erhobenen Armen und angezogenen Beinen, umhüllt, statt verhüllt, von einem scharlachroten Tuch, in der oberen Bildmitte wie schwerelos über allem schwebt, hat es gewiß nicht nötig, Männern hinterherzulaufen; die verführerische Pose, mit der sie sich exhibitionistisch zum Anblick feilbietet, wirkt allemal verlockend genug, um wie hypnotisch ihre Opfer in den Bann zu schlagen. Diese Deutung seiner Darstellung entspricht VOGELERS eigener Erfahrung, da auch er, wie Hunderttausende andere, im August 1914 freiwillig in patriotischer Begeisterung in den Krieg gezogen war. Was er dann freilich zu sehen bekam, im Verlangen nach Anerkennung, Männlichkeit und Bestätigung, war die Welt des Krieges als Inferno: eine flammende Hölle des Wahns, zu der er sich hatte verleiten lassen und die er auf seinem Bild darstellt.

In ihrer Mitte hockt als Verheißung und Verführung die Gestalt jener Verlockung, die mit ihrer natürlich scheinenden Unschuld sich im Anblick der Wirklichkeit als eine verderbliche Lüge erweist. Hingekniet, hingestreckt, zusammengedrückt und in sich verkrümmt liegen und hocken die Menschen da, allesamt schutzlos und wehrlos – die Verdammten einer Schuld, die darin

47 BERND KÜSTER: Das Barkenhoff-Buch, 108: ganzseitige Farbabbildung.
48 Vgl. MICHAEL GRANT – JOHN HAZEL: Lexikon der antiken Mythen und Gestalten, 154–155.
49 Vgl. a.a.O., 314–315.

besteht, dem Schein der Schönheit geglaubt zu haben. Wie tapfer, mutig und treu, wie heldenhaft stark, wie verantwortlich eintretend für die Wahrung der Werte seiner Kultur, ist doch der, welcher opferbereit, unter Gefahr für sein eigenes Leben, sich meldet zum Kriegsdienst! Wie sollte man einer solchen Schönfärberei des Abscheulichen nicht Glauben schenken, wenn sie als Kriegspropaganda aus allen Lautsprechern dröhnt und von den Kirchenglocken als Stimme Gottes durchs Land hallt? Von der linken Seite her im oberen und unteren Drittel halten zwei Berittene Einzug in diesen Pfuhl von Verwundeten, Toten und Entstellten, die da sind wie weggeworfene, wie als Menschen verworfene, wie von der Rache des Schicksals erledigte und entledigte; auch von rechts im oberen Drittel sprengt jemand mit einer Stoßlanze in der Hand auf einem sich aufbäumenden Pferd auf die Walstatt, – auch sie, Roß und Reiter gemeinsam, das Tier wohl eher noch als der Mensch, werden erst allzu spät merken, auf was sie sich einlassen. Unterhalb der »Kriegsfurie« liegt zu Boden geworfen, mit dem Kopf zwischen den ausgestreckten Händen die Erde berührend, die einzige großfigurige Gestalt eines Menschen, der wie im Gestus eines Bußgebetes die Schuld aller auf sich lädt. Auf ihn herabgefallen ist ein langes schwarzes Holzkreuz, das ihn trifft als eine Strafe, die als einziges von dem Gott des Christentums als Relikt noch übrig geblieben scheint.

Doch was besagt das? Die Perversion eines Eisernen Kreuzes für die Sieger auf dem Schlachtfeld rächt sich in ihrer Falschheit. Bringen wollte uns einmal der Christus einen Gott, der uns besänftigt in seiner Güte und befriedet in Verstehen, Vergeben und Vertrauen. Doch wenn man diesen Vater Jesu Christi in einen Kriegsgötzen verwandelt, der als Schlachtenlenker den militarisierten Massenmord als einen Sieg in eigener Sache selber herbeiführt, dann kann das Kreuz, an das die Soldateska Roms, wie ihr befohlen, Jesus nagelte, um ihn als Ruhestörer von Altar und Thron für immer loszuwerden, dann kann das Richtholz römischer Horrorjustiz tatsächlich nur als Strafe auf die ganze Menschheit herabfallen. So betrachtet, sieht man die »Kriegsfurie« allerdings mit vollem Recht als eine verführerische Rachegöttin. Schwebt sie denn wirklich, wie es den Anschein hat, in Schwerelosigkeit himmelhinan? Schaut man genauer hin, wird sie von einem Pfahl getragen, der zwar nicht als ihr Kreuz in Erscheinung tritt, der aber dennoch ihre Arm- und Beinhaltung als die einer Gekreuzigten vor Augen stellt. Und nun sieht man klar: Die »Kriegsfurie« in der Darstellung des Pazifisten HEINRICH VOGELER ist die wohlverdiente Strafe für die Ersetzung der gesamten Botschaft Jesu vom Frieden auf Erden durch den obszönen Siegfrieden staatlich gelenkter Kriege, in strahlendem Pomp gefeiert auch noch zwischen den anonymen Menschenhaufen all der Verkrüppelten, Geschundenen, Verwundeten, Ermordeten. Das Kreuz Christi, von dem man sich, politisch richtig, wie man vermeint, bewußt abwenden will, fällt auf die Menschheit selbst zurück. Die Hure Babylon der biblischen Apokalypse (Apk 14,8; 18,2–3) ist in ihrer Gegenherrschaft zu der Gottesherrschaft Jesu als Furie des Krieges die schicksalhafte Rachegöttin selbst, und dies an jeder Stelle einer geschichtlichen Entscheidung, die wir wider besseres Wissen wieder einmal in den alten Bahnen aus Blut und Tränen treffen zu müssen glauben.

Es geht nicht anders! Wer VOGELERS Bild betrachtet, sieht: es muß nach nun 2000 Jahren wirklich eine Zeitenwende geben, allerdings um 180 Grad entgegen dem Kurs, der in dem Kriegsgeschrei politischer Korrektheit derzeit offiziös befohlen wird. Die sittliche Aufrüstung zum Soldatentum der Staaten scheitert; sie muß und sie wird scheitern an der befreienden sanftmütigen Wahrheit Jesu: »Leistet dem Bösen keinen Widerstand.« Bekämpft es nicht, sondern überwindet es durch das Gute (Röm 12,21). *Überliebt es.*

IV
»Steck das Schwert weg« (Mt 26,52) oder: Kein Staatsauftrag zum Töten mehr

Es gibt einen Punkt, der für einen christlich motivierten Friedensauftrag in Haltung und Handlung alles verändert: man muß sich unabhängig machen von politischen Erfolgsaussichten.

1. *Die Verpflichtung zu Wahrheit und Wahrhaftigkeit*

Innerhalb des politischen Denkens stellt eine Friedensbewegung, gleich welcher Couleur, nichts weiter dar als einen mehr oder weniger zu berücksichtigenden Faktor in dem erbarmungslosen Kampf um Macht: Ist sie im Mengenzulauf schwach, kann man sie ignorieren und in den Medien ausklammern, droht sie an Einfluß zu gewinnen, muß man sie moralisch diffamieren, delegitimieren und in den Medien entsprechend karikieren. – In den 50er Jahren der BRD (West) zum Beispiel hatte *Konrad Adenauer* es mit dem pazifistischen Protest von *Martin Niemöller* zu tun, dem Kirchenpräsidenten von Hessen-Nassau, der sich sogar erdreistete, demonstrativ Moskau einen Besuch abzustatten, – der Kanzler verwahrte sich dagegen, in Sachen Christentum von einem protestantisch pazifistischen Kirchenmann christlich belehrt zu werden; – die katholische Kirche stand ohnehin geschlossen hinter ihm[1]. Die Deutsche Friedensunion (DFU), welcher der

1 Zur Stellung der kath. Kirche bei der Wiederaufrüstung vgl. Karl-Heinz Deschner: Abermals krähte der Hahn, 584–596. Vgl. dazu auch E. Drewermann: Der Krieg und das Christentum, 182–183, Anm. 2.

spätere Bundespräsident *Gustav Heinemann* vorstand, wurde damals als die Partei der »nützlichen Idioten Moskaus« beschimpft, so wie heute »Putinversteher« und »Friedensengel« zu den am ärgsten abwertenden Vokabeln in der politischen Auseinandersetzung zählen.

Das Problem ist stets das gleiche: Wer im Sinne Jesu uneingeschränkt für Frieden plädiert und jede Bereitschaft und Vorbereitung zum Krieg ablehnt, greift dem gewalttätigen Räderwerk der Politik in die Speichen; er wird, wie Jesus es vorhergesagt hat (Mt 5,11–12; 10,17–22), als politischer Gegner betrachtet und als Staatsfeind attackiert. Schon daß *Pilatus* damals zwischen Jesus und *Barabbas* wählen ließ, statt den »Friedensfürsten« und den »Terroristen« in ein und dieselbe Kategorie einzuordnen, zeugt – der Legende nach – von einem Differenzierungsvermögen, das den römischen Statthalter von seinen derzeitigen Nachfahren auf vorteilhafte Weise unterscheidet. Nicht wegzuleugnen bleibt in jedem Fall die Tatsache, daß, wer mit den Augen Jesu die Art anschaut, wie Politik getrieben wird, sich selbst als ganz und gar im Widerspruch zu dem empfinden muß, was er als seine eigene Bestimmung wahrnimmt. Er tritt als Einzelner in Widerspruch zum Allgemeinen, und er steht damit vor einem doppelten Problem: nach *außen hin* wird man sein religiöses Anliegen als obsolete Ideologie abtun oder als politische Finesse mißverstehen, nach *innen* muß er all das erstmal bei sich selber überwinden, was er bei andren ablehnt.

a) Nach außen: Konsequenz und Unabhängigkeit

Sagen wir so: *Nach außen hin* begibt ein christlich motivierter Pazifist sich mit seiner religiösen Einstellung unweigerlich aufs Glatteis. Er kann und darf, was er zu sagen hat, nicht als ein Gruppen- und Parteiprogramm zur Durchsetzung im Raum der etablierten Macht betrachten. Sein Eingriff in die Politik erfolgt nicht nach den Spielregeln der Politik; er will nicht innerhalb der bestehenden Regeln den »richtigen« Zug machen, er kehrt viel-

Abb. 1: Francisco de Goya (1746–1828), »Los Desastres de La Guerra: Bárbaros!« (S. 126–128)

Abb. 2: Heinrich Vogeler (1872–1942), »Die Kriegsfurie«
(S. 139–141)

Abb. 3: Heinrich Vogeler, »Das Leiden im Kriege« (S. 178–183)

Abb. 4: Franz Radziwill (1895–1983) »Stahlhelm im Niemandsland« (S. 231–235)

mehr die Spielregeln um, – er spielt im Skatdeutsch Null ouvert, nach der Devise: wer verliert gewinnt; er legt die Karten offen auf den Tisch und zeigt, daß er zu keinem Stich im Einstreichen fremder Kartengewinne zu »bestechen« sein wird. Was der Welt sonst als Gewinn erscheint, gilt ihm als ein Verlust an Wahrheit und Wahrhaftigkeit. Er denkt, wie *Paulus* es im ersten Brief an die Gemeinde von Korinth darlegt: »Wir reden nicht von einem Daseinsverständnis (einer »Weisheit«) nach Art dieser Welt, auch nicht nach Art der Herrscher dieser Welt, die zum Scheitern bestimmt sind, sondern wir reden von einem Daseinsverständnis von Gott her, ... das keiner von den Herrschern dieser Welt begriffen hat; denn wenn sie es begriffen hätten, würden sie den Herrn der Herrlichkeit (denjenigen, der das Wesen Gottes vollkommen offenbart) nicht gekreuzigt haben.« (1Kor 2,6–8)

Jesus wollte, wie gesagt, nicht die Spirale der Angst in Bekämpfung ihrer Symptome immer weiter in das schmerzempfindende Fleisch der Menschen bohren, er wollte im Vertrauen auf Gott als den Ursprung aller Güte und Gnade das Getriebe der Angst insgesamt außer Kraft setzen, und man kann nicht oft genug betonen, daß er damit die gesamte politische Praktik, Angst zu beruhigen durch Angstverbreitung, fundamental in Frage gestellt hat; jeder, der das Vorbild Jesu als vor Gott verbindlich aufgreift, wird in das Schicksal Jesu eintreten. »Selig seid ihr (richtig lebt ihr als Menschen),« sagt Jesus in der Bergpredigt, »wenn euch die Menschen um meinetwillen schmähen und verfolgen und lügnerisch allerlei Böses gegen euch reden. Freut euch und jubelt ... Denn ebenso haben sie schon die Propheten (die Männer, die sich als Einzelne wagten, um für Gott einzutreten) vor euch verfolgt.« (Mt 5,11–12) Es ist geradewegs ein Wahrheitsbeweis, wenn es so kommt.

Stellen wir's also in groben Strichen einmal einander gegenüber. Wer mit den Mitteln der Politik Einfluß gewinnen und ausüben möchte, der muß als erstes Mehrheiten schaffen, um sein Anliegen durchsetzen zu können. Er muß auf sich und sein Programm aufmerksam machen, indem er die Medien umwirbt und für sich werben läßt; er muß seine Anhänger durch gemeinsame

Aktionen zusammenhalten und in festen Organisationsformen ihren Zusammenhalt stabilisieren; er muß eine Partei gründen, welche die angestrebten Ziele in der Öffentlichkeit zu Gehör bringt und als unumgänglich hinstellt. Ein solches Vorgehen scheint nur vernünftig, – wie sollte es anders schon gehen? In einem rein politischen Denken geht es durchaus nicht anders.

Aber: in religiösem Betracht ist diese Ausrichtung von Grund auf verkehrt: Wer Erfolg sucht im Buhlen um den Beifall der öffentlichen Meinung, macht sich abhängig von dem Applaus anderer; nicht was für ihn selber stimmt, sondern wer ihm zustimmt, wird dadurch ausschlaggebend. Die Strategien zur Wirkung auf die öffentliche Meinung verdrängen notgedrungen die Frage nach der Wahrheit und, ineins damit, den Mut, auch gegen die Stimme und Stimmung von einer möglichst zahlreichen Klientel für die Wahrheit einzutreten. Je erfolgreicher die Suche nach dem Erfolg sich gestaltet, desto ausgedehnter wird die Abhängigkeit von den Faktoren, die politischen Erfolg ermöglichen: man braucht die Unterstützung potenter Interessenten, die ihre Vorteile mit dem Dispositiv der neu gegründeten Gruppe verbinden, – man benutzt den Geldgeber, um ein Ziel zu erreichen, für das man selber benutzt wird, damit dieser sein eigenes, womöglich ganz anderes Ziel erreicht; damit natürlich wird man selber abhängig, – man muß Kompromisse schließen, man darf am Ende nur noch äußern, was der Sponsor will: Er hat, wie man sagt, die Musik bestellt, jetzt muß sie spielen, was er hören möchte. Und bald schon wird aus Wahrheit Falschheit, aus Idealismus Pragmatismus – aus Frieden, wie in ORWELLS Neusprech, Krieg[2].

Mit welch einer Geschwindigkeit so etwas gehen mag, zeigt sich in unseren Tagen auf erschreckende Weise am Beispiel der Partei der Grünen. Einmal gegründet als Vertreterin eines verantwortungsethisch orientierten Ökopazifismus, mutierte sie 1999 unter Führung von *Joseph Fischer* (und dem Einfluß der US-Außenministerin *Madeleine Albright)* zu der Partei eines moralisch motivierten Bellizismus: »Ich habe gelernt, daß kein Krieg sein

2 GEORGE ORWELL: 1984, S. 170–185: Krieg bedeutet Frieden.

darf, aber ich habe auch gelernt, daß Auschwitz nicht sein darf«, erklärte *Fischer* sinngemäß; der Serbe *Slobodan Milosević* war für ihn jetzt *Adolf Hitler*, der Krieg der Serben um das von den Albanern bedrängte Kosovo galt ihm als Genozid; und als Beweis dafür sollte der sogenannte »Hufeisenplan« herhalten, der die angeblichen Okkupationspläne der Serben vor Augen stellte, – in Wahrheit ging es um die Annexion des gesamten Balkan-Raumes (Kroatien, Montenegro, Bosnien, Kosovo, Moldawien, Nordmazedonien und, ja, am besten auch Serbien) zur Nato-Erweiterung gegen Rußland[3], doch wurde die brutale Machtpolitik, die Hunderttausende von Menschen das Leben kostete, als eine humanitär verpflichtende Rettungsaktion vor einem völkermordenden serbischen Diktator hingestellt; die Akteure wußten sehr wohl, daß die Verhandlungen in Rambouillet lediglich den Zweck verfolgten, Serbien in ein Nato-Protektorat zu verwandeln; doch als *Milosević* sich weigerte, dem zuzustimmen, wurde er als Kriegsverbrecher angeklagt und verstarb am 11. März 2006 im UN-Gefängnis in Den Haag[4]; für die Grünen indessen wurde aus dem völkerrechtswidrigen Bombardement Belgrads eine geistige Richtungsänderung um 180 Grad.

2001 bereits verteidigten die Grünen an der Seite der SPD Deutschland am Hindukusch (so wie 1950 *Adenauer* unsere Freiheit in Korea verteidigt sah); 2003 beteiligten *Schröder* und *Fischer* sich aus wahltaktischen Gründen zwar nicht an dem zweiten Krieg der USA gegen Baghdad, doch als Oppositionspartei warfen sie 2011 der CDU-geführten *Merkel*-Regierung vor, nicht mit in den Krieg der Franzosen, Briten und Amerikaner gegen das Libyen *Muammar al-Gaddafis* zu ziehen, – die brutale Regime-Change-Politik, die mit der sadistischen Ermordung *Gaddafis* endete, wurde erneut gerechtfertigt als Verhinderung ständiger Verbrechen durch einen skrupellosen Alleinherrscher. In Wirklichkeit war Libyen damals durch sein Erdöl eines der wohlhabendsten Länder Afrikas; doch der französische Ministerpräsi-

3 Vgl. E. DREWERMANN: Von Krieg zu Frieden, 83–91.
4 DANIELE GANSER: Illegale Kriege, 157–186: Der illegale Krieg gegen Serbien 1999.

dent *Nicolas Sarkozy* hatte unter der Hand Spendengelder für seinen Wahlkampf von dem Libyer zugesteckt bekommen, und zudem hätte dessen Plan, eine afrikanische Währung unabhängig vom Dollar einzurichten, die Wirtschaftsmacht der USA empfindlich geschmälert[5]. Also mußte *Gaddafi* ermordet werden, wie vor ihm bereits *Saddam Hussein;* die Grünen aber folgten in diesen und in allen weiteren Entscheidungen (im syrischen Bürgerkrieg 2014, im »Antiterror-Krieg« in Mali) konsequent den transatlantischen Vorgaben. Offenbar nur allzu gut hatten sie bei diesem ihrem Selbstverrat begriffen, was für die BRD (West) seit ihrer Entstehung im Jahre 1949 gilt und sich 1989 nach der Ausdehnung auf ganz Deutschland nicht geändert, eher verstärkt hat: es darf in der BRD unter den Augen der USA keine linke oder pazifistische Regierung geben; als Regierungspartei ist in der BRD für die USA nur tragbar, wer die Nato als Speerspitze amerikanischer Hegemonialpolitik uneingeschränkt unterstützt[6].

5 A.a.O., 237–243: Der Ausbruch des Bürgerkrieges im Februar 2011; S. 243–245: Die NATO bombardiert Libyen ab dem 13. März 2011; S. 245–249: Das neue Prinzip: »Responsibility to Protect« (R2P).

6 DANIELE GANSER: Nato-Geheimarmeen in Europa, 295–328: Der geheime Krieg in Deutschland: »In Deutschland wurde 1952 eines der von Rechtsextremen dominierten amerikanischen Netzwerke unter dem Namen ›Bund Deutscher Jugend‹ (BDJ) und sein Staybehind ›Technischer Dienst‹ (TD) entdeckt ... *Der Spiegel* (berichtete) am 29. Oktober (1952) korrekt ..., dass Staybehind-Netzwerke auch in zahlreichen anderen Ländern Westeuropas existierten ... ›Der Technische Dienst‹ in Deutschland ist eine Abteilung eines umfassenden Partisanennetzwerks, das von den Vereinigten Staaten unterstützt wird und sich über ganz Europa verteilt‹.« Danach ist das Netzwerk »in Frankreich, Belgien, den Niederlanden, Luxemburg, Italien und auf der iberischen Halbinsel besonders gut entwickelt. In Frankreich wurde diese Organisation bereits 1948 ... gegründet.« (S. 301–302) Die deutsche »Gladio«-Geheimarmee verfügte über Präskriptionslisten von vielen bekannten Kommunisten und Sozialdemokraten, denn die Anführer des TD des BDJ »hielten es für eine ihrer wichtigsten Aufgaben, die ... ›linken‹ deutschen Politiker im Fall eines sowjetischen Angriffs zu liquidieren.« Unter ihnen befand sich auch *Erich Ollenhauer*, der damalige SPD-Vorsitzende. »Der deutsche Bundeskanzler *Konrad Adenauer* behauptete, von der ganzen Affäre nichts gewußt zu haben, während die Amerikaner versuchten, so viel wie nur möglich zu vertuschen.« (S. 305–306) Aufs engste verwickelt in die Machenschaften war und blieb der Bundesnachrichtendienst (BND), der von dem *Hitler-*

Mit einem Wort: Der »Erfolg« der Grünen auf dem Weg zur Macht war und ist identisch mit ihrer Selbstpreisgabe. So aber gilt es generell. Ihre Geschichte ist nicht ein Einzelfall, sondern ein Lehrbeispiel für eine grundsätzliche Einsicht: Die Suche nach Wahrheit und die Suche nach Macht schließen sich wechselseitig aus; es mag sein, daß persönliche Integrität und Glaubwürdigkeit sich irgendwann mal auch in Gestalt politischer Zustimmung auszahlt, doch kann Wahrhaftigkeit nicht als Mittel zum Erfolg angestrebt werden, sonst wird sie zu einem täuschenden Trick, einer bloßen Pose, einer verlogenen Posse.

Was also muß *innerlich* geschehen, um ein »Friedensstifter« im Raum der Politik zu werden (Mt 5,9)?

b) Nach innen: Selbständigkeit und Angstfreiheit als Bedingung passiven Widerstands

Als erstes sollte man die Angst vor der öffentlichen Meinung aufgeben und auf sich selbst zu hören beginnen. Die öffentliche Meinung spielt bei der Bildung von Mehrheiten in demokratischen Entscheidungsprozessen gewiß eine bestimmende Rolle, doch sie taugt nicht als Wahrheitskriterium. Die Menge kann sich irren, und sie soll sich im Interesse der Herrschenden sogar irren, indem gefilterte, unwahre oder verzerrt dargestellte Informationen die Meinungsbildung in eine bestimmte Richtung lenken. Also gilt es, sich selber ein Bild zu machen. Aus einem potentiellen Mitläufer wird dadurch eine kritisch denkende, geistig selbständige Persönlichkeit. Auch sie verfügt über keine Garantie für ein besseres Wissen, auch sie ist gebunden an bestimmte Mitteilungen, doch in ihr selber gibt es ein klares Kriterium, das ihr zumindest sagt, was sie auf keinen Fall als verpflichtend hinnehmen darf. Selbst Gesetze können fehl gehen!

General *Reinhard Gehlen* in Zusammenarbeit mit der CIA aufgebaut und geleitet wurde.

Dann tritt der Fall ein, bei dem erneut nach dem tief religiösen Politiker MAHATMA GANDHI die Methode des passiven Widerstands angezeigt ist, denn so sagte er: »Er (sc. der passive Widerstand, d. V.) ist das Gegenteil des Widerstandes mit Waffengewalt. Wenn ich mich weigere, etwas gegen mein Gewissen zu tun, wende ich die Seelenkraft an. Wenn zum Beispiel die Regierung ein Gesetz erlassen hat, das mich betrifft, ich aber gegen dieses Gesetz bin, könnte ich die Regierung mit Gewalt dazu zwingen, dieses Gesetz rückgängig zu machen. Dabei müßte ich physische Gewalt anwenden. Wenn ich aber dem Gesetz nicht gehorche und mit Freude die Bestrafung für die Gesetzesübertretungen annehme, wende ich die Macht der Seele an ... Kein Mensch kann den Anspruch erheben, er sei im Besitz absoluten Rechts oder ein bestimmter Sachverhalt sei deswegen falsch, weil er gerade so darüber denke. Tatsächlich ist es aber nur so lange falsch, wie es seinem Urteil entspricht. Er soll nichts tun, was er für falsch hält, sondern konsequent sein und für das leiden, was er für richtig hält. Das ist der Schlüssel zur Anwendung der Seelenkraft, der Macht der Seele ... Es geht gegen unsere mutige Natur, wenn wir uns den Gesetzen, die von unserem Gewissen nicht akzeptiert werden können, unterwerfen. Eine solche Lehre wäre auch gegen die Religion gerichtet und würde Sklaverei bedeuten ... Es ist ein Aberglaube und ungöttlich zu denken, eine Handlung der Mehrheit sei bindend für die Minderheit. In der Geschichte gibt es sehr viele Beispiele, bei denen die Mehrheit unrecht hatte und die Minderheit im Recht war. Alle Reformen verdanken ihren Ursprung der Initiierung durch Minderheiten, die in Opposition zur Mehrheit standen. Solange der Aberglaube existiert, daß Menschen ungerechten Gesetzen gehorchen müssen, solange wird auch die Sklaverei existieren. Nur der passive Widerständler kann diesen Aberglauben beseitigen.«[7]

Diese Worte sind vollkommen wahr, und sie zu befolgen verändert die Welt. Nirgendwo aber ist gewaltfreier Widerstand als Methode so sehr geboten, wie im Fall des Pazifismus. So gut wie

7 MAHATMA GANDHI: Wege und Mittel, 109–112.

keinen Staat gibt es, der es nicht der heranwachsenden Jugend, im Alter ihrer körperlich höchsten Belastbarkeit, als Gesetz vorschreibt, sich auf mindestens ein, zwei Jahre hin im Waffengebrauch ausbilden zu lassen und durch einen entsprechenden Drill die Bereitschaft zum Töten auf Befehl in sich aufzunehmen, – wie das geschieht und was es aus Menschen macht, deren Urteilsvermögen man gerade für groß genug hält, um ihnen die Lenkung eines Autos und das Ankreuzen eines Wahlzettels zuzutrauen, denen man jetzt aber das Zerstückeln und Zerfetzen feindlicher Körper zumutet, haben wir uns soeben noch vor Augen geführt; wem es aber, geistig entwickelt genug, durch sein eigenes persönliches Gewissen geboten erscheint, eine solche Ausbildung zum Soldaten kategorisch abzulehnen, weil sie einer Umbildung seiner Persönlichkeit gleichkäme, dem obliegt nicht nur die Pflicht zum Widerstand, dem steht als Form seines Widerstandes nur die rein gelebte Haltung des *ahimsa,* des Nichtverletzens, der Nicht-Gewalttätigkeit, der »Sanftmut« der Bergpredigt (Mt 5,5) zur Verfügung, und dies in der ganzen Breite seiner Existenz.

Ein solcher kann und wird als Pazifist nicht »nur« die Rekrutenausbildung für sich selbst verweigern, sondern er wird alles auch im Hintergrund ablehnen, was einen Militär»dienst« aus Sicht des Staates notwendig macht, – als da ist: die bürgerliche Zweiteilung in Gut und Böse, in Freund und Feind, in Gruppenzugehörige und Gegner; die Vorstellung eigener wohlerworbener oder angeborener Rechte, zu deren Wahrung der Staat bestellt sei; das Recht, die eigenen Bedürfnisse und Interessen im Konkurrenzvergleich mit den Bedürfnissen und Interessen anderer notfalls vor Gericht durchsetzen zu können und aus Gründen der Gerechtigkeit sogar durchsetzen zu müssen; die feste Entschlossenheit, jede Norm- und Gesetzesübertretung geahndet wissen zu wollen, sowohl der Sicherheit vor fremdem Unrecht wegen als auch zugunsten der Contenance im Umgang mit den eigenen Triebbedürfnissen. In der Summe all dieser und analoger Einstellungen ist die Bejahung eines gewalttätigen Eingreifens der Staatsmacht im Falle der Bedrohung derartiger »Werte« so etwas wie eine logische Notwendigkeit, inklusive militärischer Maßnahmen sowie deren ständige abrufbare Bereitstellung. Die Ablehnung kriegerischer Gewalt ist hingegen identisch mit der Verweigerung der bürgerlichen Grundeinstellung als ganzer.

2. *Passiver Widerstand als Haltung Jesu im Widerspruch zur Staatenwelt*

An dieser Stelle hat erstaunlicherweise der entschiedenste Gegner des Christentums im 19. Jh., FRIEDRICH NIETZSCHE (1844–1900), weit klarer gesehen als die Christgläubigen einer (seit den Tagen *Konstantins)* staatstragenden Kirchendoktrin. Schon die durchgängig moralisierende Bewertung menschlichen Verhaltes, erkannte NIETZSCHE vollkommen richtig, ist der ursprünglichen Botschaft Jesu wesensfremd. »In der ganzen Psychologie des ›Evangeliums‹«, schrieb er, »fehlt der Begriff Schuld und Strafe; insgleichen der Begriff Lohn. Die ›Sünde‹, jedwedes Distanz-Verhältnis zwischen Gott und Mensch ist abgeschafft – eben das ist die ›frohe Botschaft‹. Die Seligkeit wird nicht verheißen, sie wird nicht an Bedingungen geknüpft: sie ist die einzige Realität – der Rest ist Zeichen, um von ihr zu reden ... – Die Folge eines solchen Zustandes projiziert sich in eine neue Praktik, die eigentlich evangelische Praktik. Nicht ein ›Glaube‹ unterscheidet den Christen: der Christ handelt, er unterscheidet sich durch ein andres Verhalten. Daß er Dem, der böse gegen ihn ist, weder durch Wort, noch im Herzen Widerstand leistet. Daß er keinen Unterschied zwischen Fremden und Einheimischen, zwischen Juden und Nicht-Juden macht (›der Nächste‹ eigentlich der Glaubensgenosse, der Jude). Daß er sich gegen niemanden erzürnt, niemanden geringschätzt. Daß er sich bei Gerichtshöfen weder sehn läßt, noch in Anspruch nehmen läßt (›nicht schwören‹). Daß er sich unter keinen Umständen, auch nicht im Falle bewiesener Untreue des Weibes, von seinem Weibe scheidet. – Alles im Grunde Ein Satz, alles Folge Eines Instinkts. – Das Leben des Erlösers war nichts anderes als diese Praktik – sein Tod war auch nichts andres ... Er hatte keine Formeln, keinen Ritus für den Verkehr mit Gott mehr nötig – nicht einmal das Gebet. Er hat mit der ganzen jüdischen Buß- und Versöhnungs-Lehre abgerechnet: er weiß, wie es allein die Praktik des Lebens ist, mit der man sich ›göttlich‹, ›selig‹, ›evangelisch‹, jederzeit ein ›Kind Gottes‹ fühlt. Nicht ›Buße‹, nicht ›Gebet um Vergebung‹ sind Wege zu Gott: die evangelische Praktik allein führt zu Gott, sie eben *ist* ›Gott‹! – Was mit dem Evangelium abgetan war, das war das Judentum der Begriffe ›Sünde‹, ›Vergebung der Sünde‹, ›Glaube‹, ›Erlösung durch den Glauben‹ – die ganze jüdische Kirchen-Lehre war in der ›frohen Botschaft‹ verneint. Der tiefe Instinkt dafür, wie man leben müsse, um sich ›im Himmel‹ zu fühlen, um sich ›ewig‹ zu fühlen, während man sich bei jedem anderen Verhalten durchaus nicht ›im Himmel‹ fühlt: dies allein ist die psychologische Realität der ›Erlösung‹. – Ein neuer Wandel, *nicht* ein neuer Glaube ...«[8]

Nun sah freilich NIETZSCHE, der, ganz im Kontrast dazu, eine Philosophie der Kraftentfaltung, des Kriegs und der Stärke vertrat, in dieser Haltung des »Menschensohnes« allerdings nichts anderes als »Feigheit;« »alles ist Augen-schließen und Selbstbetrug darin«,[9] schrieb er; doch eben in dieser Ansicht irrte dieser große Psychologe groß, indem er die innere Freiheit, die Jesus in dem Vertrauen zu Gott als seinem »Vater« vertrat und vermittelte, in der Perspektive jener Unfreiheit analysierte, die er in der ihm verhaßten Psychologie der kirchlichen Lehre als eine blutsaugerische Verkehrung des menschlichen Antriebserlebens repräsentiert fand und die er im Namen seiner Idee des »Übermenschen« ein für allemal überwinden wollte.

Der gewaltfreie Widerstand ist in Wahrheit gerade nicht eine Haltung der Feigheit und der Schwäche, – als eine »grobe Unwissenheit«, bezeichnete zu Recht MAHATMA GANDHI diese Anschauung; im Gegenteil: »Der passive Widerstand«, meinte er, »ist die Seelenkraft und in der Wirkung unvergleichlich und beispiellos in der Ausdauer. Er ist der Gewalt der Waffen überlegen.

8 FRIEDRICH NIETZSCHE: Der Antichrist, Nr. 33, in: Götzendämmerung. Der Antichrist. Ecce homo. Gedichte, S. 230–231.
9 A.a.O., Nr. 46, S. 250.

Wie kann man ihn für eine Waffe der Schwachen halten? Der Mut, der eine unabdingbare Voraussetzung für den passiven Widerstand ist, muß denjenigen völlig fremd sein, die physische Gewalt befürworten. Glauben Sie, ein Feigling kann ein gegen ihn gerichtetes Gesetz brechen? ... ein passiver Widerständler wird sagen, er gehorche einem Gesetz nicht, wenn es gegen sein Gewissen gerichtet ist, auch dann nicht, wenn er vor der Mündung einer Kanone in Stücke gerissen wird. – Wer, glauben Sie, ist ... wahrhaft mutig? Derjenige, der andere Menschen von der Rückseite der Kanone her zerfetzt oder der, der sich mit lächelndem Gesicht zur Kanonenmündung begibt und sich in Stücke reißen läßt? Wer ist hier der wahre Kämpfer, der Krieger? Derjenige, der stets den Tod als vertrauten Freund bei sich hat, oder derjenige, der den Tod anderer in seiner Hand hat? Glauben Sie mir, ein Mensch ohne Mut und Tapferkeit kann nie ein passiver Widerständler sein.« [10]

Ein Pazifist, ein Mensch der Gewaltlosigkeit, kann demnach, wie GANDHI betonte, nur jemand sein, der die Angst vor dem Tod überwunden hat; es kann ihm nicht mehr um die bedingungslose Verteidigung seines vergänglichen Daseins gegen den Tod durch das Töten anderen vergänglichen Daseins gehen, – schon deshalb verbietet ihm die Verteidigung der Wahrheit, für die er eintritt, den Einsatz tödlicher Waffen; und seine Freiheit muß er nicht verteidigen, – sie ruht in ihm, sie verdankt sich keiner behördlichen Erlaubnis, sie ist das Wesen seiner Geistigkeit. Kein Argument zugunsten militärischer Kampfeinsätze ist so bizarr, wie die Behauptung westlicher Politiker, wir verdankten unsere Freiheit dem hohen Rüstungsstandard des Staates und der »mutigen« Kriegsbereitschaft der Soldaten in den Armeen der Nato. Leute, die man dahin gedrillt hat, daß sie in eidestreuem Gehorsam keinem noch so tödlichen Befehl zu widersprechen wagen, – ausgerechnet diese zutiefst zur Unfreiheit Dressierten und mit einem fertigen Feindbild Ausgestatteten sollen die Träger und Hüter von Freiheit sein! Sie mögen gelernt haben, wie man mit PAKs und

10 MAHATMA GANDHI: Wege und Mittel, 112–113.

Bazookas feindliche Panzerkolonnen in rollenden Schrott verwandelt, in der aufoktroyierten Absicht, dem vorgeblichen Vordringen von Kommunisten oder Russen Einhalt zu gebieten, doch das hat nichts mit Freiheit zu tun, sondern allenfalls mit der Machtverteilung verschiedener politischer Systeme.

a) Die Überwindung der Furcht vor dem Tod

Wir können nicht oft genug betonen: Allein schon die Vorstellung, man könne und müsse seine Freiheit militärisch verteidigen und durch einen Endsieg auf dem Schlachtfeld »retten«, zeugt von der Unfreiheit einer Angst, aus deren Überwindung allererst jene Freiheit entsteht, die dazu befähigt, jeglicher militärischen Gewalt sich zu verweigern. Was ein gewaltfreier Widerständler benötigt, ist nicht physische oder waffentechnische Überlegenheit gegenüber möglichen Gegnern, sondern eine innere Stärke, die wesentlich in seiner Integrität, seiner Sanftmut und seiner Empathie gründet und identisch ist mit einem tiefen Mitleid, besonders mit all dem Leid, das immer wieder Menschen Menschen aus lauter Angst zufügen.

»Deshalb«, erläuterte GANDHI weiter, »kann auch ein Mensch mit gebrechlichem Körper passiven Widerstand leisten. Jeder Mensch kann das tun. Männer und Frauen können passiven Widerstand leisten. Man braucht dazu keine militärische Ausbildung und auch kein Jiu-Jitsu. Allein die Beherrschung des Geistes ist notwendig. Wenn das erreicht ist, wird der Mensch frei sein wie ein König und sein Anblick wird den Feind verdorren lassen. – Der passive Widerstand ist ein allseitiges Schwert. Es kann auf jede Art benutzt werden. Es segnet den, der es benutzt, und den, gegen den es gewendet wird. Ohne einen Tropfen Blut zu vergießen, erzeugt es dauerhafte Ergebnisse. Es kann nicht rosten und nicht gestohlen werden. Eine Konkurrenz zwischen passiven Widerständlern gibt es nicht. Das Schwert des passiven Widerstands braucht keine Scheide. Es klingt seltsam, wenn Sie behaupten, diese Waffe sei die Waffe der Schwachen.«[11] Sie ist die Haltung einer gefestigten Identität mit sich selbst im Vertrauen auf Gott, damit allerdings zugleich im Bewußtsein der eigenen Armut und Armseligkeit (Mt 5,3), die eben nicht durch den eitlen Pomp demonstrativer Machtgebärden kompensiert werden müssen. Es sind die seelisch Schwachen, die zur Gewalt ihre Zuflucht nehmen.

b) Gewalt als Ausdruck innerer Schwäche

GANDHI konnte deshalb auch sagen: »Die Könige wollen immer königliche Waffen einsetzen. Die Anwendung von Gewalt ist bei ihnen eine angeborene Eigenschaft. Sie wollen befehlen. Aber diejenigen, die diese Befehle entgegenzunehmen haben, wollen gar keine Gewehre. Sie stellen in der ganzen Welt die Mehrheit dar. Sie müssen lernen, entweder die physische Gewalt zu beherrschen oder die Macht der Seele. Wenn sie sich für die physische Gewalt entscheiden, sind sowohl Herrscher als auch Beherrschte verrückt. Wenn sie sich aber für die Macht der Seele entscheiden, werden die Befehle der Herrscher nicht über die Spitze ihrer Schwerter hinausgehen, und die wahren Menschen verwerfen ungerechte Befehle. Die Bauern wurden nie durch das Schwert überwältigt, sie werden sich nie gefügig machen lassen. Sie wissen zwar nicht, wie man ein Schwert benutzt, aber sie haben keine Angst vor denen, die es in der Hand haben. Jede Nation ist groß und überwältigend, die den Tod als einen vertrauten Freund ansieht, bei dem man geborgen ist. Diejenigen, die den Tod herausfordern, sind frei von aller Furcht. Für diejenigen, die unter dem irreführenden Charme brutaler Gewalt handeln, kann dieses Bild nicht überzeugend sein. Tatsächlich wurde in Indien und in der indischen Nation im allgemeinen immer passiver Widerstand in allen Lebenslagen geübt. Wir weigern uns, mit unseren Herr-

11 A.a.O., S. 113.

schern zusammenzuarbeiten, wenn sie unsere Lebensinteressen gefährden. Das ist passiver Widerstand.«[12]

Zweierlei stellen diese Worte mit berechtigtem Nachdruck heraus: Es sind *zum einen* stets die »königlichen« Herrscher, will sagen: die Großmachtvertreter einer imperialen Hegemonialstrategie, wie in unseren Tagen »unipolar« die USA, die der schrecklichsten und abscheulichsten militärischen Mittel bedürfen, um sich die Welt mit ständigen Abschreckungsmaßnahmen gefügig zu halten; und es sind, wie in der Bergpredigt Jesu, die »Kleinen« (Mt 5,3; 5.7; Mk 9,33–37), die den Frieden benötigen und Gewalt vermeiden; sie verlieren, sie gewinnen nicht am Krieg.

Und *ein zweites:* Es sind stets Einzelne, die das Bild von den Großen und Mächtigen mit ihrem Mut und mit ihrer Freiheit in Frage stellen, aber sie stehen damit an der Seite der Mehrheit der Menschen; die freilich bleibt stumm, solange es der herrschenden Macht gelingt, genügend Angst zu verbreiten. Pazifismus ist Angstüberwindung durch die Kraft des Vertrauens in Gott (durch die »Seele« als geistiges Zentrum der Existenz, in den Worten GANDHIS) und gebunden an die konsequente Ablehnung aller »physischen« Mittel zur Gefahrenabwehr. Was einen Pazifisten im Sinne der Bergpredigt beschützt, ist die Liebe zu den Menschen und die Liebe zur Wahrheit. Passiver Widerstand, meinte GANDHI deshalb, ist »die Kraft der Wahrheit ... Der Wahrheit muß ... notwendigerweise gefolgt werden, gleichgültig was es kostet.« Das bedeutet, daß es »für den passiven Widerstand keinen Schritt vorwärts (gibt) ohne die Furchtlosigkeit. Nur diejenigen können den Weg des passiven Widerstands gehen, die frei von Furcht sind, frei von Besitz, frei von Ehren, frei von Verwandten, frei von Regierung ... Sie werden einsehen, daß die zusätzlichen Anstrengungen, die ein Schwertkämpfer aufwenden muß, nur aus dem Fehlen der Furchtlosigkeit kommen. Ein Mensch, der frei von Haß ist, braucht kein Schwert.«[13]

12 A.a.O., S. 114.

13 A.a.O., S. 117. – Als gewollter Widerspruch, aber wohl als ungewollte Bestätigung dieser Worte erscheint es, wenn Ex-Bundespräsident *Joachim Gauck,* schon in seiner Amtszeit ganz auf Nato-Kurs eingeschworen, am 30.

c) Zwei Beispiele im Leben Jesu: Nazareth und Gethsemane

Wie diese Wahrheit der Wehrlosigkeit im Widerstand sich im Leben Jesu gestaltet, verdeutlichen zwei Episoden, deren Bedeutung weniger im Biographischen, als im Exemplarischen liegt. – In seinem Heimatort Nazareth hält Jesus in der Synagoge am Sabbat eine Auslegung von Jes 61,2, um sein eigenes Wirken als Erfüllung dieses Gottesauftrags zu begründen: »Er hat mich gesandt, den Elenden gute Botschaft (das Evangelium) zu bringen, die zerbrochenen Herzen zu verbinden, zu verkündigen den Gefangenen die Freiheit, den Gebundenen, daß sie frei und ledig sein sollen; zu verkündigen ein gnädiges Jahr des Herrn.« Bezeichnenderweise läßt Jesus bei diesem Zitat des Dritten Jesaja (der wirkte in der Zeit nach der Rückkehr aus dem Exil) die Worte weg, es werde ein »Tag der Vergeltung« kommen, an dem nach Jes 63,4 Gott in seinem Zorn die Völker »keltern« und in seinem Grimm zertreten wird, daß ihr Blut auf seine Kleider spritzt und sein ganzes Gewand besudelt. Doch gerade auf diesen Abschluß der Verheißung, die jeder der Hörer auswendig kennt, warten sie alle;

Dez. 22 bei einem Taizé-Treffen in Rostock als Ex-Pfarrer der evangelischen Kirche den Jugendlichen versichert: »Eine Politik des Pazifismus« sei für ihn »ethisch nicht nachzuvollziehen, übrigens auch religiös nicht«. Da steht Gott (mal wieder) auf der Seite der besten Bajonette. Und der einstige Theologe und aktive Polit-Pensionär legt noch zu: »Der Bundespräsident (sc. *Walter Steinmeier,* d. V.) hat sogar (sc. mit Blick auf *Putin,* d. V.) vom Bösen gesprochen, das uns hier begegnet. Ich gehöre allerdings auch zu denen, die sagen, da könnten wir noch ein wenig mehr tun.« MICHAEL MERZ: Joachim Gauck. Rekrutierer des Tages, in: junge Welt 31.12.22/1.1.23, S. 8. – Bereits Anfang 2014 hatte der »ohnehin militäraffine … *Joachim Gauck*« auf der Münchener »Sicherheitskonferenz« erklärt: »Die Bundesrepublik sollte sich als guter Partner (sc. der USA, d. V.) früher, entschiedener und substantieller einbringen … Manchmal kann auch der Einsatz von Soldaten erforderlich sein.« Zit. n. JÜRGEN WAGNER: Nato-Aufmarsch gegen Russland oder wie ein neuer Krieg entfacht wird, 155–156. *Gauck* war genau der Richtige, um die »Kultur der Zurückhaltung« von Außenminister *Guido Westerwelle* zu beerdigen. Also: im Namen Gottes viel mehr Waffen zur Überwindung des »Bösen«! Jesus kann da gesagt und getan haben, was er will, – gewisse hochbeamtete Theologen wissen es besser, ähnlich dem sadduzäischen Hochpriester *Kaiphas,* der im Verein mit der römischen Militärmacht Jesus zur Hinrichtung verurteilt hat (Mk 14,63–64). Vgl. GAUCK, in: Die Zeit, 23.2.23, S. 2.

so wird es sein, glauben sie, wenn der Messias kommt: er wird gewaltsam das Böse niederkämpfen und in seinem gerechten Zorn blutige Rache üben. Wenn Jesus sich als »Messias«, als Sohn Davids, ausgibt und dieses Finale göttlicher Machtdurchsetzung wegstreicht, verfälscht er in ihren Augen die heilige Hoffnung Israels auf die Ankunft des Erlösers; dann ist er selber ein Lügenprophet, der es wagt, ohne Zustimmung und Erfüllung der kriegerischen Endabrechnung Gottes mit den Völkern zu erklären: »Heute ist dieses Wort der Schrift erfüllt vor euren Ohren.«

Man glaubt in Nazareth, den »Sohn Josephs« von Kind auf zu kennen, und man verlangt von ihm zu seiner Beglaubigung zumindest Wunderbeweise durch Werke, wie sie aus Kaphernaum berichtet werden; als er aber zu seiner Verteidigung dann auch noch *Naaman* den Syrer als einen Gläubigen anführt, der als einziger in den Tagen des *Elischa* von seinem Aussatz geheilt worden sei (2 Kön 5,1–24), werden die Zuhörer in der Synagoge derart zornig, daß sie ihn zur Stadt hinaus an den Abhang eines Berges treiben, um ihn von dort hinab in den Tod zu stürzen. Zu erwarten stünde in diesem Moment bei einem furchtsamen Menschen ein Gerangel mit der Menge auf Leben und Tod mit dem sicheren Resultat, daß der Mob in dem Gefühl, der Gerechtigkeit Gottes zu dienen, diesen Verfälscher des Prophetenwortes überwindet und umbringt. Doch Jesus verkündet nicht nur die Gewaltfreiheit des Gottes, den er in die Welt tragen möchte, er lebt sie auch: er hat keine Angst, weder vor der Wut der Menge noch vor der Drohung des Todes; er ist gefestigt in der Wahrheit Gottes, für die er eintritt, so daß seine ruhige Geborgenheit im Vertrauen ihn unangreifbar macht: weil sie mit ihm »alles« machen können, machen sie nichts mehr; seine Angstfreiheit flößt ihnen Angst ein; und *das* jetzt ist das »Wunder«, das er in Nazareth wirkt: sie weichen erschrocken vor ihm zurück, und gelassen geht er »mitten durch sie hinweg.« (Lk 4,16–30)[14] Wenn irgend es eines Beweises für die gewaltlose Grundhaltung Jesu bedürfte, – hier wäre er zu finden.

14 Vgl. zur Stelle E. DREWERMANN: Das Lukas-Evangelium, I 235–255: Lk 4,14–30: Die Predigt in Nazareth oder: Die Menge und der Einzelne.

Dabei geht es natürlich nicht um eine rein persönliche Einstellung, sondern um den Ausdruck einer Gesinnung, die Jesus persönlich ebenso wie politisch für einen jeden vor Gott als verbindlich betrachtet. Spielt die Szene in Nazareth am Anfang seines öffentlichen Wirkens, so findet sich an dessen Ende eine andere noch dramatischere Begebenheit, die von dem absolut gewaltfreien Verhalten Jesu Zeugnis ablegt: Als Jesus von den Schergen der Hohenpriester und Ältesten in Gethsemane (dem Ölberg-Garten) gefangengenommen wird, ist absehbar, daß man das Todesurteil über ihn sprechen wird. In den Augen seiner Jünger (und eines jeden, der sich als »Christ« bezeichnet) gibt es auf Erden niemanden, der gegen Unrecht und Gewalt energischer verteidigt werden müßte als der Mann aus Nazareth; und tatsächlich zückt in dem Moment der Verhaftung einer von denen, die bei Jesus waren, das Schwert, schlug nach dem Knecht des Hohenpriesters und hieb ihm das Ohr ab. Joh 18,10 nennt *Petrus* als den Schwertführer und bezeichnet den Namen des verwundeten Knechtes mit *Malchus*; das ist insofern von Belang, als *Petrus,* der im *Heliand* nach Art eines germanischen Helden verherrlicht wird[15], wenig später schon derjenige sein wird, der

15 Heliand, Kap. 58, Vers 4867–4884, S. 169, beschreibt die Szene mit den Worten: »Da brauste auf / Der schnelle Schwertdegen Simon *Petrus,* / Ihm wallte der Mut, kein Wort konnt‘ er sprechen, / So voll Harm war sein Herz, als sie seinen Herrn da / Binden wollten; dann ging er voll Grimm, / Der kühngemute Kämpfer vor seinen Fürsten, / Hart vor dem Herrn. Sein Herz war bereit / Und unverzagt, er zog ohne Zögern / Das Schwert von der Seite und schlug voll Wucht / Auf den vordersten Feind mit der Hände Kraft, / Sodaß *Malchus* wurde von der Schneide der Waffe / An der rechten Seite mit dem Schwert gezeichnet, / Er hieb ihm das Ohr ab, sein Haupt ward wund, / Daß vom Schwert zerschnitten Backe und Ohr / In Todeswunde barst und das Blut nachsprang, / Aus der Wunde wallend. So war die Wange verwundet / Dem vordersten Feind; das Volk floh auseinander, / Des Schwertes Biß scheuend.« Darauf erteilt Jesus dem Simon *Petrus* den Befehl, sein Schwert in die Scheide zu tun, mit den Worten: »Wollt’ ich gegen diese Schar, / Gegen diese Recken Kriegsthat verrichten, / Dann würde ich mich an den Waltenden wenden, / Den heiligen Vater im Himmelreiche, / Daß er mir Engel von oben sendete, / Des Kampfes so kundige, daß der Kraft ihrer Waffen / Kein Mann widerstände; und stünde zum Streit hier / Des Volkes noch so viel, ich fürchte, nicht einer / Behielte sein Leben. Aber der heilige, / Allmächtige Vater hat es

entsprechend der Vorhersage Jesu seinen Meister aus Angst vor einer Frau, die ihn als Galiläer und Anhänger des soeben Verhafteten im Vorhof des Hohen Priesters zu erkennen meint, dreimal verleugnet, – er kenne diesen Menschen überhaupt nicht (Mt 26,69–74). Der Griff zum Schwert ist diktiert von Angst, nicht nur von der Angst um das Schicksal Jesu, sondern vor allem von der Angst um sich selbst. *Petrus,* wenn ihm die gewalttätige Verteidigung Jesu zu Recht zugeschrieben wird, ist gerade kein »Held«, – sein Dreinschlagen mit dem Schwert ist nichts als eine Reaktion in Angst, kaschiert freilich als eine verantwortungsethische Intervention, begangen aus *responsibility to protect* (R2P).

Doch das Entscheidende jetzt: auf diese Weise will Jesus gar nicht geschützt werden! Er ruht in sich selbst. Er weiß, wofür er steht. Was er gesagt und getan hat – Gott weiß es. Was seine Gegner in ihrem eigenen politischen Interesse daraus zu machen belieben, wird für ihn die Wahrheit nicht verfälschen. Er hat, indem er die eigene Angst vor dem strafenden, rächenden Gott der Gesetzeslehrer im Vertrauen auf Gott als seinen Vater überwand, die Angst vieler Menschen bis hinein in ihre körperlichen Erkrankungen zu heilen vermocht; auch diese Tatsache werden sie als Teufelswerk ihm zum Vorwurf machen (Mk 3,22); – es ändert nichts an der Wahrheit Gottes und der Botschaft Jesu. Mit gewaltsamem Dreinschlagen wird hier nichts gerettet, nur alles verdorben. »Steck dein Schwert an seinen Ort,« gebietet Jesus deshalb seinem Jünger; »alle nämlich, die ein Schwert nehmen, werden durchs Schwert umkommen.« (Mt 26,52)

anders geordnet, / Wir sollen dulden, was dieses Volk hier / Uns auch Bitteres bringt, wir sollen nicht im Zorn / Ihren Angriff abwehren; denn wer da Waffenstreit, / Grimmen Geerkampf gerne verrichtet, / Der soll durch des Schwertes Schärfe umkommen, / Blutig erbleichen. Wir dürfen darum / Den Anschlag nicht vereiteln.« (A.a.O., Vers 4886–4902, S. 169–170)

3. Gewalt – ein Irrweg im Prinzip

Mit Gewalt kann man nur zerstören, soll das heißen; sie ist destruktiv in sich selbst. Man mag meinen, mit der Vernichtung seines Gegners einen Überlebensvorteil gewonnen zu haben, doch wer so denkt, kann nur so fortfahren: die Gewalt, die er einsetzt, wirkt auf ihn selber zurück; sie verformt ihn persönlich und versetzt ihn unmittelbar in eine Welt voller Feinde; selbst die Freunde, die er zu haben meint, muß er als Verbündete um sich scharen, – es ist unmöglich, der Grundangst der Wahrnehmung, der Feindgewärtigung eines permanenten Mißtrauens zu entrinnen, und alles Ersinnen gewalttätiger Gegenmaßnahmen beruhigt nicht die Angst, sondern vermehrt sie. Am Ende schafft man sich auf diese Weise gerade nicht die erhoffte (und in der staatlichen Militärpolitik stets verheißene) Sicherheit, man macht vielmehr seine eigenen Lage und die der Welt insgesamt nur immer unsicherer. Der Wille, den Gegner, »das Böse« zu zerstören, legt den so Denkenden und so Handelnden selbst auf das Selbstbild des kampfbereiten Zerstörers fest, – es macht ihn genau zu dem, was er in dem anderen zu sehen meint. Das Prinzip der Destruktion ist selbstdestruktiv.

Daraus folgt: Mit der Zerstörung seines Gegners wird man im Egoismus der Angst zum Gegner seiner selbst: Gefühle von Grausamkeit, Wunschregungen von Rache, Vorstellungen von Vergeltung, Zustände von Zorn und ungezügelter Wut; – das Bild des Menschlichen verroht und sinkt herab auf die primitivsten Reaktionsbereitschaften der Tierpsychologie, nur eben: menschlich: nicht als Augenblickshandlung, sondern strategisch planvoll, technisch ausgeklügelt, wirtschaftlich wohlkalkuliert – ein prinzipiell eingerichtetes Programm der Zerstörung auf unabsehbare Dauer.

a) Von Sparta bis Amerika

Und nicht nur die Persönlichkeit des Einzelnen pervertiert in ihren ursprünglich vielleicht wohl wirklich gut gemeinten Intentionen des Helfen-Wollens durch Einsatz von Gewalt ins Hinterhältige, Bösartige und Gemeine, – für die gesamte Kulturentwicklung gilt ein gleiches. Am Beispiel der Gesetzgebung Spartas, die sich mit dem Namen *Lykurg* verbindet, hat ARNOLD TOYNBEE – nicht zuletzt auch als Warnung vor dem Konzept des Kalten Krieges – aufgezeigt, was aus einem Staatswesen wird, das sich, wie das dorische Sparta, in Reaktion auf die beiden messenischen Kriege 736–728 und 650–620, zu einem Militärstaat entwickelt: die vordorische Bevölkerung der hellenischen Messenier hatte man unterworfen und zu »Heloten« (Staatssklaven) erniedrigt, die als Bauern die Hälfte ihrer Ernteerträge an die Herrenschicht der Stadt Sparta abliefern mußten. »Die Zahl der Heloten,« schreibt TOYNBEE, »übertraf die der Kriegspartiaten um das 7 bis 10fache ... Es gab nur ein Mittel, sie im Zaum zu halten – die Furcht. Der Kriegszustand gegen sie wurde verewigt. Jeder Helote konnte ohne Anklage, ohne Grund und ohne Prozeß hingerichtet werden. Jagd auf Heloten gehörte zu den Übungen des spartanischen Jünglings. Oft wurden die besten dieser hörigen Bauern liquidiert. Im Kriege mußten sie als Leichtbewaffnete dienen. Lohn für besondere Tapferkeit sollte die Freilassung sein. Statt dieser wurde über die, welche sich ausgezeichnet hatten, vielfach der Tod verhängt, denn ihre Tüchtigkeit konnte sich gegebenenfalls gegen die Herrschenden wenden ... Der ganze Staat glich einer großen Kaserne oder, noch stärker, dem ... Bild eines Ineinanders militärischer und vormilitärischer Zwangsverbände, die dem Alter nach abgestuft waren.«[16]

Im Grunde markierten diese Strukturbedingungen die Einrichtung einer Fallgrube. Um die enormen Kriegsvorbereitungskosten finanzieren zu können und die Freistellung der Hälfte der etwa 8000 Spartiaten zugunsten der Einsatzbereitschaft von 4000 kör-

16 ARNOLD TOYNBEE: Krieg und Kultur, 40–42.

perlich durchtrainierten Kriegern zu gewährleisten, bedurfte es nicht nur der rigorosen Ausbeutung der ca. 35000 Heloten, sondern unter dem Binnendruck von Furcht und Gewalt auch einer äußersten Sparsamkeit und vergesellschafteten Gemeinsamkeit[17].

Es ist klar, was über kurz oder lang sich als Folge einer solchen Politik der Kriegsbereitschaft nach innen wie nach außen ergeben mußte: die Militärausgaben verringerten den Spielraum für soziale und kulturelle Investitionen; die Ausbildung zum Krieg schränkte alle Formen von Bildung drastisch ein, und der Reichtum an Waffen erzwang eine fortschreitende Verarmung der Bevölkerung; zur Lösung all der daraus entstehenden Probleme bot sich erneut wieder nur die Gewalttätigkeit eines strengen Straf- und Kontrollregimes an. Man trat auf der Stelle. Die Fähigkeit zum Töten tötete das eigene Leben.

»Wer zum Schwert greift, wird durch das Schwert umkommen,« dieser Satz ist, wie man sieht, durchaus keine unbeweisbare Weissagung, sie ist eine Volksweisheit auf Grund einer stets sich wiederholenden geschichtlichen Erfahrung: die Assyrer, die Spartaner, die Römer, die Mayas des 9. Jhs., die Azteken im 15. Jh. Mittelamerikas – sie alle fielen dem Schwert zum Opfer, das sie gezückt hielten gegen die wirklichen oder eingebildeten Feinde, die sie mit ihrer Politik der Macht und Unterdrückung sich selbst geschaffen hatten. – Aktuell drängt sich ein Vergleich mit den gigantischen Militärausgaben der USA zugunsten ihrer imperialen Geostrategie als Warnung oder Vorhersage geradezu auf: wer 800 Mrd Dollar jährlich für Rüstung ausgibt, hat natürlich kein Geld mehr für Kranke, Arbeitslose, Migranten, Überschuldete … er spaltet die Gesellschaft[18].

17 Vgl. zum spartanischen Staats- und Rechtssystem E. DREWERMANN: Richtet nicht!, I 156–164.

18 KLAUS BRINKBÄUMER – STEPHAN LAMBY: Im Wahn, 270–278: Der Doktor und die Trump-Show, verweisen zwar auch auf die Bedeutung der Selbstdarstellung eines jeden US-Präsidenten, als »Kriegspräsident« zu erscheinen (S. 273), widmen aber dem Verhältnis von Militär und Zivilgesellschaft eine nur geringe Aufmerksamkeit und verlagern ihre Recherchen auf die Machenschaften einzelner Präsidenten wie *Nixon* oder *Trump*.

b) Nur im Frieden bewahren wir uns selber – Wider die kirchliche Theologie nach Kaiser Konstantin

Das aber ist bei allem Richtigen noch nicht die eigentliche Aussageabsicht der Weisung Jesu, das Schwert wegzustecken. Was er damit zentral bekundet, ist die Treue zu seinem Auftrag: er will und muß den Willen seines »Vaters« erfüllen, die Welt aus dem Labyrinth von Angst und Gewalt herauszuführen. Gewiß, er könnte auf die Vorstellung von dem »Herrgott Zebaoth«, dem Kriegsgott der himmlischen Heerscharen, zurückgreifen, doch dazu müßte er alles verleugnen, was er für seine Wahrheit hält. Wohl, die Engel Gottes werden ihm beistehen, doch eben nicht militärisch, sondern geistig. Sie helfen ihm, sich treu zu bleiben. Sie breiten um ihn den einzigen und wichtigsten Schutz eines jeden gewaltlosen Widerständlers des Geistes: Es steht mehr auf dem Spiel, sogar als das eigene Leben, und die Angst vor dem Tod stellt keine Verführung mehr dar, dem Risiko der Wahrheit auszuweichen. Insofern demonstriert die Szene der Verhaftung Jesu, wie die Entscheidung eines Einzelnen, der grundsätzlich Gewalt ablehnt, einen Standpunkt vermittelt, der mit der Selbstbewahrung eines jeden als Person identisch ist. Umgekehrt gesagt: Im Krieg verlieren wir alle uns selber.

Zweifellos richten die Worte Jesu an seinen Jünger sich damit an alle Menschen, und sie widersprechen erklärtermaßen jedem theologischen Bemühen, die Staatsphilosophie der römischen Antike mit der Lehre vom »gerechten Krieg« christlich abzusegnen. Erkannt hat das im Jahre 211 sehr klar TERTULLIAN, der prinzipiell gegen jeden Kriegsdienst einwandte, man könne nicht einen menschlichen Fahneneid auf den göttlichen setzen – das eine widerspricht dem anderen –, und der dann mit Bezug zu dieser Stelle in Mt 26,52 rhetorisch fragte: »Wird es erlaubt sein, mit dem Schwerte zu hantieren, da der Herr den Ausspruch tut, ›wer sich des Schwertes bedient, werde durch das Schwert umkommen?‹ Soll der Sohn des Friedens in der Schlacht mitwirken, er, für den sich nicht einmal das Prozessieren ziemt (sc. Mt 5,40–42, d. V.)? Wird er Bande, Kerker, Foltern und Todesstrafen zum

Vollzug bringen, er, der nicht einmal die ihm selber zugefügten Beleidigungen rächt (sc. Mt 5,11.12, d. V.)? ... Wird er vor den Tempeln Wache stehen, denen er widersagt hat ...? Wird er diejenigen, welche er am Tage durch Exorzismen vertreibt, bei Nacht beschützen, gestützt und ruhend auf der Lanze, womit die Seite Jesu durchbohrt wurde (sc. Joh 19,33.34, d. V.)? ... Wie viele andere Übertretungen kann man noch in den Verrichtungen des Kriegslebens ausfindig machen, die einem Abfall (sc. von der Botschaft Jesu, d. V.) gleichzustellen sind? Schon daß er aus dem Heerlager des Lichtes zum Heerlager der Finsternis übergeht, ist eine Handlung der Fahnenflucht ... (Man) muß ... nach Annahme des Glaubens und der Taufe entweder den Kriegsdienst sofort verlassen, wie viele auch wirklich getan haben, oder, um nichts, was auch durch den Soldatenstand nicht zu etwas Unerlaubten wird, tun zu müssen, alle möglichen Ausflüchte suchen ... Der Christ wird nirgendwo ein anderer, als er ist. Es gibt nur ein Evangelium, und Jesus ist einer und derselbe, er verleugnet einen jeden, der Gott verleugnet (sc. Mt 10,32–33, d. V.) ... Bei ihm gilt der gläubige Nichtsoldat als Soldat und der gläubige Soldat nicht mehr als eine Zivilperson. Der Standpunkt des Glaubens läßt keine Berufung auf Notwendigkeiten zu. Es gibt keine Notwendigkeit zu sündigen für die, für welche es nur eine Notwendigkeit gibt, jene, nicht zu sündigen ... In Bezug auf ... die Unerlaubtheit des Soldatendienstes an sich will ich keine (sc. weiteren, d. V.) Worte verlieren.«[19]

Um 200 n. Chr. sind also die Grenzlinien noch klar gezogen: in der vor*konstantin*ischen Zeit muß man sich entscheiden zwischen Militärdienst und Gottesdienst. Ein getaufter Christ, der sein Leben auf den Gott der Güte und der Vergebung gründet, kann es nur als Verrat empfinden, wenn er als Soldat in den Methoden der endlosen Menschenschlächterei in Staatsauftrag verbleibt oder dahin zurückkehrt. Mit dem »stecke dein Schwert an seinen Ort« hat Jesus »ganz allgemein den Gebrauch von Waffen verur-

19 TERTULLIAN: Vom Kranze des Soldaten, 11, in: Schriften, Bd. II 252–255.

teilt«, wie ganz richtig der Franzose JEAN LASSERRE schrieb[20]. Er wußte freilich vor 70 Jahren bereits, was kirchlicherseits bis heute nicht zugegeben und vor allem politischerseits in der »neuen« »Zeitenwende« weder gedacht noch gesagt werden darf: daß die Mesalliance von Kirche und Staat das christliche Abendland mit seinen kriegsrechtfertigenden »Werten« ein Oxymoron – ein Spitz-Stumpf, ein hölzernes Eisen – ist. »Denn das Bündnis zwischen Kirche und Staat ... ist die tiefste *Ursache* für die *konstantin*ische Häresie, in der die Kirche seit dem vierten Jahrhundert gestrandet ist. Durch dieses Schema haben die Theologen post eventum (sc. nach eingetretenem Ergebnis, d. V.) die Kapitulation der Kirche gerechtfertigt. Sie war ... in einen ... Rausch darüber geraten, sich endlich einem ›christlichen‹ Staate gegenüberzusehen.«[21] Als »christlich« aber hätte *Konstantin*, der sich als Christus selbst zu stilisieren pflegte[22], nur betrachtet werden können, wenn er nicht das Christus-Emblem auf die Schilde seiner Soldaten im Kampf um die Macht hätte malen lassen, sondern ihnen im Namen des Christus Schild, Spieß und Schwert mit den nämlichen Worten aus der Hand genommen hätte wie Jesus selber im Ölberggarten seinem Jünger.

Nur so läßt die Doppelmoral der traditionell militaristischen Theologie, ihre dogmatisierte Schizophrenie, sich auflösen, wonach »sich die Paränese des NT an die Kirche und nicht an den Staat richte, an das Glied der Kirche, nicht aber an den Bürger des Staates«[23]. Auf diese Weise wird das Leid der Menschheit nicht geheilt, sondern verfestigt.

An dieser Stelle erscheint es fast wie ein Kommentar auf die Kirchengeschichte, wenn in Lk 22,51 berichtet wird, Jesus habe das verletzte Ohr des Knechts des Hohenpriesters geheilt: was man von der Nähe Jesu in »seiner« Kirche, wenn es gut geht, gerade noch erleben kann, ist die Heilung der Verletzungen, welche

20 JEAN LASSERRE: Der Krieg und das Evangelium, 40.
21 A.a.O., 183.
22 Vgl. E. DREWERMANN: Die Apostelgeschichte, 74–80.
23 JEAN LASSERRE: Der Krieg und das Evangelium, 169.

die Anhänger Jesu den Menschen selber zufügen, im Wahn, mit Krieg, Rechthaberei und Strenge ihren Herrn vor seiner Verhaftung bewahren zu können; indem sie in ihrer »reponsibility to protect« sich weigern, der Weisung Jesu zu folgen, machen sie ihn zum Gefangenen ihres vermeintlichen Realitätssinnes.

Die »Realität« indessen ist diese: »der Krieg (ist) eine kollektive Raserei, ein unvernünftiges Delirium, das sich wie ein tödliches Fieber auf die Menschheit legt und die Kontinente wie eine vernichtende Epidemie durchrast, um dann auf geheimnisvolle Weise aufzuhören, wie ein Waldbrand, der einfach aufhört, weil nichts Brennbares mehr da ist, oder weil der Wind sich gedreht hat ... Und dies ist nun das Schlimme: ... Alle Welt zieht in den Krieg; aber man tut es nicht, weil man es für vernünftig hielte und der Überzeugung wäre, dies sei die einzige nützliche und wirksame Sache, die zu tun sei. O, nein, man zieht in den Krieg, getrieben von einem heidnischen Atavismus, von einem unwiderstehlichen Kollektivzwang, der in seinem Wesen wirklich religiös (aber heidnisch) ist; man zieht in den Krieg, weil man psychologisch durch eine ganze Propaganda der Furcht und des Hasses darauf vorbereitet wird. Und viele ziehen in den Krieg, um ihren Ehrgeiz zu befriedigen oder um sich zu bereichern.«[24]

4. *Das Böse wird vermehrt, nicht überwunden, wenn man es bekämpft*

Ein Hauptproblem des Krieges liegt, wie gezeigt, in der Frage des Widerstands gegen das Böse. Die Kriegstheologie und -propaganda erklärt den Krieg regelmäßig für das einzige verbleibende Mittel, um zur Verteidigung des Guten das Böse niederzukämpfen. Doch der »Widerstand«, der da als heilige Pflicht geleistet werden soll, ist, wie wir sehen, gleich doppelt verkehrt: Die Mittel, die in einem Krieg eingesetzt werden, um ihn gewinnen zu

24 A.a.O., 265.

können, müssen allemal zerstörerischer, hinterhältiger und menschenverachtender sein als die Mittel, die dem Gegner als dem Kriegsverursachenden, Angreifenden, Alleinschuldigen, als dem Bösen an sich zu Gebote stehen; selbst der Einsatz immer schrecklicherer Waffen während des Kriegsverlaufs, wie soeben im Fall der Ukraine mit der Anlieferung immer noch weiter reichender Raketen, durchschlagsfähigerer Panzer und Kanonen sowie stets noch präziserer vom Weltraum aus steuerbarer Drohnen, wird moralisch als Schuld des Gegners hingestellt. Doch wenn es schon um Schuldzuteilung geht, gibt man dann nicht selbst zu, daß man etwas Unrechtes tut und das »Böse« nicht bekämpft, sondern das Böse des Anderen lediglich zur Rechtfertigung des Bösen hernimmt, das man selber tut? – Diese ganze Logik ist absurd und kann bei einiger Folgerichtigkeit nur dahin führen, jeden Krieg wegen seiner immanenten Mittel im Kampf gegen das Böse im Sinne Jesu ebenso wie in der Evidenz einer unverformten Menschlichkeit rundum abzulehnen.

Dann aber verbleibt allein eine nicht-militärische, *geistige* Form des Widerstandes; eine solche jedoch ist gänzlich gebunden an die Reflexionsfähigkeit und Mündigkeit des Einzelnen, und eben diese ist es, die innerhalb eines militärischen Denkens mit seinem Zwang zu kollektivem Gehorsam geradewegs als gefährlich unterdrückt wird. »Der Widerstand eines Volkes,« schrieb unter dem Eindruck der französischen Résistance JEAN LASSERRE weiter, um den Widerstand gewalttätiger Sabotageakte in die zähe Geduld einer friedfertigen Überzeugung umzuwandeln, »besteht in seiner Fähigkeit, nein zu sagen, und gehe es auch ums Leben; nun lehrt die militärische Disziplin aber nicht, nein zu sagen; sie lehrt nur, ja zu sagen. Damit zerstört sie schon das individuelle Urteil und auch die Persönlichkeit, so wie es eben alle Totalitarismen tun. Da sie alle, auch die verbrecherischsten Mittel anwendet, steht zu befürchten, daß sie das moralische Gewissen der Bürger zerstört und damit auch die Wurzel für einen eventuellen Widerstand gegen die Tyrannei oder die Ungerechtigkeit, und daß sie, wenn sie die Männer (sc. und inzwischen gleichberechtigt auch die Frauen, d.V.) auf den Mord hin erzieht, in Massen Männer (sc. Menschen, d.V.) herstellt, die vor der Sünde resignieren.«[25]

Sagen wir so: Das Militär zerstört in Training wie Durchführung kriegerischer Handlungen gerade die Werte, die es zu schützen vorgibt; – mit dem Schwertverbot Jesu gesprochen: mit dem gewalttätigen Draufschlagen rettet ihr mich nicht, ihr verratet mich. Indem das militärische Denken den Einsatz aller Mittel der unbedingten Erreichung eines taktischen oder strategischen Zieles unterordnet, indem es mithin die GANDHIsche Korrelation von Ursache und Wirkung, von Mittel und Ergebnis bewußt ignoriert, lügt es sich vor, man könne durch das Töten von Menschen Menschenleben bewahren, mit Unmenschlichkeit Menschlichkeit erzeugen, mit Krieg Frieden erzwingen. Diese Lüge im Prinzip wird vom Militär nicht nur bewußt als eine Waffe gehandhabt, – darin besteht es; diese Lüge ist es.

Anders kann es bei Lichte besehen denn auch nicht sein. Um Menschen zum Töten von Menschen zu motivieren, muß man nicht nur an ihre niedersten Instinkte und Affekte appellieren wie Haß- und Revanchegefühle, Zorn und Empörung, Ekel und Abscheu, man muß vor allem die Moral selbst als ein Mittel zur Erzeugung eben dieser Gefühle einsetzen. Nachdem die *konstantin*ische Machtergreifung den Gott, den der Jude Jesus uns bringen mochte, in den Kriegsgott der Völker zurückverwandelt hat und die Kirchen seither in Staatstreue dieser Grund-Verkehrung Folge leisten, fällt die Religion als Korrektiv des Politischen aus und ist selber nur noch ein ideologisch-bigottes Herrschaftsinstrument; die Moral aber, die dann noch »wertebasiert« als Heilmittel zur Erhaltung humanitärer Zielsetzungen hochgehalten wird, degeneriert selber zur Lüge. »Ich bin der Gute. Du bist der Böse.« *Das* ist Krieg. Aber: das ist verlogen. Nur: so beginnt es regelmäßig. Und so soll es weitergehen. Es sei denn: wir, als das Volk, sagen nein.

25 A.a.O., 275–276.

a) »Die Waffen nieder« – BERTHA VON SUTTNERs Mahnung

Für die vorbildliche Friedensaktivistin und Mitbegründerin der Haager Friedenskonferenz (1899) BERTHA VON SUTTNER (1843–1914) genügte der Krieg der Habsburger gegen Sardinien und Frankreich, um am eigenen Leib zu erfahren und fortan zu wissen, daß Kriege Kinder nicht schützen, sondern sie als schutzlose (Halb-)Waisen dem »Dank des Vaterlandes« ausliefern. Die Schlacht von Solferino 1859, die den Arzt *Henry Dunant* beim Anblick der Getöteten, Verwundeten und Verstümmelten zur Gründung des Roten Kreuzes veranlaßte, motivierte sie, den Anti-Kriegsroman »Die Waffen nieder« zu schreiben, der trotz aller Vorbehalte 1889 in Dresden erschien und nach den Erfahrungen der Zeit im »Deutschen Krieg« zu einem internationalen Publikumserfolg wurde.

1864 hatten Österreich und Preußen gemeinsam gegen Dänemark um Schleswig-Holstein gekämpft; doch ihr Waffenbündnis bedeutete im Grunde schon den Aufmarsch für den nächsten Krieg: Die Habsburger akzeptierten nicht den Anspruch *Bismarcks* auf Norddeutschland, und so kam es, begünstigt durch *Napoleon III.* auf seiten der Preußen und im Bündnis diesmal zwischen Österreich und Italien, zu dem Deutschen Krieg, der am 3.7.1866 in der Schlacht von Königgrätz, unter dem Kommando des preußischen Generals *Helmuth von Moltke* und des österreichischen Generals *Ludwig von Benedek*, zu dem Verlust von 2000 Gefallenen sowie 7000 Verletzten und Gefangenen auf seiten Preußens und auf seiten Österreichs zu dem Verlust von 43000 Soldaten, davon 6000 Gefallenen, führte; eine solche Bilanz gilt in den Geschichtsbüchern als ein triumphaler Sieg der preußischen Gewehre. BERTHA VON SUTTNER hingegen zog die menschlich einzig mögliche Konsequenz aus dem Desaster: man muß allem widersprechen, was zur Erzeugung von Kriegsfähigkeit, Kriegsbereitschaft und Kriegsführung beiträgt.

Da stand am Anfang damals die wechselseitige Versicherung Preußens und Österreichs, einander nicht angreifen zu wollen, doch die projektive Schuldzuweisung und gegenseitig sich steigernde Angst ließ beide Seiten aufrüsten, stets nach dem »zweistimmigen Wechselgesang ...: Meine Rüstung ist die defensive, / Deine Rüstung ist die offensive, / Ich muß rüsten, weil Du rüstest, / Weil Du rüstest, rüste ich, / Also rüsten wir, / Rüsten wir nur immer zu.«[26] Wohl, das Prinzip gilt mittlerweile allgemein als akzeptiert, daß nur ein Verteidigungskrieg ein »gerechter« Krieg sein könne; doch was folgt daraus? Friedfertigkeit, Rücksichtnahme und wechselseitiges Verständnis? Mitnichten! Wie just jetzt beim Ukrainekrieg sich erneut erzeigt, muß die Rüstung so hoch gefahren werden, daß der eine in der Furcht, unterlegen zu sein, als eine Maßnahme präventiver Notwehr angreift und der andere als der stärkere im Bewußtsein militärischer Überlegenheit doppelt frohgemut in den Krieg eintritt: er wird endlich seine machtpolitischen Ziele realisieren und seinen Gegner niederwerfen (»ruinieren«) können, und er wird seinen nunmehr als gerecht erscheinenden Krieg auf der Weltbühne der menschlichen Geschichte in der Hauptrolle des Guten aufführen können[27].

26 BERTHA VON SUTTNER: Die Waffen nieder, 192.

27 Wie sich der Eindruck: wir sind die Guten, im Falle des Ukraine-Krieges herstellen läßt, beschreibt JÜRGEN WAGNER: Nato-Aufmarsch gegen Russland, 15–16, mit Blick auf die Eskalation der Ukraine-Krise ab November 2013: »Seither wird das Feindbild Russland herangezogen, um nicht ›nur‹ an der Nato-Ostflanke die Konfrontation zu suchen ... Die zweite wichtige Entwicklung, die den ›Neuen Kalten Krieg‹ anheizt, besteht darin, dass auch die Bundesregierung zu allem Überfluss beschlossen hat, militärisch künftig buchstäblich an vorderster Front mitspielen zu wollen. Vorbereitet im Elitenprojekt ›Neue Macht – Neue Verantwortung‹ wurde der offizielle Startschuss dafür bei den Auftritten von Verteidigungsministerin *Ursula von der Leyen*, Außenminister *Frank-Walter Steinmeier* und vor allem von Bundespräsident *Joachim Gauck* bei der Münchner Sicherheitskonferenz Anfang 2014 gegeben.« S. 22–23: »Spätestens mit dem Angriffskrieg gegen Jugoslawien 1999 wurden ... Militäreinsätze außerhalb des Bündnisgebietes (›Out-of-Area‹) zur Kernaufgabe der NATO erklärt. Auch beim folgenden NATO-Einsatz in Afghanistan (ab 2001) sowie dem außerhalb des Bündnisrahmens durchgeführten Irak-Krieg (ab 2003) ging es nicht zuletzt auch darum, die USA beziehungsweise die NATO als Träger des Gewaltmonopols über große Teile der Welt zu etablieren. Vor allem sollten die Vereinten Nationen, in denen Russland und China mit ihren Vetorechten im Sicherheitsrat über substantielle Mitspracherechte bei Militärinterventionen verfügen, zur Bedeutungslosigkeit verdammt werden.« – Am konzeptionell wichtigsten für die US-Globalstrategie ist der

Die dabei einzunehmende Pose ist stets dieselbe, – BERTHA VON SUTTNER zitiert Kaiser *Franz Joseph:* »Die neuesten Ereignisse erweisen es unwiderleglich, daß Preußen nun offen Gewalt an Stelle des Rechts setzt. So ist der unheilvolle Krieg – ein Krieg Deutscher gegen Deutsche – unvermeidlich geworden. Zur Verantwortung all des Unglücks, das er über einzelne, Familien, Gegenden und Länder bringen wird, rufe ich diejenigen, welche ihn herbeigeführt, vor den Richterstuhl der Geschichte und des ewigen allmächtigen Gottes.« – »Immer der ›andere‹,« kommentiert sie selbst diese Worte, »ist der Kriegwünschende. Immer dem anderen wird vorgeworfen, daß er Gewalt an Stelle des Rechtes setzen will. Warum ist es denn völkerrechtlich möglich, daß dies geschehe? Ein ›unheilvoller Krieg‹, weil ›Deutsche gegen Deutsche‹. Ganz richtig. Es ist schon ein höherer Standpunkt, der über ›Preußen‹ und ›Österreich‹ den weiteren Begriff ›Deutschland‹ erhebt – aber nur noch ein Schritt: und es wäre jene noch

»Defense Planning Guidance« oder auch »No-Rivals-Plan«, der von *Dick Cheney* als US-Verteidigungsminister in Auftrag gegeben wurde und der unter Aufsicht seines Unterstaatssekretärs *Paul Wolfowitz* von *Lewis Libby* und *Zalmay Khalilzad* verfaßt wurde; dieser Plan, der im März 1992 an die Öffentlichkeit gelangte, bestimmt fortan die US-Politik. JÜRGEN WAGNER: A.a.O., S. 24–25 erläutert: »Dies trifft sowohl für die demokratische *Clinton*-Administration (1993–2001) und selbstredend auch für die Regierung von *George W. Bush* (2001–2009) zu. Die ›Defense Planning Guidance‹ (DPG) formuliert zwei Hauptziele der US-Politik nach dem Kalten Krieg. ›Unser erstes Ziel ist, den (Wieder-)Aufbau eines neuen Rivalen zu verhüten ... Das zweite Ziel besteht darin, die Ursachen regionaler Konflikte« durch Indienstnahme der Nato auf US-Weise zu lösen. Es gilt daher, »die NATO als das vorrangige Instrument ... für die US-Einflussnahme ... zu erhalten.« S. 42–43: »Bereits seit Jahren avisiert, wurde die Idee, die NATO in Richtung des ehemaligen Ostblocks zu erweitern, schließlich 1993 vom damaligen deutschen Verteidigungsminister *Volker Rühe* öffentlich in die Debatte eingespeist ... danach ging es Schlag auf Schlag ... Im November 2002 fiel die zwei Jahre später umgesetzte Entscheidung, weitere sieben Staaten, darunter mit Estland, Lettland und Litauen auch ehemalige Gliedstaaten der Sowjetunion ins Bündnis aufzunehmen ... spätestens mit den ›farbigen Revolutionen‹ wurde auch die EU als Konkurrentin wahrgenommen. Dabei handelte es sich um Umstürze, unter anderem in Georgien (2003), der Ukraine (2004) und Kirgisien (2005), bei denen mit westlicher Unterstützung prorussische durch prowestliche Machthaber ersetzt wurden.«

höhere Einheit erreicht, in der ein jeder Krieg – Menschen gegen Menschen, namentlich zivilisierte gegen zivilisierte – als unheilvoller Bruderkrieg erscheinen müßte. Und vor den ›Richterstuhl der Geschichte‹ rufen – was nützt das? Die Geschichte, wie sie bisher betrieben wurde, hat noch niemals anders gerichtet, als daß sie dem *Erfolge* huldigte. Derjenige, der aus dem Krieg als Sieger hervorgeht, vor dem fällt die historienskribbelnde Gilde in den Staub und preist ihn als den Erfüller einer ›Kulturmission‹. Und ›vor dem Richterstuhl Gottes, des Allmächtigen‹? Ja, ist es denn dieser selber nicht, der stets als der Lenker der Schlachten hingestellt wird – geschieht denn mit dem Ausbruch sowohl als mit dem Ausgang jedes Krieges nicht eben dieses Allmächtigen unverrückbarer Wille? O Widerspruch über Widerspruch! Ein solcher muß sich eben überall einstellen, wo unter Heuchelworten die Wahrheit versteckt werden soll, wo man zwei einander aufhebende Prinzipien – wie Krieg und Gerechtigkeit, wie Völkerhaß und Menschlichkeit, wie Gott der Liebe und Gott der Schlachten – einander gleich heilighalten will.«[28]

b) Ein déjà-vu: Theologen und Experten in der »Zeitenwende«

Klarer läßt sich nicht zusammenfassen, warum im Sinne Jesu ebenso wie der menschlichen Vernunft dem Militär als einer Einrichtung so gut wie aller Staaten dieser Erde prinzipiell mit allem Nachdruck und mit dem Postulat der Unaufschiebbarkeit ein Ende zu bereiten ist. Die einzige geistige Schwierigkeit, die sich dem entgegenstellt, besteht aktuell in der schier unausrottbar scheinenden Neigung der »historienskribbelnden Gilde« der Intellektuellen, die, je nach ihrer Branche, als Journalisten, Philosophen, Geschichtsdozenten, Theologen, Politologen, was auch immer, auf jeden Fall als »Wissenschaftler« und »Experten«, auf der Suche nach öffentlicher Akzeptanz von ihrem jeweiligen Ausgangspunkt her sich bemühen, dem herrschenden »Narrativ« der

28 BERTHA VON SUTTNER: Die Waffen nieder, 297–298.

politischen Korrektheit zu entsprechen, statt ihm zu widersprechen. So läßt sich mit Kanzler *Scholz* zur Begründung seiner »Zeitenwende« erklären, daß die Menschen in der Ukraine nicht nur ihre Heimat verteidigen, sondern unsere gemeinsamen Werte: Freiheit und Demokratie, also daß wir als selber Angegriffene eingreifen müssen; ähnlich begründet Außenministerin *Baerbock* die Nato-Politik der massiven antirussischen Aufrüstung und waffenstarrenden Ausrüstung von Staaten an der West- und Südgrenze Rußlands als einen »wertegeleiteten« Kampf der freien westlichen Welt gegen die Unfreiheit autoritär-diktatorischer Regimes.

Doch woher kommen solche Werte, die es erforderten, ihnen mit kriegerischen Mitteln zum Durchbruch zu verhelfen? Von »Gott«? Das zu sagen wird von seiten der Politik als ein rein kirchliches Dogma weitgehend abgelehnt, und der darin versteckte Ideologievorwurf gegen alles Religiöse besteht tatsächlich solange zu Recht, als die Theologie der Kirchen von Gott nach wie vor als von einem moralischen Gesetzgeber spricht, statt im Sinne Jesu von ihm her ein Vertrauen zu begründen, das es allererst ermöglicht, mit sich in Einklang zu kommen und dadurch das moralisch Richtige überhaupt tun zu können. Auch von der »Natur« her, biologisch verstanden, ist Ethik kaum begründbar, und eine metaphysisch unveränderbare Norm der Wesensnatur des Menschen läßt sich als eine philosophische Position politisch ebenfalls nur schwer plausibel machen. Wie aber dann? Wenn es absolute Werte im politischen Bewußtsein der Regierenden gar nicht gibt, wie soll sich dann ein militärisches »Eingreifen« der Nato moralisch rechtfertigen lassen? Wenn es keine vorgegebenen (göttlichen, metaphysischen oder natürlichen) Werte gibt, sondern lediglich gesellschaftlich bzw. sozialpsychologisch sich ergebende Bewertungen, verbleibt eigentlich nur die Aufgabe, das jeweilige Ergebnis des kulturellen Diskurses, eben das sich durchsetzende Narrativ, als richtig zu rechtfertigen. Das aber ist dann sicher nichts weiter als eben: ideologische Propaganda.

So erklärt soeben der Moralphilosoph *Stefan Fischer* von der Universität Konstanz: »Werte helfen Menschen, sich als soziale

Wesen in einer Gemeinschaft zurechtzufinden.« Doch um das zu ermöglichen, müsse die Politik ihre Lagebeurteilung und Programmatik durch Vereinheitlichung der Bewertungen, die als »richtig« ausgegeben werden, durchsetzen, indem sie gegen abweichende Ansichten Front macht. Aus der moralischen Einheit wird gerade dadurch aber ein konkurrierender Meinungsstreit; und um in diesem der politischen Korrektheit in Fragen speziell von Krieg und Frieden in der Ukraine behilflich zu sein, doziert *Stefan Fischer*, es erzeige sich gerade jetzt der Wert des Solidaritätsgefühls. »Die russische Aggression,« sagt er, »habe auch die Frage aufgeworfen, wie es um die historisch moralische Verantwortung Deutschlands steht ... Muß dieses Land sich von seiner – unter geschichtlichen Motiven nachvollziehbaren – militärischen Zaghaftigkeit verabschieden? Wenn in unserer Nachbarschaft imperialistische Angriffskriege geführt werden, sollte nicht gerade die Wertegemeinschaft Deutschland klar dagegen aufbegehren‹?«[29]

Da haben wir ihn also wieder: den moralisch berechtigten, den moralisch richtigen, den nicht nur gerechten, sondern auch solidarisch zur Verteidigung unserer Werte notwendigen Krieg! Etliche hunderttausend Tote in einem immer länger sich durch Waffenlieferungen hinziehenden Krieg sind da kein Gegenargument – im Gegenteil: damit die bereits erbrachten Opfer (auf der eigenen Seite) nicht »sinnlos« gestorben sind, muß mit umso größerer Grausamkeit im Kampf gegen den Gegner fortgefahren werden bis zu dessen Niederlage, bis zu unserem Sieg über ihn.

c) Niemals ist nur der Gegner schuldig

Besonders kennzeichnend für diese Denkungsart ist die historische Argumentation: Der Pazifismus der Deutschen nach 1945 war offenbar eine bloße Nachkriegs-»Zaghaftigkeit«, eine bloße Scheu, in neue Kriege wie 1939 durch eigene Schuld verwickelt zu

29 FLORIAN PFITZNER: Die Zeigefinger-Moral, in: Neue Westfälische, 3.1.23.

werden. Doch jetzt: weil wir 1941 Rußland, zu dem damals auch die Ukraine gehörte, überfallen und dabei die ungeheuere Zahl von ca. 27 Mio getöteten Sowjetbürgern zurückgelassen haben, stehen wir nunmehr in der Pflicht, Rußland zu »ruinieren«, um die Ukraine als unser Opfer von damals gegen den vorgeblich imperialistischen Angriffskrieg der immer schon (seit *Peter dem Großen*, 1689–1725) eroberungshungrigen Russen zu verteidigen! Auf die Idee, daß jeder Aggression eine Provokation vorausgeht, darf man gar nicht mehr kommen. Der Gegner ist schuldig, und indem wir ihn mit mörderischen Mitteln bekämpfen, sühnen wir in reumütiger Gesinnung und moralischer Entschlossenheit unsere eigenen Verbrechen von einst, – indem wir sie erneuern! Wirklich, das ist nicht nur eine »Zeitenwende«, sondern auch eine Umwendung der Logik zur politischen Anwendung in militärischer Absicht.

Anders: Die Schuld zweier Angriffskriege im 20. Jh. gegen Rußland sollte gerade uns, die Deutschen, dahin bestimmen, den Fehler eines *jeden* Krieges zu begreifen und zugleich uns als diejenigen wahrzunehmen, die niemals mehr ein Recht sich zuschreiben können, militärisch gegen Rußland vorzugehen. Doch weil die USA, beschäftigt mit ihrer Strategie der Einkreisung Chinas im Pazifik, Rußland als den weniger bedrohlichen Rivalen ihrer globalen Hegemonieansprüche betrachten, überlassen sie den ehemals kommunistischen Gegner jetzt mit seiner enormen Landmasse zur Aufräum- und Zerstückelungsarbeit der Nato; dabei wünschen sie sich die wiedervereinigte BRD als europäische Führungsmacht. Politisches Machtstreben, nicht menschliche Moral ist der Grund jeden Krieges, auch und insbesondere des derzeitigen Nato-Stellvertreter-Kriegs in der Ukraine. – Man merke: politisch als einzig korrekt verfügte Narrative (wie das von »*Putins* Angriffskrieg«) sollten als verdächtig, nicht als vertrauenswürdig betrachtet werden.

Die Wahrheit des Krieges tritt in ihrer ganzen Grausamkeit grell vor Augen, wenn man den Blick nur einmal konkret auf das taktische Kalkül seiner Feldherren in jedem Entscheidungsmoment richtet. Sie befehlen: Sturmangriff! Sie befehlen: Stellung halten! Und sie kalkulieren dabei in ihrer blutigen Mathematik die zu erwartenden Verluste auf der eigenen wie auf der gegnerischen Seite und setzen sie ins Verhältnis zu der jeweils aufgebotenen Truppenstärke. Wieviele Tausende Tote und Verwundete auf dem Schlachtfeld können sie sich leisten, und wie groß ist die Aussicht, die Schwäche des Feindes zur völligen Dezimierung seiner Mannschaft nutzen zu können? Dieses Rechnen mit dem zur Verfügung stehenden Menschenmaterial offenbart seine inhumane Barbarei allein schon dadurch, daß es in seiner kalten Gefühllosigkeit Menschen als einzelne Personen gar nicht wahrnimmt. Um so stärker regt sich der Widerspruch gegen dieses Prinzip des Militärischen deshalb unmittelbar, sobald man die einzelnen Menschen, die Opfer des Krieges, betrachtet, und am nachhaltigsten vermag die Malerei dabei hilfreich zu sein.

5. *Konkret: den Menschen sehen oder* HEINRICH VOGELERS *»Märchen vom lieben Gott«*

So hat – erneut – der Worpsweder Maler HEINRICH VOGELER auf einem Bild aus dem Jahre 1916 »Das Leiden im Kriege« besonders eindringlich in einer kreisförmig angeordneten Gruppe von sechs Menschen dargestellt (Tafel 3)[30], die auf einem Kirchhof sich zusammengefunden haben oder, richtiger, die dort zusammengewürfelt worden sind; denn gänzlich beziehungslos erleidet jeder für sich auf diesem Bild seinen eigenen Gram, ausgezehrt, hilflos, entkräftet sie alle. – Die in der Mitte hochaufragende Frauengestalt könnte unter anderen Umständen die Aufgabe einer mütterlichen Beschützerin übernehmen, doch wie unangemessen wäre eine solche Erwartung angesichts des verzweifelten Eindrucks, den diese Frau bei dem Betrachter hinterläßt! Der grünlich-graue Umhang, der, nach vorne hin gänzlich offen, ihren Körper nur an den Schultern und vom Schoß an abwärts umhüllt, spendet weder Schutz noch Wärme, und ihre dürren Arme,

30 Abb. in: BERND KÜSTER: Das Barkenhoff-Buch, S. 96.

die sie an sich gepresst hält, unterstreichen eher noch ihre Ohnmacht und Ausgesetztheit. Mit starrem Blick schaut sie ins Nichts, die Augen riesengroß wirkend in dem schmalgesichtigen Kopf, dessen Haare von einem rechteckig gemusterten Tuch bedeckt sind; ihr Mund, lippenlos schmal, ist verschlossen vor Schmerz, verstummt in klagloser Aussichtslosigkeit. – Vor ihr hockt ein alter barhäuptiger Mann, versunken zwischen zwei Krücken, die ihn hoch überragen und auf denen er mit seinen abgemagerten Armen kaum mehr sich wird bewegen können. Vor ihm kauert ein anderer, entkräftet in sich versunken, unfähig, noch etwas zu sehen oder zu tun. So berührt es ihn nicht, daß neben ihm, nackt und ausgehungert, ein noch junger Mensch daliegt, der mit geschlossenen Augen auf seinen Tod zu warten scheint, – die Schale neben ihm ist leer. – Ebenfalls mit geschlossenen Augen, versunken in Müdigkeit und Aussichtslosigkeit, sitzt da eine Frau mit rötlichem Umhang und Kopftuch, den Kopf auf ihre Hand gestützt, – es gibt nichts, was sie in dieser Haltung in die Hand nehmen könnte; und wozu auch? Sich mühsam aufrecht zu halten ist bereits viel, mehr ist ihr unmöglich. – Wie um diesen Eindruck noch zu übertreffen, sieht man über ihr die Gestalt eines verhärmten Mädchens mit braunem Haar und mit winzigen Ärmchen, die nach Art eines vereinsamten Waisenkindes sich selbst umklammern, als Ersatz für die fehlenden Arme der Eltern. – Ausgesetzte und Vertriebene sind sie alle, Flüchtlinge, auf der Suche nach einem Zuhause, doch ein solches ist in der noch kriegsverschonten Stadt mit ihren einladenden Gebäuden im Hintergrund nicht zu erwarten. Der Aufenthalt dieser Ausgesetzten ist nicht mehr bei den Lebenden, eher schon bei den Verstorbenen, – sollen sie denen doch folgen!

Man sieht: Das »Leiden im Krieg« hat die Menschen auf VOGELERS Bild so kaltherzig gemacht, daß sie nichts mehr zu vergeben haben, so wenig wie die entlaubten Bäume auf diesem Friedhof, die wie schwarze Stangen dastehen und die abendliche Friedhofsstimmung noch unterstreichen, die sich in dem gelben Streifen des Himmels über das ganze Bild legt: Bald wird auch dieses Restlicht verlöschen und Dunkelheit sich über alles breiten.

Wer Menschen wie diese hier leiden sieht, kann keinen Krieg und keine Kriegsbegründung mehr in alle Zukunft akzeptieren.

Was VOGELER mit seinem Bild beabsichtigte, war offensichtlich der Versuch, den dargestellten »Sonnenuntergang« nach Möglichkeit noch aufzuhalten. »In seinem ›Offenen Brief zum Frieden unter den Menschen‹, den er 1919 an die ›Bauern, heimkehrenden Feldgrauen und die Frauen‹« richtete, heißt es: »Als ich herauszog 1914 in den Krieg, da dachte ich wie die meisten von Euch. Ich glaubte an den Überfall auf unser Land. Da draußen sind wir alle hellsehend geworden ... Es widerte uns an, diese furchtbare Blutarbeit zu tun, als wir auf unser großes ›Warum‹ immer nur die Kriegsziele der Großkaufleute, der Fabrikbesitzer und Großgrundbesitzer hören mussten. ... Wie furchtbar viele Menschen haben wir sterben sehen auf beiden Seiten. Und uns wollte das ›Warum‹ gar nicht mehr in den Kopf, und wer für den Frieden sprach, den sah man mit Misstrauen an.«[31]

VOGELER wagte es trotzdem, für den Frieden zu sprechen, und riskierte in seiner an TOLSTOI gemahnenden radikal pazifistischen Grundauffassung alles. 1917, während die Verhandlungen von Brest-Litowsk zum Friedensabschluß zwischen dem deutschen Kaiserreich und dem bolschewistisch gewordenen Rußland noch im Gange waren, mußte er erfahren, daß man deutscherseits nur einen Gewaltfrieden diktieren wollte, »der das Gift der Zerstörung für unseren Feind in sich trägt«. Jedoch: »Eine solche Haltung der deutschen Regierung, Militärs und führenden Kreise nimmt sich in den Augen des Malers als Gewalt aus: ›Mit dieser Anschauung vom Frieden muss aufgeräumt werden, denn das ist Krieg‹ – und aus diesem Grunde setzt er sich in Worpswede hin und bringt in der Nacht zum 20. Januar 1918 die Geschichte vom alten traurigen Mann, genannt Gott, zu Papier. In Form einer Fabel führt er den höchsten militärischen Stellen vor Augen, wie die Welt aussähe, würde Gott mit den Zehn Geboten zu ihnen

31 HELMUT DONAT: Mahnruf zum Frieden, in: junge Welt, 10./11. Dez. 2022, Nr. 288, S. 12.

kommen.«[32] VOGELERS »Märchen vom lieben Gott« lautet (in Übertragung einer Kopie der handschriftlichen Fassung)[33] so:

> Schon lange, als das Jahr 1917 dem Ende zuging, erschienen in Deutschland überall die seltsamsten Erscheinungen am Himmel und unter den Menschen. Das merkwürdigste aber war, dass am Spätnachmittag des 21. Dezembers auf dem Potsdamerplatz von vielen Menschen der liebe Gott gesehen worden ist. Ein alter trauriger Mann verteilte Flugblätter: Oben stand: Friede auf Erden und den Menschen ein Wohlgefallen und darunter in lapidarer Schrift die Zehn Gebote. Der Mann wurde von Schutzleuten aufgegriffen, vom Oberkommando der Wache (oder was die zuständige Behörde war) wegen Landesverrats standrechtlich erschossen. Einige Aufnehmer des Flugblattes, die die Worte des alten Mannes verteidigten, kamen ins Irrenhaus. Gott war tot. – Ein paar Tage drauf waren unsere großen Feldherren nach Berlin gekommen mit der festen Absicht, durch Wort und Tat die Welt von Blut und Elend zu erlösen. So kamen sie mit unseren Vertretern von der Friedenskonferenz zusammen. Sie kamen überein, die Welt mit dem Schwerte in der Hand vor sich in die Knie zu zwingen, erhoben sich selber zum bluttriefenden Götzen, aus dessen selbstherrlicher Hand die Menschheit ihre Gesetze empfangen sollte. – Da sahen sie plötzlich, wie der totgeglaubte Mann vom Potsdamerplatz mitten unter ihnen stand und stumm auf seine Zehn Gebote wies. Aber niemand wollte diese ärmliche Erscheinung kennen. Da gab er sich zu erkennen und war fast seines Triumphes froh, denn er glaubte ja an die Menschheit. Der Kaiser und die Feldherren führten seinen Namen in ihren Telegrammen, die Krieger trugen ihn auf dem Bauche, die Feldprediger hatten die schwersten Verbrechen am Menschen durch seinen Namen geheiligt. Da aber sah GOTT, dass man ihn garnicht kennen *wollte,* dass man von ihm sich nur eine

32 A. a. O., S. 12.

33 Vgl. BERND KÜSTER: Das Barkenhoff-Buch, S. 103–104. Vgl. BERND STENZIG: Das Märchen vom lieben Gott, Bremen 2019.

prunkende Form, eine Uniform behalten hatte, und aus der glotzte das goldene Kalb und beherrschte die Welt. – Da verliess Gott die Friedensversammlung und machte den ordensbeschwerten Götzen Platz, denn Gott will nicht siegen. GOTT ist. Die Götzen aber führten das Volk immer tiefer ins Elend und erweckten weiter Hass, Bitternis, Zerstörung und Tod, und wie sie nichts mehr hatten, ausser blechernen Schmucksternen und Kreuzen, verschenkten sie das gestohlene Gut ihren Völkern. Da ging Gott zu denen, die zusammengebrochen waren unter der Bürde der Leiden, unter Hass und Lüge: Es giebt unter euren Götzen einen »Gott«, es giebt über Eurem Fahneneid meine ewigen Gesetze. Es giebt über dem Hass die »Liebe«. Da gaben die Krüppel ihre blutstinkenden grauen Kleider, ihre Orden und Ehrenzeichen zurück an den Gott des Mammons. Gingen unter das Volk und entheiligten die Mordwaffen und vernichteten sie. – Gott aber ging zum Kaiser: »Du bist Sklave des Scheins, werde Herr des Lichtes, indem Du der Wahrheit dienst und die Lüge erkennst! Vernichte die Grenzen, sei der Menschheit Führer. Erkenne die Eitelkeit des »Wirkens« – Sei! – Friedensfürst – setze an die Stelle des Wortes die That! Demut anstatt Siegereitelkeit, Wahrheit anstatt Lüge! Aufbau anstatt Zerstörung. In die Knie vor der Liebe Gottes, sei Erlöser, habe die Kraft des Dienens. Kaiser!

Unteroffizier Heinrich Vogeler. Worpswede. Kunstmaler

VOGELER, als er diesen Text schrieb, wußte, daß sein bisheriges Leben mit dem »Märchen«, das er als Brief an den Kaiser richtete, zuende sein würde. »Am 30. Januar 1918 wurde VOGELER im eigenen Haus von zwei Vertretern des Heeres verhaftet, ins Reservelazarett des Bremer St. Jürgen-Krankenhauses begleitet und in der ›Beobachtungsabteilung für Geisteskranke‹ untergebracht,« wo er als »Neuropath« eingestuft wurde[34]. Das aber, was er zu sagen hatte, ist der absolut notwendige Widerspruch zu dem Wahnsinn der menschlichen Geschichte, der entlang der

34 BERND KÜSTER: Das Barkenhoff-Buch, S. 105.

Kette unablässiger Kriege in unerträglicher Deutlichkeit immer von neuem zu Tage tritt.

Konfrontiert mit dem angstgetriebenen Streben nach Macht und Geld könnten und sollten wir von dem christlichen Pazifisten und Kommunisten HEINRICH VOGELER lernen, seine Einsichten aus den Anfängen des 20. Jhs. wenigstens heute, am Beginn des 21. Jhs., auf die Gegenwart anzuwenden und »der neuerlichen Kriegspropaganda ... widersprechen.« Wir sollten mit Blick auf Rußland unterscheiden »zwischen dem Anlass und den Ursachen eines Krieges ... und ... fragen, ob der gegenwärtige Krieg in der Ukraine verhinderbar und der Wille zum Krieg nur auf der Seite von dem lag, der ihn auslöste. Tun wir nicht weiter so, als würden die Russen morgen in Berlin einrücken. Wie 1914 gilt es, mit den Lügen aufzuräumen, die, so VOGELER im Oktober 1918, ›eine vom Kriegswillen verführte Presse propagierte‹. – Statt der Kriegspsychose zu erliegen, ist nach den Verantwortlichen auf allen Seiten zu fragen und sich freizumachen von ›falschem Patriotismus, vom Hass und von der Lüge‹. Was hat die deutsche Politik, was haben wir getan, um das Sicherheitsinteresse der Russen ernst zu nehmen? Warum ist es in den Wind geschlagen worden? Ist jeder, der solche Fragen stellt, nichts weiter als ein Russen-Freund?«[35]

Es ist eine unabdingbare Pflicht der Zeit, mit dem gleichen Mut und mit der gleichen menschlichen Klarsicht wie HEINRICH VOGELER damals der heutigen »Zeitenwende« zurück in Aufrüstung, Kriegsbereitschaft und rücksichtslose Interessendurchsetzung zugunsten der Friedensbotschaft des Mannes aus Nazareth in aller Entschiedenheit zu widersprechen.

35 HELMUT DONAT: Mahnruf zum Frieden, in: junge Welt, 10./11. Dez. 2022, Nr. 288, S. 13.

V
»Ihr könnt nicht Gott dienen und dem Mammon« (Mt 6,24) oder: Wie »unsere Werte« es wert sind, über Leichen zu gehen

1. *Krieg ist etwas, was niemand wollen kann noch wollen darf*

a) Und doch: Das scheinbare Versagen des »Volkes« oder: die Rückbesinnung auf die eigene Person

Wenn es also klar ist: im Grunde wollen wir keinen Krieg, wir wollen einander nicht töten und einander nicht Leid zufügen, eigentlich hindern uns Gefühle des Mitleids und der Mitmenschlichkeit daran, dem Massenmord auf dem Schlachtfeld zuzustimmen, – warum, zum Teufel, sollen wir uns dann immer noch wehrbereit halten, immer noch aufrüsten, immer noch mitmarschieren, warum findet sich immer noch in der der Bevölkerung keine Mehrheit, die jede Kriegsvorbereitung militärisch verweigert und moralisch entschieden ablehnt, geschweige denn, daß sie einem Kriegseintritt beipflichten würde? Wie ist es möglich, daß gerade die Länder, die sich als Ursprung und Hüter einer demokratischen Staatsverfassung verstehen und sich in diesem Selbstbild anderen vorstellen, beginnend vom antiken Athen bis hin zum britischen Empire, über die Unabhängigkeitserklärung der USA 1776 bis hin zur französischen Revolution 1789, unentwegt, gerade sie, in Kriege verwickelt waren und sind, die sie aktiv herbeiführten oder selber durchgeführt haben?

Die Griechen, wie wir sahen, folgten einer durch und durch agonalen Kultur, in welcher das Heroenideal der Bronzezeit in den Rüstungen der Eisenzeit fortlebte; Britannien wurde erst richtig »groß« nach dem Siebenjährigen englisch-französischen Kolonialkrieg 1756–1763, aus dem es als die erste Land- und Seemacht hervorging, – eine konstitutionelle Monarchie aber besaß es schon seit 1689; insbesondere in der 250jährigen Geschichte der USA hat es nicht zehn Jahre gegeben, ohne daß sie fremde Länder überfallen, ausgeplündert und ihnen ihre Lebensweise aufgezwungen hätten – von der skrupellosen, mit einer Serie hinterhältig geschlossener und treulos gebrochener Verträge begleiteten Ausrottung der indianischen Urbevölkerung gänzlich zu schweigen; und das republikanisch gewordene Frankreich ging als erstes daran, unter *Napoleon* nacheinander Italien, Ägypten und Österreich, mit dem Code Napoléon in der Hand, zu überfallen, um seinen Siegeszug selbst nach der Niederlage in der Seeschlacht von Trafalgar 1805 gegen den englischen Admiral *Nelson* sogleich mit dem Krieg gegen Preußen weiter fortzusetzen (1806–1807) und hernach, unzufrieden selbst mit der erlangten Vormachtstellung auf dem Kontinent, im Jahre 1812 auch noch den Krieg gegen Rußland zu eröffnen, der erst durch die Völkerschlacht bei Leipzig vom 16.-19. Okt. 1813 nach dem Untergang der 600000 Mann starken »*grande armée*« beendet werden konnte.

Nirgendwo ist zu sehen, daß sich die Lieblingsthese westlicher Propaganda bestätigt hätte, eine Diktatur sei von Natur aus kriegsgefährlich, so daß man nur mit kriegerischen Mitteln ihr beikommen könne, wohingegen eine Demokratie sich durch Friedfertigkeit auszeichne und ein gottgegebenes beziehungsweise natürliches Recht besitze, mit kriegerischen Mitteln in aller Welt sich selbst in dem Versprechen von Frieden und Freiheit durchzusetzen. Die bittere Erkenntnis bleibt, daß damit wieder nur ein Autostereotyp stilisiert wird, das lediglich die moralische Rechtfertigung für weitere Massenmorde und Gewaltakte auf den Kriegsschauplätzen machtpolitisch verfeindeter Staaten abliefern soll, – Volkes Stimme ist offenbar so wenig des Friedens Stimme, wie die *vox Dei* im antiken Rom oder in der Theologie des römischen Katholizismus nach 312 je eine *vox pacis* gewesen ist.

Aber: Warum? Warum hat nicht einmal die Botschaft Jesu in der Bergpredigt bis heute spürbar etwas daran zu ändern vermocht?

Gründe dafür haben wir bisher genügend kennengelernt. Zu oberst: Angst. Sie treibt im Wechsel von Verteidigung und Angriff in immer neue aggressive Auseinandersetzungen. Angst gibt sich scheinbar nur zufrieden mit gezielter Angstverbreitung in Richtung potentieller Feinde, die es einzuschüchtern gilt durch abschreckende Drohgebärden; genau so aber reagiert auch der Gegner, – die Angst des einen ist die Angst des anderen, und alle Maßnahmen der Aufrüstung mit immer wirksameren Waffen sowie der Aufstellung von immer mannschaftsstärkeren Militärkontingenten lösen nicht den Konflikt, sie können ihn nur Schritt für Schritt vergrößern und verschlimmern.

Ineins damit müßte logischerweise auch der moralische Einwand gegen diese erkennbare Fehlentwicklung zu immer unheilvolleren Formen von Krieg und Zerstörung sich geltend machen, doch eben das ist im »Volk« nicht der Fall. Allemal ist der Korpsgeist, das Nationalgefühl, der Patriotismus, der Gruppenegoismus im Zweifelsfall stärker tonangebend als die leise Stimme des persönlichen Gewissens. Diese kann und muß nicht nur betäubt, sondern mit dem politischen Propaganda-Begriff der moralischen Verantwortung in ihr Gegenteil verkehrt werden. Mitmal muß man als der Gute dem Bösen entgegentreten und ihn militärisch überwinden; das heißt, man muß ihm alles antun, wovon man fürchtet oder behauptet, daß er es einem selbst zufügen könnte oder mit Sicherheit zufügen will; weil man angeblich das Gute schützt und verteidigt, steht man in der Pflicht, das Böse des anderen mit immer noch Böserem in der eigenen Praktik zu vernichten: die eigenen Frauen und Kinder kann man nur »retten«, indem man Frauen und Kinder auf der Gegenseite verbrennt, zersprengt, zerfetzt, wie bereits vorbereitet durch Rüstung und Training von Kriegshandlungen in stets sich steigernder Grausamkeit. Über allem aber, soll man glauben, erstrahlt das Ziel der Durchsetzung des Guten und Wahren, welches jedes Mittel, das notwendig scheint, es zu erreichen, rechtfertigt, – der Segen Gottes, sagen selbst die Theologen, ruht gewißlich auf dem Sieger, wenn er nur unbeirrt durchhält. – So hat das Volk als ganzes prinzipiell in politischer Verantwortung zu denken, und so wird jeder Einzelne aus dem Volk gedrillt und moralisch umerzogen zu Gehorsam auf Befehl, zur Beseitigung seiner persönlichen Urteilskompetenz, zu mechanischer Entpersönlichung.

Man kann und sollte deshalb noch einmal das ursprüngliche authentische Gefühl des individuellen Erlebens den Propagandaphrasen der alles rechtfertigenden Kampfbefehle zur Aufrechterhaltung der »Moral« der Truppe, d.i. der Bereitschaft zum weiteren Töten, entgegensetzen, erzeigt sich doch die Stärke der individuellen Persönlichkeit, mithin die Kraft von Identität und Authentizität, als der wirksamste Widerstand gegen die Grundbedingungen jedweder Form von Militarisierung: der Vereinnahmung des *Überichs* durch eine aufoktroyierte Idealbildung, des *Ichs* durch Drill und Außenlenkung und des *Es* durch Ausnutzung der Primärbedürfnisse des Selbsterhalts in Gestalt der Affekte und Gefühle von Wut, Haß, Rache und Vergeltung. Der künstlich gezüchtete Zorn auf den Ausbilder staut sich auf gegen den politisch herbeigeredeten »Feind«, der Tod des Kameraden erzeugt den Schmerz, der an den Gegner zurückgegeben werden will und soll, die Bedrohung der eigenen Existenz erlaubt scheinbar gar keine Wahl: der Soldat auf der eigenen Seite als Repräsentant des Richtigen steht in der Pflicht, zum Selbsterhalt zu töten und damit der guten Sache zu dienen. Sogar die Instrumente zum Töten, vom Schwert »Excalibur« bis hin zum »Little Boy« über Hiroshima, tragen die mythisch-liebevollen Assoziationen von etwas magisch Beschützendem, gleichsam Göttlichem an sich.

In allem indessen steht der Einzelne als eine entleerte Figur, als Vertreter einer abstrakten Allgemeinheit, einem anderen gegenüber, der, ebenfalls entindividualisiert, nicht als Person, nur als Uniformträger wahrgenommen wird; selbst die Benennungen, die man ihm zulegt, bezeichnen ihn nach häufigen Vornamen in seiner Muttersprache, nach beliebten Nahrungsmitteln seiner Kultur oder nach rassisch bedingten Gesichtsmerkmalen: In einem Russen tötet man »den« Iwan, in einem Engländer »den« Tommy, in Deutschen »die« Krauts, in Chinesen »die« Schlitzaugen – das

Individuelle ist nur noch als generalisierter Typ wahrzunehmen; nur deshalb kann man Menschen, imprägniert mit der Verächtlichkeit moralischer und politischer Feindmarkierungen, anonym und seriell ohne persönliche Empfindungen, wie Tiere bei der Treibjagd, »zur Strecke bringen«. Dem gegenüber ist es wesentlich die Wiederbesinnung auf die eigene Person, die diesen Wahnzustand staatlicher Verfügbarkeit im Militär als solchen zu erkennen und prinzipiell zu beenden vermag.

b) »Du sollst nicht töten« (Ex 20,13) und die Wirklichkeit des Krieges – drei literarische Beispiele

SIEGFRIED LENZ: DER ÜBERLÄUFER

Was es bedeutet, einen Menschen zu töten, nur weil er militärisch als »Gegner« definiert ist, beschreibt beispielhaft SIEGFRIED LENZ in dem bereits 1951 fertiggestellten, doch erst zwei Jahre nach seinem Tod 2016 herausgegebenen Buch »Der Überläufer«. Der Titel geht zurück auf den zwischen 1925 und 1927 aus eigenen Erlebnissen und Tagebuchaufzeichnungen gestalteten Roman von WILHELM LEHMANN, dessen antimilitaristische Haltung LENZ ebenso teilte wie das Schicksal, zu dem er sich damit verurteilte: LEHMANNS »Überläufer« wurde nicht gedruckt und wäre absichtsvoll wohl in Vergessenheit geraten, wenn nicht ab etwa 2005 die Wilhelm-Lehmann-Gesellschaft in Eckernförde, der Heimatstadt des Autors, diesen einzigartigen Roman gegen den Krieg in Erinnerung gerufen hätte[1].

1 WILHELM LEHMANN: Der Überläufer, 13–17: Einberufung und Abschied, schildert, wie der in Philosophie promovierte *Hanswilli Nuch* (ein Name, der an hebr. ruhen und den biblischen *Noah* erinnert), in zweiter Ehe verheiratet mit *Dina Heerbrandt,* der schwangeren Leiterin einer Speisewirtschaft, als kaufmännischer Angestellter im Frühsommer des vierten Kriegsjahres (1918) einberufen wird und noch vor einer Wahl steht: »Wenn er sich jetzt bemühte, so entstünde das Geschöpf, das aller Unordnung wehrt, das mit seinem Blick die verstörte Welt sich selbst und ihrer endlich-endlosen Vollendung zurückschenkt ... Wenn er nur ruhig hinsehen könnte, aber die Unordnung wusste, was ihr drohte, sie griff jäh wieder zu und schüttelte die Erde aus der Wohltat seines Sinnes. Sie fiel, furchte sich vor Schreck und erstarrte wie gepeinigte

Auch die Veröffentlichung des »Überläufers« von SIEGFRIED LENZ scheiterte gleich 1952, und zwar an dem Gutachter und Lektor *Otto Görner*, der als »ein ehemaliger Vertreter der Waffen-SS«[2] dafür sorgte, daß sein Verlag Hoffmann und Campe nicht in Kollision mit den Remilitarisierungsplänen der *Adenauer*-Regierung geriet. In der Tat: wie in den USA noch heute, galten auch in der BRD (West) Deserteure bis in die 80er Jahre als »Eidbrecher«, »Verräter« und »Feiglinge«; ihr Mut, dem militärischen Mitmachen sich zu verweigern, mußte als »Wehrkraftzersetzung« abgewertet und abgewehrt werden. Der Grund ist einfach: Deserteure beginnen bekanntlich, anhand ihrer Erfahrungen darüber nachzudenken, was Krieg bedeutet, und so könnten sie eine künftige Generation doch wirklich dazu verführen, derartige Erfahrungen erst gar nicht machen zu wollen. – Umso wichtiger ist es, jetzt, in der Nato-Wumms-Politik der EU unter Frau *von der Leyen* und in den Tagen der *Scholz*schen »Zeitenwende«, die zeitlose unaufgebbare Wahrheit des pazifistischen Protestes gegen den staatlich verordneten Massenmord des Krie-

Stirn in Runzeln.« (S. 17) *Nuch* erlebt bereits die Ausbildung zum Soldaten als ein weltumspannendes Chaos aus Willkür, Brutalität, ordinärer Gewalt und empörender Sinnlosigkeit, und an der Front erst recht: »›Regimentsbefehl: Jeder Mann ganz eingraben!‹ In Qual zog *Nuch* seinen Spaten und hackte in den Lehm, aber das Handgelenk starb ihm. Er hätte graben können, wenn er allein gewesen wäre. Er mußte sich aufgeben im Zwange mit den anderen, im Tiefsten unfrei.« (S. 48) Von seinem Leutnant zum Suchen seiner Gasmaske abkommandiert, ergreift er die Chance: er »riss sich die Erkennungsmarke ab, warf das Gewehr weg, nahm die Patronen aus dem Gurt, vergrub sie.« (S. 50) Doch endgültig gelingt ihm die Flucht aus dem Krieg erst, als er in einem wirren Hin und Her zu den britischen Linien überläuft (S. 66–70: Sprung aus dem Graben). – Es ist in der Kriegsliteratur das erste Mal, daß nicht nur die leidvolle seelische wie körperliche Auszehrung von Menschen geschildert wird, die im Krieg als Soldaten inmitten der Vernichtungswalze technisierter Zerstörung ihre »Pflicht« tun, sondern daß so etwas wach wird wie Widerstand gegen den befohlenen Massenmord, wie Befehlsverweigerung, wie die Suche nach Auswegen, um sich als Einzelner dem Wahnsinn der Allgemeinheit zu entziehen. Der französisch oder englisch sprechende Feind steht näher als der auf seinen Vorteil bedachte deutsche »Kamerad«.

2 HELMUT DONAT: Verschanzt hinterm »Zeitgeist«, in: junge Welt, 15. April 2020, Nr. 88, S. 12.

ges zu erneuern, und hervorragend geeignet dafür ist eben der »Überläufer« *Walter Proska* bei SIEGFRIED LENZ.

Der nämlich erlebt in einer Schlüsselszene des Romans, daß er persönlich nicht tun will und eigentlich gar nicht tun darf, was der Wahnsinn des Krieges von ihm verlangt. Die Geschichte spielt im Kriegssommer 1944 in den Masuren, als die schöne Polin *Wanda* von dem deutschen Soldaten *Walter Proska* befehlswidrig in den Waggon eines Güterzugs geschmuggelt wird, nicht ahnend, daß sie eine Partisanin ist und daß die Urne, die sie bei sich führt, in Wahrheit eine Bombe ist, die erst im letzten Moment gerade noch unschädlich gemacht werden kann. *Wanda* springt vor ihrer Entdeckung rechtzeitig aus dem Zug, doch begegnet sie schicksalhaft, wie geahnt, dem Deutschen wieder; und der unverhoffte Augenblick einer leidenschaftlichen Liebe gräbt sich als ein unstillbares Verlangen in *Walter*s Gedächtnis ein. »Krieg«, denkt er, als *Wanda* ihn zurückläßt, in biblisch formulierten Metaphern, »ja, das ist die Zeit, wenn das Blut gekeltert wird (sc. Jes 63,1–6!, d.V.), Krieg, das ist der mächtige Zorn des Eisens (sc. Gottes, in Jes 34, 1–7, d.V.), jene Zeit, da die Panzer mit gleichmütigen Bissen die Landschaft töten (sc. wie Edom in Jes 34,8–15, d.V.); das ist das grausam-lächerliche Abenteuer, in das sich Männer einlassen, wenn sie der Hafer des Wahnsinns sticht, die Tage, da Nachsicht und Geduld rar werden (sc. Jes 30,27–33: die Tage des Zorns Gottes und des heiligen Festes seiner herrlichen Rache, d.V.), da jedem eine Stoppuhr läuft – und keiner kennt die düsteren Zeitnehmer –, Krieg, Krieg, Krieg, zerschelltes Glas der Herzen, Springflut des roten Saftes (sc. vergossen im Blutrausch, d.V.), Kurzschluß der Sehnsucht (sc. nach Gerechtigkeit, Frieden, Liebe und Menschlichkeit, d.V.). Krieg! Wer bist du, du! Du Löschpapier für den Schlaf! Du, der du uns mit dem scharfen Atem des Elends triffst.«[3]

Bemerkenswert ist, wie der »Überläufer« von LENZ bis in die Sprache hinein die biblischen Vorstellungen vom Krieg als Gottesgericht aufgreift, um sie entgöttlicht als ein Werk menschlicher

3 SIEGFRIED LENZ: Der Überläufer, 6. Kap., S. 161.

Bigotterie zu entlarven. Wie sein Freund *Helmut Schmidt* in einem TV-Gespräch mit *Jacques Chirac,* glaubte auch SIEGFRIED LENZ nicht länger an einen Gott, der – nach den Worten des Militärpfarrers – den Krieg in seinen Händen hält; doch ebenso wie der Ex-Bundeskanzler hätte auch sein Protagonist *Walter Proska* Gott wiederfinden können in einem entschiedenen Protest gegen die befohlene Barbarei des brutalen Umbringens von Menschen; dazu aber müßte er entschlossen alles in Frage stellen, was Kirche und Staat ihm im Kriegsfall zu glauben und zu tun abverlangen.

Die Gelegenheit dazu bietet sich in dem Roman freilich unmittelbar. Denn während *Proska,* seinen pazifistischen Gedanken hingegeben, »wie ein Stück Holz ... auf einem Hügel hinter einem Erlenstamm« reglos auf dem Boden liegt, sieht er einen jungen Mann, einen Zivilisten, einen Partisanen, »friedlich und ahnungslos, eine Maschinenpistole quer über die Schulter,« den Abhang heraufkommen[4], und er wundert sich über die Unbekümmertheit des Fremden, der den Krieg wie einen »sentimentalen Spaziergang« zu erleben scheint. »›Ein Mann im Krieg hat aufzupassen‹,« denkt er empört, »er soll töten oder sich töten lassen, und wenn er das nicht kann, muß er nach Hause gehen. So ist's nun mal. Es ist nicht meine Schuld, daß ich hier bin und daß mein (Gewehr)Lauf auf deine Brust zeigt. Aber ich bin hier, und es ist Krieg, und wir beide, du und ich, haben uns danach zu richten. Wir haben dem Krieg zu gehorchen, auch wenn wir ihn hassen wie die Pest. Schließlich möchten wir ja beide leben, du und ich, und wer im Krieg bleiben will, hat an nichts anderes zu denken als an sein Blut. Geh fort, du, geh in eine andere Richtung, mach kehrt oder leg dich schlafen. Aber wage nicht, noch näher an mich heranzukommen. Dann würde ich ... dann müßte ich schießen. Du würdest, du müßtest es auch tun, das weiß ich genau! Geh fort, Freundchen, ich kann es nicht mehr ertragen. Was starrst du so ins Gras! Es ist Krieg, du, noch jedenfalls. Ich kann nichts dafür, wenn ich gleich abdrücke. Du mußt das einsehen, wir gehören jetzt zusammen; du, auf den mein Lauf zeigt,

4 A.a.O., 161.

mußt der erste sein, der mir vergibt, du allein, denn du bist der einzige, der mich verstehen kann. Warum denkst du nicht auch an mich? Glaubst du, mir fällt es leicht? Komm nicht näher heran, du! Uns beide verbindet ein Geheimnis. Warum kehrst du nicht um! Ich liebe dich nicht, du, aber ich hasse dich auch nicht ... Geh in eine andere Richtung, noch hast du Zeit. Zehn Schritte gebe ich dir; großzügiger kann und darf ich nicht sein. Du hast deine Aufmerksamkeit beurlaubt, und das ist deine Schuld. Du wirst es einsehen, wenn es zu spät ist. Bleib doch stehen, Junge, oder hau ab. Dann brauche ich nicht so lange zu warten. Zehn Schritte lang bin ich Herr über dein Leben, zehn Schritte ... Ich sehe deine Mutter ... und deine Frau ... Noch drei Schritte. Jetzt ist es schon zu spät. Ich ziele auf das müde Blumenköpfchen an deiner Brusttasche da. Wenn mir einer vergeben wird, dann mußt du es sein. Du mußt mich verteidigen, denn du weißt, wie du mir zugesetzt hast! – *Proska* krümmte den Finger, zog durch, zog mit geschlossenen Augen. Alle Kugeln fegten hinaus; das Magazin war leer. Er hatte nicht gesehen, wie der Junge mit leicht erstauntem, fassungslosem Gesichtsausdruck nach seiner linken Brusttasche griff und wie seine Knie dann durchknickten und er zusammengekrümmt nach hinten ins Gras fiel, sich einmal um sich selbst drehte und ruhig liegen blieb. *Proskas* Zeigefinger löste sich erst vom Abzug, als das Magazin keinen Todesnachschub mehr hergeben konnte. Dann erhob er sich, lauschte ein Weile, und da er glaubte, daß die Luft rein war, ging er gebückt zu dem toten Partisanen. Er nahm ihm die Maschinenpistole ab und drehte ihn auf den Rücken.«[5]

Was *Proska* hier tut, geschieht wider Willen; er muß vermeintlich so handeln, weil Krieg ist und weil dessen unerbittliche Verhaltensvorschrift für jeden Soldaten im Gegenüber seines Feindes lautet: Du oder Ich. Der polnische Partisan ist persönlich so wenig feindlich gesonnen wie der deutsche Soldat, der ihn erschießt. *Proska* hätte unter anderen Umständen vielleicht den Ahnungslosen in Ausnutzung des Überraschungsvorteils auch

5 A.a.O., 162–165.

entwaffnen und wegjagen können, ja, er hätte ihm sogar versichern können, daß er nicht mehr gewillt sei, auf Menschen zu schießen, und in ihm gerade jetzt einen Gleichgesinnten zu finden hoffe; damit aber würde er die Dauerausrede: Es ist nun mal Krieg, ein für allemal hinter sich lassen; im Gegenzug erhielte er die Chance, sich nicht mit dem Dauerschuldgefühl eines weiteren wissentlich begangenen Mordes belasten zu müssen. Statt dessen bleibt der »Überläufer« bei LENZ ein Getriebener im Niemandsland halbherziger Entschlüsse: er will nicht und tut doch, er folgt dem fremden Gesetz des Krieges, dessen Unmenschlichkeit er durchaus begreift, doch an das er sich gleichwohl hält, um am Leben zu bleiben; nicht »der Krieg« – seine Überlebensangst im Krieg nötigt ihn, gegen sein eigenes Gefühl zu handeln. Aber gerade diese an sich offensichtliche Tatsache sieht nicht und will nicht sehen ein Mann wie *Walter Proska*. Der Krieg, anonym, nicht er selbst als Person trägt in seinen Augen die Schuld daran, ein Mörder zu sein.

So denken, so fühlen »Soldaten«, will Lenz sagen, solange sie als »Überläufer« immer noch Soldaten sind. Eher werden sie dem Ermordeten die Schuld daran geben, sich durch seine Unachtsamkeit zum Abschuß aufgedrängt zu haben, als sich selber die Mutlosigkeit einzugestehen, dem »Feind« nicht als »Freund« entgegengegangen zu sein.

Freilich, auch so ist »der« Krieg: *Proska* wird bald schon von der geliebten *Wanda*, seinem »Eichhörnchen«, überrascht werden, und sie jetzt hätte allen Grund, ihn zu erschießen, denn der unbekannte Partisan, den er kurz nach ihrem Abschied getötet hat, war ihr Bruder. Sie hatte die Schüsse noch gehört, und sie wußte: *er* muß es gewesen sein. Jetzt tritt sie auf ihn zu und hält ihm die schwarze Mündung der geladenen Maschinenpistole an die Brust. »Ich will dich ein Gefühl lehren,« sagt sie drohend. »Du sollst empfinden, wie das ist, wenn das Gewehr seinen Finger nach dir ausstreckt.« Und indem sie den Lauf noch tiefer in seine Brust drückt, offenbart sie ihm, was er getan hat: »Du hast meinen Bruder erschossen.« Umsonst, daß er stammelt: »Mein Gott – das wußte ich nicht. – Woher sollte ich – das wissen? Du –

hattest es mir – nicht gesagt. Ich wünschte immer – daß er stehen bliebe, dein Bruder – ich dachte – geh doch zurück – dachte ich. Aber er kam – auf mich zu. Ich mußte schießen, *Wanda*, sonst hätte er mich – mein Gott – wenn ich gewußt hätte – daß es dein Bruder« –. – »Schweig,« befiehlt *Wanda* ihm schroff. »Geh fort … daß ich dich nicht mehr sehen kann. Laß mich allein, schnell, verschwinde.«[6]

Ja, es stimmt, *Walter Proska* konnte in dem fremden Partisanen nicht *Wanda*s Bruder erkennen; doch wäre das hilflose »mein Gott« in seinem Munde nicht bloß eine leere Phrase, sondern ein ernster Gebetsanruf zu einem – jenseits des »keltertretenden« Gottes der Bibel mit seinem weinrot blutverschmierten Gewand – glaubwürdigen Gott, so wüßte er, daß *alles* Töten im Krieg einem Brudermord gleichkommt oder, umgekehrt gesagt, daß jede Betrachtung des anderen als eines tötungsbereiten Gegners die menschlich gebotene Verbrüderung verhindert. Ohne Angst um das eigene Leben verlöre der Krieg seine dämonische Macht über die Menschen. GANDHI hat recht: wer Frieden will, darf der Angst um sein Leben nicht länger mehr Folge leisten; nur solange diese Angst besteht, können die Drill-Sergeants ihr übles Spiel mit dem Tod exerzieren.

Das in der Tat wäre die Lösung des Kriegsproblems in der Beziehung von Mensch zu Mensch: man müßte den Mut aufbringen, sich dem staatsbefohlenen Massenmorden konsequent zu verweigern; dazu gehört jedoch der Mut, nicht nur von der einen Seite zur anderen überzuwechseln, sondern Nein zu sagen zum Krieg überhaupt und damit der kriegsbefehlenden Staatsautorität den Gehorsam zentral zu verweigern.

In einer TV-Verfilmung des »Überläufers«[7] endet der LENZsche Romanentwurf damit, daß *Walter*, inzwischen Familienvater, im deutschen Fernsehen die Übertragung eines Musikwettbewerbs verschiedener Länder zu Gesicht bekommt und dabei den Auftritt *Wandas* als Sängerin miterlebt. All sein verleugnetes Verlan-

6 A.a.O., 8. Kap., S. 211–215.

7 FLORIAN GALLENBERGER (Reg.): Der Überläufer, ARD, 8. u. 10. April 2020

gen wird wieder wach, – zu ihr gehört er; Heimat ist nicht ein Terrain, für dessen Grenzziehung die Soldaten verschiedener Staaten in Verteidigung oder Eroberung einander bekämpfen und töten müßten, Heimat ist dort, wo jenseits aller künstlichen Schranken ein Mensch einen anderen mehr liebt als sein eigenes Leben. Im Film läuft *Walter Proska* ein letztes Mal über, um in dem Menschen, den er von Herzen liebt, bei sich selbst anzukommen.

Im Roman endet es nicht so hoffnungsfroh. Wohl glaubt *Walter Proska* einmal, in einer Bar *Wanda* mit einem Einarmigen Slow-Fox tanzen zu sehen[8], doch das ist ein Wunschbild, keine Wirklichkeit. Was LENZ an das Ende seines Romans setzt, ist nicht ein Aufblühen zu Liebe und Glück, sondern die hilflose Vergeblichkeit, die Schuld der Vergangenheit abzutragen. Die sozialistischen Ideen von einer menschheitsbeglückenden Revolution können *Walter Proska* schon deshalb nicht überzeugen, weil er als gefangener Handlanger eines antifaschistischen Staates derselben außengelenkten Unmenschlichkeit unterworfen bleibt wie zuvor als Soldat der Großdeutschen Wehrmacht: er muß am Schreibtisch zur revolutionären Hygiene Menschen ausweisen, »die gegen den Krieg« sind, ohne um ihr weiteres Schicksal zu wissen[9]. Wohl glaubt er, daß »Gott auch durch das Verdunklungsrollo« eines Parteibüros blickt[10], doch dieser Glaube verleiht ihm erneut nur die Kraft zur Flucht, nicht zum Widerstand. Bereits die Flucht freilich ist voller Gefahren; nur mit äußerster Mühe gelingt es ihm, eine Frau mit ihrem Gepäck, in dem sich die Manuskripte ihres Mannes befinden, durch die Kette der Grenzwachposten hindurchzuretten[11]; gleich an der Bahnhofshalle aber findet er eine Suchanzeige: seine eigene Schwester *Maria Rogalski* sucht da nach ihrem Mann, *Kurt* heißt er, und er weiß: *er* hat ihn getötet[12].

8 SIEGFRIED LENZ: Der Überläufer, 14. Kap., S. 306–307.
9 A.a.O., 16. Kap., 323–325.
10 A.a.O., S. 326.
11 A.a.O., S. 329–334.
12 A.a.O., S. 336; wie es geschah, dazu vgl. 12. Kap., S. 272–281; 12. Kap., S. 283–293.

All das Töten im Krieg ist, so besehen, ein Verwandtenmord innerhalb ein und derselben Menschheitsfamilie. *Walter* müßte *Maria* in einem Brief darüber berichten, aber erst nach Monaten findet er tatsächlich die Kraft dazu; dann jedoch kommt der Tag, da der Postbote ihm einen Brief bringt, auf dessen Rückseite steht: »Nicht zustellbar. Empfänger unbekannt verzogen.«[13] – Noch im Nachlauf zerreißt der Krieg die menschlichen Verbindungen, die nötig wären, um das gemeinsam erlittene Leid gemeinsam abzutragen. Dem »Überläufer« bleibt nur das Exil der traurigen Einsamkeit eines Gescheiterten. Er hat überlebt; doch was für ein Leben! Dem Krieg zu widersprechen hätte ihn das Leben kosten können; doch warum nicht! Gerade das meinte Jesus, als er bei der Aussendung seiner Jünger sagte: »Wer sein Leben verliert um meinetwillen, der wird es finden.« (Mt 10,39)

»Aber: die Masse ist nicht Martyrer«, lautet der ständige Einwand. Nur – was bleibt dann außer dem Unleben eines geistlos gefügigen Selbstverrats in der verordneten Fabrik des Todes? Es mag verwundern, ist an sich aber nicht erstaunlich, daß bei Auswertung der Abhörprotokolle kriegsgefangener deutscher Wehrmachtssoldaten sich zeigte, wie wenig sogar die begangenen Massenvernichtungen von Juden für sie »in Wahrnehmung und Bewußtsein« eine zentrale Rolle spielten; sie wußten wohl davon, doch blieben sie davon unberührt wie von Ereignissen in einer Parallelwelt. Das Grauen selber hatten sie abgespalten, – was sie interessierte, war die technische Seite möglicher »Verbesserungen« in der Tötungsroutine, ganz ähnlich wie in der Entwicklung »besserer« Bomber, Raketen und Kanonen[14]. Über die eigenen Ängste vor dem Tod und das Erleiden des Sterbens wurde so wenig gesprochen wie in der Zivilgesellschaft; andererseits wurde das Gegenteil: z. B. der Abschuß gegnerischer Flugzeuge oder das »Umlegen« von Soldaten oder das »Hacken« weiblicher Partisanen, als ein großer »Spaß« kommuniziert[15]; sogar das Ausmerzen ganzer Dörfer, deren Bevölkerung man erschossen oder zum Ver-

13 A. a. O., S. 337.

14 SÖNKE NEITZEL – HARALD WELZER: Soldaten, 156–157.

15 A. a. O., 209.

hungern und Erfrieren in die Steppe getrieben hatte, wurde zu einer alltäglichen Bagatelle: es war ja befohlen[16]! Was, muß man sich fragen, ist nur mit Menschen los, die von der Amputation ganzer Teile ihrer Seele so wenig zu verspüren scheinen?

ERICH MARIA REMARQUE: IM WESTEN NICHTS NEUES

ERICH MARIA REMARQUE, der die psychische Abstumpfung beim Stellungskrieg an der Westfront im Ersten Weltkrieg so eindringlich geschildert hat, weist mit Recht auf die Unmittelbarkeit des Erlebens hin, durch welche die Einstellung zum Kriegsgeschehen sich nachhaltig aus der aufgesetzten Perspektive der Propaganda zu lösen vermag. – Eben noch steht für seinen Protagonisten *Paul Bäumer* mitten im Artillerielärm der Grabenkämpfe fest, daß »wir ... alle die gleiche Angst (haben) und das gleiche Leben«[17]. Er selbst liegt, relativ geschützt, in einem Granattrichter, als unter dem Knarren der Maschinengewehre klatschend der schwere Körper eines französischen Soldaten zu ihm hinabrutscht, den er mit dem Bajonett aufgespießt hat. Der schwerverwundete Poilu röchelt und stöhnt und löst dadurch den Wunsch aus, ihm den Mund zuzudrücken oder ihn mit einem Dolch zu erstechen, – »er soll still sein.«[18] Doch »still« wird er von selbst, vor lauter Erschöpfung; dafür öffnen sich seine Augen »mit einem Ausdruck furchtbaren Entsetzens«[19], und der Anblick seines Mundes mit den trockenen Lippen bringt den deutschen Soldaten dazu, mit seinem Taschentuch ihm etwas Wasser aus dem schlammigen Trichtergrund zu holen. Aus Mitleid und Schuldgefühl wird die Beziehung zu dem Sterbenden immer enger. »Er ist der erste Mensch, den ich mit meinen Händen getötet habe, den ich genau sehen kann, dessen Sterben mein Werk ist ... jeder Atemzug legt mein Herz bloß. Dieser Sterbende hat die Stunden für sich, er hat ein unsichtbares Messer, mit dem er mich ersticht: die Zeit und meine Gedanken. Ich würde viel darum geben, wenn er

16 A.a.O., 313.
17 ERICH MARIA REMARQUE: Im Westen nichts Neues, Kap. IX 150.
18 A.a.O., 153.
19 A.a.O., 155.

am Leben bliebe. Es ist schwer, dazuliegen und ihn sehen und hören zu müssen ... Das Schweigen erscheint mir bald noch schwerer zu ertragen als das Stöhnen ... Es ist so sinnlos, was ich tue ... So lege ich den Toten noch einmal zurecht, damit er bequemer liegt, obschon er nichts mehr fühlt. Ich schließe ihm die Augen ... ich kann meine Gedanken nicht mehr halten ... So rede ich ihn an und sage ... ihm: ›Kamerad, ich wollte dich nicht töten ... Aber du warst mir vorhin nur ein Gedanke, eine Kombination, die in meinem Gehirn lebte und einen Entschluß hervorrief; – diese Kombination habe ich erstochen. Jetzt sehe ich erst, daß du ein Mensch bist wie ich. Ich habe gedacht an deine Handgranaten, an dein Bajonett und deine Waffen; – jetzt sehe ich deine Frau und dein Gesicht und das Gemeinsame. Vergib mir, Kamerad! Wir sehen es immer zu spät. Warum sagt man uns nicht immer wieder, daß ihr ebenso arme Hunde seid wie wir, daß eure Mütter sich ebenso ängstigen wie unsere und daß wir die gleiche Furcht vor dem Tode haben und das gleiche Sterben und den gleichen Schmerz. – Vergib mir, Kamerad, wie konntest du mein Feind sein? Wenn wir diese Waffen und diese Uniformen fortwerfen, könntest du ... mein Bruder sein ...‹ – Dieser Tote ist mit meinem Leben verbunden ... ich gelobe blindlings, daß ich nur für ihn dasein will und seine Familie ... Ich habe den Buchdrucker *Gérard Duval* getötet. Ich muß Buchdrucker werden, denke ich ganz verwirrt.«[20]

REMARQUES tragischer Kriegsteilnehmer *Paul Bäumer* stellt mit diesen Gedanken sein gesamtes Soldatsein in Frage, weil er persönlich erlebt, wozu man ihn an die Front gestellt hat: der Mensch, den er tötet, ist genau wie er selbst, in der Person des anderen stirbt auch er, und er kann mit seiner Trauer und seinem Schmerz nur weiterleben, indem er die zerstörte Existenz des anderen in seine eigene aufnimmt. – *Warum* sagt man uns nicht, daß wir beiderseits der Frontlinien allsamt nur Menschen sind, die einander gleichen in ihren Ängsten, Sehnsüchten und Beziehungen? – Weil man auf den Kasernenhöfen und in der politi-

20 A.a.O., 156–159.

schen Propaganda das Gegenteil sagen muß, um Menschen kriegsfähig zu formen! Also: man muß auf sich selber, statt auf den Brüllsergeanten mit seiner berufsmäßigen Schulung zu Haß und Verachtung, hören! Man darf nicht darauf warten, daß der Staat es einem Soldaten erlaubt, die Waffen und die Uniformen wegzuwerfen, um endlich wieder Mensch zu sein! Man muß den Mut aufbringen, es sich selbst zu erlauben. Dann erst ist die Gotteslästerung »gerechter Kriege« und die verlogene Selbstvergottung des Staates mit der moralischen Rechtfertigung seiner Machtpolitik am Ende, – der psychotische Albtraum der menschlichen Geschichte in Gestalt des Krieges hebt sich hinweg, sobald man begreift, was es bedeutet, aus lauter Angst Menschen zu töten, die an derselben Angst leiden wie man selbst.

Oder man kehrt das Bild um und macht sich bewußt, zu welchen Formen der Unmenschlichkeit die militärische Ausbeutung menschlicher Angst Menschen zu treiben vermag. REMARQUE sah im Ersten Weltkrieg »das Grauen des Krieges« in den Panzern verkörpert, die »in langer Reihe« auf die Schützengräben des Gegners zugerollt kommen. »Die Geschütze, die uns das Trommelfeuer herüberschicken, sehen wir nicht«, schrieb er, »die angreifenden Linien der Gegner sind Menschen wie wir, – aber diese Tanks sind Maschinen, ihre Kettenbänder laufen endlos wie der Krieg, sie sind die Vernichtung, wenn sie fühllos in Trichter hineinrollen und wieder hochklettern, unaufhaltsam, eine Flotte brüllender, rauchspeiender Panzer, unverwundbare, Tote und Verwundete zerquetschende Stahltiere – – wir schrumpfen zusammen vor ihnen in unserer dünnen Haut, vor ihrer kolossalen Wucht werden unsere Arme zu Strohhalmen und unsere Handgranaten zu Streichhölzern.«[21] – Angst läßt sich nicht beseitigen, nur vermehren, wenn man ihr die Gestalt technischer Tötungsgeräte verleiht, hinter welchen die Menschen als ihre geschulten Bedienungsautomaten unsichtbar werden; doch furchtbarer noch als in dem Grauen des mechanisierten Tötens beim Militär tritt die Perversion des Krieges in dem Erleben der Grausamkeit zu

21 A.a.O., Kap. XI 196.

Tage, mit der Menschen ihr Tötungsgerät unmittelbar, *vis-à-vis*, gegen andere Menschen einsetzen.

TIMOTHY FINDLEY: DER KRIEG UND DIE KRÖTE

Der Kanadier TIMOTHY FINDLEY hat derartige Erfahrungen beispielhaft mit dem Einsatz der neuartigen Erfindung des Flammenwerfers im Jahre 1916 verbunden, datiert zwischen dem 29. Febr. und dem 2. März: »Ein Tag«, so schreibt er in seiner Nachdichtung des Krieges, »verblutete in den anderen. Sie verschmolzen. Tag und Nacht waren nicht mehr zu unterscheiden, – die Nächte erhellt von den Flammen einer schrecklichen neuen Waffe, und die Tage vom Rauch verdunkelt. Die Erde brannte, Truppen wurden vernichtet und andere nach vorn geworfen. Kompanien wurden auf die Größe von Gruppen (sc. Zügen, Platoons, d. V.) dezimiert ... Die Waffe, mit der die Deutschen jetzt angriffen, war bei Verdun eingeführt worden. Das Ding wurde Flammenwerfer genannt, und Gerüchte über diese neue Waffe waren überall an der Front aufgetaucht, – aber niemand hatte sie geglaubt. Männer, so hieß es, die mit Feuer gefüllte Tanks auf dem Rücken trugen, gingen der Truppe voraus und verteilten das Feuer mit Schläuchen. Wasser brannte, und Schnee ging in Rauch auf. Nichts blieb übrig. Es war tatsächlich die totale Vernichtung. Die schrecklichste aller Waffen war erfunden worden. Nur Staub und Asche bleiben von Schützengräben übrig, die dicht besetzt mit Menschen gewesen waren. So lauteten die Gerüchte ... Einige der Kommandeure lachten. Feuer konnte nicht aus Schläuchen kommen ... (Aber:) Die Flammenwerfer tauchten vor St. Éloi zum erstenmal am Abend des 29. (sc. Febr. 1916, d. V.) auf – einem Dienstag ... Gegen Sonnenuntergang waren im Niemandsland vierzehn ›Träger‹ aufgetaucht. Sie trugen metallene Brustplatten, auf denen vorn große rote Kreuze gemalt waren. Dies waren nicht die Kreuze der Barmherzigkeit. Dies war das Zeichen der Einheiten, die speziell in ›chemischer Kriegführung‹ ausgebildet waren und die erst vor einem Monat dem begeisterten Kaiser vorgeführt worden waren. Das deutsche Oberkommando hatte soviel Vertrauen in diese neue Waffe, daß sie der Offensive bei Verdun, wo sie zuerst eingesetzt werden sollte, den Beinamen ›Operation Gericht‹ gaben. Der Ort des Gerichtes. – Feuerstürme wüteten entlang der Front. Menschen gingen in die Luft, dort, wo sie gerade standen, – in Stücke gerissen von der Wucht der Explosion. Stürme mit der Geschwindigkeit von Zyklonen rissen die Kanonen aus ihrer Bettung und schleuderten sie umher wie Spielzeug. Pferde stürzten mit brennenden Knochen, Menschen erblindeten in der Hitze. Blut floß aus Nasen, Ohren und Mündern. Brunnen und Quellen waren von den Leichen von Menschen, Maultieren und Hunden verstopft, die sich dorthin geflüchtet hatten. Die Stürme konnten stundenlang dauern – bis der Lehm gebrannt und die Erde versengt und vom Feuer versiegelt war.« – Von den Tieren, welche einer der Soldaten im Unterstand gepflegt hatte, waren das Kaninchen, der Igel und der Vogel bereits bei einem Gasangriff umgekommen; einzig eine Kröte, die »während ihrer Winterstarre nur dreimal in der Minute« atmet, hatte überlebt, und es gelingt tatsächlich, sie »in einem Eimer mit Trinkwasser« zu retten. »Die Kröte trank durch die Poren. Das Wasser war rein. Es war die Frage …, welchem Element man angehörte.«[22]

Menschen, die andere Menschen in Chlorgas verröcheln lassen und sie in Feuerstößen wie brennende Fackeln zum Flammentode verurteilen, halten sich offenbar naturwidrig in einem ihnen nicht gemäßen »Element« auf, – sie leben »elementar« verkehrt. Was in immer neuen Varianten des Entsetzlichen Menschen im Kriege einander antun, dürfen sie nicht tun, wenn sie noch Menschen bleiben wollen, und sie können es nicht tun, solange sie noch Menschen sind. Die »kirchliche Verkündigung« freilich hinderte das zu keiner Zeit (nach der *Konstantin*ischen Wende), in Staatstreue ihre Bischöfe und Pastöre über »Flaggen und heilige Kriege und das Empire« sprechen zu lassen und ihnen »sogar die Frechheit« aufzutragen, »über Weihnachten zu sprechen.«[23] Klar er-

22 TIMOTHY FINDLEY: Der Krieg und die Kröte, Teil Drei, S. 182–184.

23 A. a. O., Teil Eins, S. 69. – SÖNKE NEITZEL – HARALD WELZER: Soldaten, 313, schildern, wie die »Relevanz der Handlungsnorm, bis zum ›Letzten‹ zu kämpfen,« auf deutscher Seite im Zweiten Weltkrieg ihre Grenzen fand, als

kennbar bleibt die Tatsache, daß man diesem gesamten kriegsbegünstigenden System aus Kirche und Staat als Christ wie als Mensch widersprechen und sich verweigern muß, und das mit allen zu Gebote stehenden Mitteln des gewaltfreien Widerstands.

2. *Und warum zieht die Politik der Staaten immer wieder in den Krieg? – Geld ist der Nerv des Krieges!*

Mit Menschen, die sich persönlich begegnen, kann man keinen Krieg machen. Also muß man sie in angezeigter Weise als Individuen ausschalten, muß man sie entpersonalisieren, muß man sie in serielle Nummern einer kommandoabhängigen Tötungsmaschinerie verwandeln. Alles im Menschen protestiert gegen diese Perversion des Daseins, und doch lassen Menschen im allgemeinen sich wieder und wieder, quer durch die Jahrtausende, eben diese Perversion gefallen. Wieso? Weil sie Angst haben, sagten wir bisher. Weil man ihre Angst im Rahmen einer moralisierenden Propaganda ausnutzt zum Zwecke der Machtpolitik unter dem Vorwand, für Recht und Ordnung einzutreten, fügten wir hinzu. Weil die Mechanik der Angst und der Angstverbreitung eine ständig sich steigernde umweltschädliche und menschenschädigende Waffenproduktion vorantreibt, die periodisch, schon um ihre Kosten einzubringen, den Krieg zum Selbsterhalt benötigt, mußten wir ergänzen. – All das sind erkennbar Kriegsgründe auf der Ebene des Psychologischen; sie müssen schon ihrer desaströsen Wirkung wegen unbedingt religiös aufgelöst und überwunden werden, auf daß Menschen Menschen bleiben und nicht im Widerspruch zu dem, was sie selbst sind, immer von neuem in den Untergrund des Unmenschlichen hinabgedrückt werden.

Jedoch: schon dieser Aufgabe sich zu stellen, erfordert bereits

»die Briten Flammenwerfer eingesetzt haben und die ersten Soldaten aufgrund der Hitze und des Sauerstoffmangels ohnmächtig geworden waren«; damit war »der Pflicht ... Genüge getan.«

eine Menge an Mut, Geduld und Arbeit – sowie das Vertrauen eines langen Atems, weil ohne Aussicht auf alsbaldigen Erfolg im Raum der Politik. Doch eben deshalb darf man die Wirkung *eines* Faktors nicht aussparen, den wir bisher zwar ständig berührt, doch thematisch noch nicht gebührend in die Hand genommen haben: *L'argent est le nerf de la guerre* – Geld ist der Nerv des Krieges, sagt man auf französisch. Geld macht Krieg möglich, Geld macht ihn nötig und Geld beendet ihn, wenn es nicht auslangt. Alle Kriege, gerade die militärisch ausgetragenen, sind Wirtschaftskriege. Was also ist Geld?

So eine Frage klingt wie etwas wirtschaftlich leichthin zu Beantwortendes, in Wirklichkeit jedoch erweist die Macht des Geldes sich als das Zentralsymptom einer Gesellschaft, die haltlos im Inneren sich an das Äußere zu klammern sucht. Auch das erklärt die Bergpredigt jedem Geschäftsmann und Politiker: Ihr könnt nicht Gott dienen und dem Mammon! (Mt 6,24) Doch um diese Aussage zu verstehen, müssen wir ein letztes Mal ARISTOTELES ein Stück weit widersprechen: Geld ist nicht ein harmloses Stück Münze, es dringt in alle Grundbedürfnisse menschlichen Lebens ein und setzt sich, ohne Halt im Absoluten, haltlos selber absolut; es wird zum Götzen oder Dämon, seelisch im Potential der Sucht, gesellschaftlich in jener Orgie von Produktion und Destruktion, die als systemimmanente Struktur in Gestalt des Kriegskapitalismus um sich greift.

a) Von der Natur des Geldes als Tauschmittel und als Kapital

Für ARISTOTELES war Geld ein bloßes Zahlungsmittel auf dem Markt[24], – eine Auffassung, die auch heute noch den Studenten der Volkswirtschaftslehre beigebracht wird und sich durch den Gebrauch von Geld wie selbstverständlich zu bestätigen scheint. Geld trägt man bei sich, um etwas einkaufen zu können: eine Ware oder eine Dienstleistung. – Jemand möchte seine Freundin

24 ARISTOTELES: Politik, 1257a25–1257b4; 1. Buch 9, S. 93–94. Vgl. E. DREWERMANN: Finanzkapitalismus, 49–53.

besuchen und ersteht für 20,– € einen Strauß von roten Rosen; dann steigt er in ein Taxi und fährt für 18,– € zu ihrer Wohnung, in der sie für 650,– € Kaltmiete pro Monat auf einer Fläche von 78m² in zwei Zimmern, Bad und Küche untergebracht ist. Für Geld, wie man sieht, kann man »alles« bekommen: Gegenstände, Wunscherfüllungen, Wohnendürfen ... Geld verkörpert ein bestimmtes Quantum an Wert, das sich in den Wert alles Käuflichen marktgerecht umrechnen läßt. Geld ist also tatsächlich, wie ARISTOTELES meinte, ein universales Tauschmittel. In dieser seiner Eigenschaft erübrigt es vor allem die Mühsal des ursprünglichen Tauschhandels in Naturalien.

Wie es *da* freilich zugeht, wird jeder noch erinnern, der die Zeit des Schwarzhandels nach 1945 miterlebt hat. Mit der alten Reichsmark waren durch deren inflationäre Geldentwertung keine Geschäfte mehr zu machen; wer Brot, Milch oder Käse einkaufen wollte, benötigte dazu Gutscheine, welche die zu handelnde Warenmenge für einen bestimmten Zeitraum festlegten, oder er ging über die Dörfer und versetzte Kohlen, Textilien, Porzellan, was auch immer er erübrigen konnte, bei den Bauern, um an die nötigen Nahrungsmittel zu gelangen. – Ein solcher Tauschhandel ist dadurch gekennzeichnet, daß der Wert der Tauschgüter nicht feststeht; er muß von Fall zu Fall, je nach Bedürfnis des Käufers und der Nutzeneinschätzung des Händlers, ausgehandelt werden. Dabei genießt der Warenbesitzer gegenüber dem Warenkäufer zumeist einen gewissen Vorteil: er kann die Ware entbehren, die der andere unter Umständen dringend benötigt; mit der Dringlichkeit des Bedürfnisses steigt natürlich der Wert des Kaufobjekts auf seiten des Käufers, und dementsprechend kann der Verkäufer diesen Wertanstieg zu seinem Vorteil nutzen. Wieviel wert ist einem Verdurstenden ein Glas Wasser? Vielleicht ein Säckchen Rohdiamanten?

Dabei zeigt sich: je spezieller die Ware ist, die man zum Tausch bestimmter notwendiger Produkte einsetzen möchte, desto schwieriger wird es werden, einen Interessenten dafür zu finden. Wie soll man mit dem Kotflügel eines alten Autos an zwei Pfund

Mehl kommen? Der Tauschhandel floriert nur bei Gemeinsamkeit unterschiedlicher Interessen an unterschiedlichen Gütern[25].

Anders in der BRD (West) ab dem 20.6.1948, als mit Einführung der D-Mark der Schwarzmarkt endete. Wochen zuvor noch waren die Regale der Händler leer, weil diese die abgewertete Reichsmark als Tauschmittel nicht mehr brauchen konnten; doch jetzt konnte man »alles« bekommen, was man mit den 50,- DM, die jedem als Startkapital zur Verfügung gestellt wurden, zu bezahlen vermochte. Einen Moment lang schienen dabei die Warenbesitzer nach wie vor in der besseren Position befindlich: durch die Bedürfnissteigerung ihrer Kunden arbeitete die Zeit zu ihren Gunsten. Jetzt aber, bei einer einigermaßen stabilen Geldwertpolitik, kehrte die Lage sich um: Mit dem Geldwert ist eine bestimmte Dauer in der Zeit gegeben, wohingegen der Wert einer verkäuflichen Ware von seiner Verfallszeit abhängig ist. – Schon diese einfachen Feststellungen zum Thema Geld verweisen auf *zwei Probleme*, die mit der Geldwirtschaft gegeben sind und die jederzeit ihre eigene Dynamik entfalten.

Zum einen: Da Geld auf dem Markt als Kaufmittel »alles« (jede beliebige Ware von entsprechendem Wert) zu bedeuten vermag, verwandelt es sich selber in etwas Allbedeutendes. Nichts scheint fortan so kostbar als der Besitz von Geld, verspricht es doch die Erfüllung von allem Wünschbaren. Als der Wert, der auf dem Markt alles bedeutet, teilt es allem, was auf dem Markt sich handeln läßt, seinen Wert zu. Anders gesagt: alles ist nur grad so viel wert, wie sich bei seiner Veräußerung auf dem Markt in der Geldform »realisieren« läßt. Indem das Geld somit zu dem Wertinbegriff aller Werte aufsteigt, führt es wie von selbst zu der Entwertung aller Werte. Es selbst erreicht dadurch eine solche Kostbarkeit, daß keine Aktivität fortan erstrebenswerter erscheint, als Geld zu vermehren, und dies am besten und schnellsten, indem man den mühsamen Prozeß des Austauschprozesses von Ware, Geld und Ware vermeidet und Geld von vornherein zur Geldvermehrung einsetzt. Das im eigentlichen ist die Ge-

25 E. DREWERMANN: A.a.O., S. 51.

burtsstunde des Kapitals, wenn Geld nicht mehr dem Handel auf dem Markt in Kauf und Verkauf dient, sondern wenn es zu einem bloßen Mittel gerinnt, um mit Geld noch mehr Geld zu »machen«. Doch wie das?

Allemal ist es jetzt ratsam, Waren nicht länger mehr anzukaufen, um sie mit einem kleinen Preisaufschlag gewinnbringend weiterzuverkaufen, sondern selber Waren herzustellen, also in die Produktion von Waren einzusteigen. Zu diesem Zweck muß man allerdings als erstes selber Geld investieren, um die nötigen Produktionsmittel: Maschinen, Materialien, Lagerhallen, Arbeitslöhne, Vertriebsmöglichkeiten, vorfinanzieren zu können; die vorgeschossenen Kosten müssen dann durch den Verkauf der hergestellten Waren die nötige Rendite einfahren. Es entsteht somit ein zum Handelskapital gegenläufiger Kreislauf: Geld (als investives Kapital) – Ware (als Produkt) – Geldgewinn (Rendite durch Warenabsatz). – Daraus aber ergibt sich ein neues Problem: die Vielzahl derer, die einen ähnlichen Weg beschreiten, nötigen dazu, sich wirtschaftlich erfolgreich gegen sie durchzusetzen. Um möglichst rentabel in Konkurrenz mit anderen Herstellern produzieren zu können, muß man die eigenen Produkte vergleichsweise billiger auf dem Markt anbieten als die konkurrierenden Unternehmen, und dazu gibt es nur zwei Verfahren, die den Kapitalismus als Wirtschaftssystem wesentlich kennzeichnen: es müssen die Lohnkosten in der Herstellung möglichst niedrig gehalten werden, und es müssen die nötigen Materialien zur Verarbeitung, die Rohstoffe, möglichst billig erworben werden[26].

Zu dem ersten Verfahren, dem systembedingten Lohndumping, ist zu bemerken, daß der Arbeitnehmer dem Produzenten als seinem Arbeitgeber auf dem Arbeitsmarkt als ein Lohnabhängiger gegenübersteht. Er braucht den Lohn für sich (und seine Familie), um leben zu können, doch als erstes, um arbeiten zu können, muß er sich selbst als Arbeitskraft mit seinen physischen und psychischen Fähigkeiten dem Arbeitgeber als dem Besitzer der Produktionsmittel zur Anwerbung feilbieten. Er muß mithin

26 E. DREWERMANN: Von Krieg zu Frieden, 57–79: Der Verteilungskampf um die Rohstoffe.

sich selbst zu einer käuflichen Ware machen, um Waren für den Unternehmer herzustellen. In seiner Entlohnung aber wird er nicht an dessen Gewinn beteiligt, sondern er bekommt für seine Arbeit gerade so viel, wie nötig ist, um seine Arbeitsleistung aufrecht zu erhalten. Einander gegenüber stehen sich jetzt also nicht mehr Geldbesitzer (als Käufer) und Warenbesitzer (als Verkäufer), sondern der Produzent als Eigentümer der Produktionsmittel und der Arbeiter in Lohnabhängigkeit von seinem Arbeitgeber. Und erst damit beginnt das Geld als Industrie-Kapital richtig zu arbeiten.

Vorhin auf dem Markt, als lediglich Käufer und Verkäufer (Geldbesitzer und Warenbesitzer) einander gegenüberstanden, ergab sich ein möglicher Vorteil des Geldbesitzes infolge der Vergänglichkeit der Ware: ein Blumenverkäufer auf dem Samstagsmarkt weiß, daß er seine Tulpen nicht über das Wochenende lagern kann, – er muß sie heute verkaufen, denn schon am nächsten Montag sind sie kaum noch verkäuflich; also wird er gegen Samstagmittag den Verkaufspreis senken, um sein Angebot attraktiver zu machen. Ein smarter Geldbesitzer wird Blumen daher erst mittags einkaufen, um den vorhersehbaren Preisnachlaß zu einem billigen Schnäppchen zu nutzen. Der Geldbesitzer hat in diesem Fall einen Handelsvorteil gegenüber dem Warenbesitzer. Im kapitalistischen Wirtschaftssystem aber stellt sich der Geldvorteil noch weit wirkungsvoller dar: Indem der Unternehmer die Produktionsmittel besitzt, an denen er seine Arbeiter Warenwerte herstellen läßt, kann er erwarten, mit dem Verkauf der hergestellten Waren weit mehr einzunehmen, als er an Löhnen und Produktionskosten ausgeben muß. Indem er die Lohnkosten so niedrig wie möglich hält, kann er seine Waren sogar verbilligt auf den Markt werfen und sie umsatzgünstiger als die Konkurrenz anbieten; so kann er mehr von ihnen verkaufen und damit seine Profitrate steigern. Lohndumping ist mithin bei funktionierendem Markt identisch mit der Steigerung der Unternehmerrendite.

Bleibt noch als zweites Verfahren der Kostenverbilligung der Zugriff auf möglichst billige *Rohstoffe*. Seitdem der Fortschritt in Wissenschaft und Technik zu einem immer verfeinerteren Bedarf an bestimmten Bodenschätzen (Aluminium, Bauxit, Coltan, Lithium, Seltene Erden etc.) zur Entwicklung von Drohnen, Handyakkus, Elektroautos oder Chips auf der Basis der Quantenphysik geführt hat, kommt es darauf an, die Länder, in denen solche Ressourcen sich finden, dahin zu bringen, daß sie den eigenen Firmen die Abbau- und Schürfrechte gestatten, mit denen die benötigten Naturprodukte zu beschaffen sind. Man beutet die entsprechenden Länder nicht mehr aus wie in den Tagen des Kolonialismus durch Besetzung des Staatsgebietes und durch Versklavung der Bevölkerung; man geht im Neokolonialismus weit geschickter vor in Form von Wirtschaftskriegen gegen nichtwillfährige Regierungen mittels einer erpresserischen Sanktions- und Embargo-Politik oder durch die direkte Absetzung von Regierenden vermittels einer brutalen Regime-Change-Politik, wobei man die ethnischen, sozialen oder kulturellen Differenzen und Divergenzen des entsprechenden Landes von außen (durch Geld- und Waffenlieferungen) soweit anheizt, daß die bisherige Regierung gestürzt und durch eine neue, den eigenen Interessen dienstbare ersetzt werden kann[27]. So geschehen beispielsweise in der Ukraine bei dem Maidan-Putsch 2014.

Und nicht nur die Bodenschätze, auch die Handelswege, auch die Entlohnung einheimischer Arbeitskräfte, auch die Leitwährung des Dollars und die Kalkulation der Wechselkurse, ferner die Erstellung einer gewissen Rechtssicherheit zur Durchsetzung der eigenen Interessen sind von großer Bedeutung. All das gestaltet sich im politischen Alltag naturgemäß oft recht kompliziert, es erlaubt aber die Aussage, daß der Kapitalismus mit der ihm zutiefst innewohnenden konkurrenzbedingten Wachstumsdynamik (immer mehr immer schneller) gar nicht anders auftreten kann, als expansiv militaristisch und imperialistisch zu agieren. So verstehen wir den eben zitierten Satz von *Jean Jaurès*, der Kapitalismus trage den Krieg in sich wie die Wolke den Regen. Denn da haben wir einmal innenpolitisch die Klassengegensätze von Arbeitgebern und Arbeitnehmern, von Kapitaleignern und

27 A.a.O., 162–164 – das Beispiel Libyen.

Lohnempfängern, und andererseits die Ausbeutungsrelationen von Industrieländern und Entwicklungsländern. Die Frage stellt sich jetzt: wer kann im Wettkampf der Staaten und Militärbündnisse bestimmte Länder und Regierungen auf seine Seite ziehen, politisch, wirtschaftlich, juristisch und eben: notfalls militärisch? Um hier »erfolgreich« zu sein, darf man nicht zimperlich vorgehen. Wie viele Regierungsbeamte etwa müssen ermordet werden, um die Bühne für die eigenen geeigneten Sprechfiguren freizumachen[28]? – Wenn Geld zu Kapital (zum Mittel der Geldvermehrung) wird, sind Krieg und Gewalt nicht zu vermeiden.

28 A.a.O., 81–169: Politik als Fortsetzung des Krieges mit anderen Mitteln: Jugoslawien, der MIK (Militärisch-Industrielle Komplex), das Gleichgewicht des Schreckens, die Ukraine und die Nato-Osterweiterung. – Wie die USA fremde Länder mit »Militärhilfe« und Geldzuwendungen in ihre Einflußzonen und Militärbasen verwandeln, beschreibt für die Zeit des Kalten Krieges der indische Historiker VIJAY PRASHAD: Washington Bullets, 66–67, am Beispiel des Sturzes von *Jacobo Árbenz* 1954 in Guatemala und meint: »sein Sturz wirkte wie aus einem Lehrbuch, das später immer wieder verwendet werden sollte für die Beseitigung von *João Goulart* aus Brasilien im Jahr 1964 und von *Salvador Allende* in Chile im Jahr 1973; für den Sturz von *Abd al-Karim Quasim* im Irak 1963 und für *Sukarno* in Indonesien 1965; für die Absetzung von *Patrice Lumumba* aus dem Kongo 1961 und von *Juan José Torres* in Bolivien 1971. Es gibt auch Ähnlichkeiten in Bezug auf das methodische Vorgehen beim Sturz der Regierung von *Evo Morales* 2019 in Bolivien … Mit anderen Worten: wo auch immer irgendwer eine Agenda vorantrieb, die einem nationalen wirtschaftlichen Interesse gleichkam, oder etwas vorhatte, das die Marktbeherrschung transatlantischer Konzerne bedrohte, dann musste dies vereitelt werden. Völkerrecht und öffentliche Meinung können immer zum Vorteil des Imperialismus beeinflusst werden.« Die Liste der antisozialistischen Interventionen der USA bis hin zu Militäreinsätzen ist schier endlos. – *Papst Franziskus* sprach bei seinem Besuch in der überwiegend katholischen DR Kongo am 1.2.23 zu Recht davon, daß der ehemalige »politische Kolonialismus« inzwischen von einem »wirtschaftlichen« abgelöst worden sei. JÖRG TIEDJEN: Lange erwarteter Besuch, in: junge Welt, 31.1.23, Nr. 26, S. 6. – Besonders eindrucksvoll ist das Vorgehen gegen den venezolanischen Präsidenten *Nicolás Maduro*, den US-Außenminister *Michael Pompeo* mit Unterstützung auch der EU 2018 gegen den 35jährigen Oppositionspolitiker *Juan Guaidó* mit finanzieller Unterstützung in Höhe von 1 Mrd US-Dollar und mit Hilfe bezahlter Putschisten austauschen wollte; die BRD betrachtete *Guaido* bereits als den rechtmäßigen Präsidenten. Der Hohe Kommissar der UNO für Menschenrechte *Volker Türk* erklärt jetzt die US-Sanktionen gegen Venezuela für Verstöße gegen die Menschenrechte und fordert ihre Aufhebung – wie stets

Was diese Dynamik vollends verschärft, ist die finanzpolitische Abhängigkeit der Kapitaleigner von der Kreditvergabe der Banken. Um in besagter Weise als Unternehmer tätig zu werden, muß man zuvörderst erhebliche Geldbeträge zur Beschaffung der erforderlichen Produktionsmittel ausleihen. Die Banken verleihen wohl Geld, doch natürlich nicht selbstlos, sondern um selber Geschäfte zu machen. Der Profit des Geldverleihers ergibt sich aus der Zinsrate: Das Risiko einer unsicheren Rückzahlung sucht er durch erhöhte Zinsforderungen während der Laufzeit der Kreditrückforderung abzusichern; zudem dient der Zins als Geschäftsanreiz, überhaupt Kredite zu vergeben, statt mit den entsprechenden Geldbeträgen selber Konsumgüter zu erstehen oder sich Genuß und Luxus einzukaufen wie Ferienaufenthalte, Segeljachten, Swimming-Pools, Fincas auf Mallorca, – die Liste der Begehrlichkeiten ist endlos; auch soll die Zinshöhe den Kreditgeber dafür entschädigen, daß er nicht selber als Unternehmer tätig geworden ist. Was er mit den vorgestreckten Geldbeträgen selber durch Investitionen hätte verdienen können, bestimmt daher je nach Marktlage die einzufordernde Zinshöhe mit.

Dabei, wohlgemerkt, verfügt auch der kreditvergebende Bankier nicht wirklich über reales Eigentum. Das Geld, mit dem er wirtschaftet, ist nicht sein eigenes, sondern setzt sich aus den Einlagen von Sparern und Aktionären zusammen, die ihr Geld bei ihm deponieren. Mit diesem eigentlich ihm geliehenen Kapital geht der Bankier freilich so um, wie wenn es sein Eigentum wäre: er erlaubt sich, auf dem Sockel geliehener Einlagen das Fünffache oder gar Zehnfache an Krediten an andere zu verleihen. Man spricht, halb-ironisch, deshalb von dem *Fiat lux*(es werde Licht)-Prinzip der Kreditgeschäfte der Banken: wie Gott am Schöpfungsmorgen die Welt mit dem Wort: »Es werde Licht« aus Nichts erschuf, so erschaffen die Banken sich ihr Kreditgeld aus dem Nichts an eigenem Besitz; doch indem sie das Geld, das sie selber nicht haben, anderen verleihen, die es auch nicht haben, kommen sie über den Zinsfuß zu realen Einkünften: die Kredit-

wohl vergeblich. Vgl. VOLKER HERMSDORF: Verstoß gegen Menschenrechte, in: junge Welt, 31.1.23, Nr. 26, S. 6.

nehmer müssen das fiktive Leihgeld in realer Münze zurückzahlen plus den erhobenen Zinsgebühren – in Girogeschäften z. B. von weit über 10%[29].

Es versteht sich, daß ein solches System, das auf die Geldnot anderer spekuliert, um sich daran selbst zu bereichern, gewiß nicht nur hochspekulativ ist, sondern sich auch stets neue Tricks ausdenken wird, um den Reibach beim Geschäftemachen mit Geld zu vermehren. Es geht einzig und allein ums Geldverdienen mit allen Mitteln, ist doch das Geld längst schon der einzige Wert, der alles auf Erden bedeuten kann, indem er, wie gesagt, alles Nicht-Geld entwertet zum bloßen Arbeitsmittel zur Geldvermehrung. – Und eben das ist der Grund für die schier unglaubliche Skrupellosigkeit im Umgang mit allem, was außer Geld auf dem Globus noch existiert. Erst wenn man die konsequente Entwertung von allem, was ist, in der Denklogik des Kapitalismus sich wirklich klarmacht, erkennt man im Hintergrund der Kriegsproblematik die Strategie der Geldvermehrung in den Händen von Unternehmern und Banken als den wohl wichtigsten Motor immer neuer Kriege.

Es ist jetzt also nicht mehr ausreichend, lediglich festzustellen, wieviel Lockheed Martin am Verkauf der von Kanzler *Scholz* bestellten 35 Exemplare der F-35–Tarnkappenbomber verdient oder wieviel Rheinmetall an der angekündigten Herstellung und Auslieferung von Leopard-Panzern an die Ukraine als Gewinn einstecken wird, – auf 13 Mrd Euro wird der Umsatz der Waffenschmiede heute bereits geschätzt[30]; wichtig für uns ist es an dieser

29 E. DREWERMANN: Finanzkapitalismus, 231–240: Geldschöpfung aus dem Nichts.

30 Vgl. NICK BRAUNS: Scholz unter Dauerfeuer, in: junge Welt, 19.1.23, Nr. 16, S. 1: »Deutsche Panzer sollen rollen für den Sieg – im NATO-Stellvertreterkrieg der Ukraine mit Russland. Das fordern einmütig die Ampelkoalitionäre Bündnis90/Die Grünen und FDP sowie die Unionsopposition, eine Mehrheit im EU-Parlament, Rüstungslobbyisten, osteuropäische NATO-Verbündete und die Kiewer Regierung.« Nach der Zusage deutscher Leopard-2–Panzer Lieferungen in Rücksprache mit den USA gehen die Forderungen Kiews natürlich weiter. Schon erwartet Vizeaußenminister *Andrij Melnyk* die Lieferung deutscher U-Boote. Vgl. SVEN CHRISTIAN SCHULZ: Kopfschütteln über Wunsch nach U-Booten, in: Neue Westfälische, 31.1.23, S. 3.– ARNOLD

Stelle, daß es mit offenem Stolz, keinesfalls mit Scham oder Schuldgefühl vermerkt wird, wenn der »Leo« als der weltweit »beste« Panzer gerühmt wird, stärker und treffsicherer noch als der amerikanische Abrams, der mit seinem Gewicht für viele Brücken in der Ukraine ohnehin kaum in Frage kommt. Das Entscheidende ist die Tatsache, daß der Tod beliebig vieler Kriegsopfer bei den Händlern des Todes absolut keine Bedenken erweckt. Nichts hat in ihren Augen einen Wert außer dem, der in der Geldform sich darstellen läßt. Steht es so, dann allerdings ist Geld ein gefährlicher Götze, dann ist es als Gegengott der Mammon, vor dem in Mt 6,24 Jesus entschiedener warnt als selbst vor dem Teufel, dem mythischen Alles-Verderber.

SCHÖLZEL: Aura des Moralischen, in: junge Welt, 19.1.23, Nr. 16, S. 8, hält fest: »Die Bundesrepublik war nicht nur maßgeblich am Putsch von 2014 beteiligt, sondern förderte zusammen mit NATO und EU auch den folgenden Bürgerkrieg gegen die Aufständischen im Donbass. Bis zum 24. Februar 2022 verlief dieser nach dem Modell des vom Westen in Syrien entfachten Bürgerkriegs, als – wie der Staatsrechtler *Reinhard Merkel* 2013 mit Blick darauf formulierte – eine Variante des ›demokratischen Interventionismus‹.« »Wird Mord statt Politik inszeniert, hat das vor allem eine Konsequenz: Es gibt keine Eskalationsgrenze.« – Was die Rüstungsausgaben allein der BRD für Kiew angeht, so liegt der Wert, der seit Anfang 2022 gelieferten Rüstungsgüter bei mindestens 2,3 Mrd €; 20 Mio sind zugesagt für die Lieferung von 105 Aufklärungsdrohnen des Münchner Startupunternehmens Quantum-Systems; in den laufenden Haushalt 23 sind weitere 2,3 Mrd eingestellt (Hintergrund: Weit mehr als 2,3 Milliarden, in: junge Welt, 2.2.23, Nr. 28, S. 3). Nach Mitteilung der dpa beschafft sich Rheinmetall gerade frisches Kapital für die Übernahme des spanischen Munitionsherstellers Expal Systems. »Im November (sc. 2022, d. V.) hatte der Rüstungskonzern angekündigt, Expal Systems für 1,2 Milliarden Euro vom Finanzinvestor Rhône Capital zu kaufen. Rheinmetall reagierte damit auf die gesteigerte Nachfrage nach Mordwerkzeug im Zuge des Ukraine-Kriegs. Die sächsische Landesregierung zeigte sich … (sc. am 31.1.23, d. V.) ›sehr froh‹ über ein Interesse von Rheinmetall am Bau eines Pulverwerks«. (Rheinmetall auf Expansionskurs, in: junge Welt, 1.2.23, Nr. 27, S. 2) So also soll es weitergehen. Wozu auch Friede, wo doch Kriege so rentabel sind! Auch die Lieferung von Leopard-2–Panzern langt nicht aus. Rheinmetall verfügt in seinen Lagern noch über 88 Leopard-1–Panzer, die vor rund 20 Jahren ausgemustert wurden, aber wieder aufbereitet werden können, wie Vorstandschef *Armin Papperger* bereits Mitte Januar 23 erklärte. Vgl. NICK BRAUNS: Ukraine bekommt »Leopard-1«-Panzer, in: junge Welt, 4./5.2.23, Nr. 30, S. 1.

Denn was bedeutet die Entwertung von allem zugunsten des Allein-Wertes Geld in der Praxis anderes, als daß wir im Kapitalismus permanent uns im Kriegszustand gegen alle Welt befinden? Um Geld zu »machen«, müssen wir alles machen, was uns als gewinnträchtig genug erscheint. Die Zerstörung des Amazonas-Urwaldes zur Gewinnung von Anbauflächen für Soja-Plantagen oder zum Abbau von Gold oder zur Ausdehnung agrarischer Nutzflächen kann da als Beispiel dienen. Wohlgemerkt: die Natur hat rund 60 Mio Jahre gebraucht, das überaus artenreiche Biotop des tropischen Regenwaldes am Amazonas hervorzubringen; wir indessen tragen keinerlei Bedenken, es innerhalb von 60 Jahren um weit mehr als die Hälfte ein für allemal zu vernichten; daß wir dabei tausende von zum Teil noch gänzlich unbekannten Tier- und Pflanzenarten ausrotten, macht uns offenbar genauso wenig aus, denn wie man am Krieg als Waffenlieferant und Geldverleiher verdienen kann, so kann man auch an der Zerstörung der Lebensvielfalt verdienen: in einem Akt der Genpiraterie sind amerikanische Labore inzwischen dabei, das Erbgut von Arten, die in ihrem Bestand bedroht sind, zu sammeln und nach deren Ausrottung, wenn nötig, mit exorbitanten Gewinnen zu medizinischen oder ernährungsphysiologischen Nachzüchtungen bereithalten zu können. Allein zwischen 1970 bis 2010 ist es uns gelungen, dank der ökonomischen Effizienz des kapitalistischen Wirtschaftswachstums 50% aller Tierpopulationen auf Nimmerwiedersehen auszurotten[31]. Was wir da treiben, richtet einen weit größeren Schaden an als sogar die Naturkatastrophe am Ende der Kreidezeit im Übergang zum Tertiär vor etwa 65 Mio Jahren, als durch einen Meteoriteneinschlag die Welt der Dinosaurier zum Untergang verurteilt wurde; damals entstanden aus den Sauriern die Vögel, und die Säugetiere erhielten die nötigen Nischen zu ihrem Aufstieg[32]. Nach uns jetzt kommt indessen nichts mehr außer Asphalt und Beton, nachhaltige Störungen des planetaren

31 E. DREWERMANN: Über die Verwandtschaft allen Lebens, in: Über die Unsterblichkeit der Tiere. Über die Verwandtschaft allen Lebens, 77.

32 E. DREWERMANN: ... und es geschah so, 564–613: Das Desaster am Ende der Kreide oder: Der Untergang der Dinosaurier.

Windgürtels sowie der Meeresströmungen durch die industriebedingte Erwärmung des Klimas und vor allem: das weitere Vordringen der Species des homo sapiens sapiens selbst mit seiner paranoischen Neigung zu Rüstung und Krieg sowie dem suchtähnlichen Verlangen nach Geld und immer mehr Geld.

Und jetzt: Gesagt wird uns, wir verteidigten in der »Zeitenwende« »unsere Werte«; propagandistisch assoziiert wird damit, wie dargelegt, die Vorstellung der moralischen Überlegenheit von USA und EU gegenüber der Ausgeburt des Bösen in Gestalt etwa des Diktators *Putin* mit seinem »Angriffskrieg« gegen die freiheitsliebende Ukraine. Darf man noch daran erinnern, daß dieser Krieg wie nichts anderes dazu beiträgt, die Machtausdehnung der Nato und den unipolaren Hegemonialanspruch der USA weiter voranzutreiben[33]? Bei jedem Verbrechen muß man sich fragen:

33 OSKAR LAFONTAINE: Ami, it's time to go!, S. 8: »Die Belesenen ... erinnern sich an das *Gorbatschow* gegebene Versprechen, die NATO nicht nach Osten auszuweiten. Sie wissen, dass die USA 2014 einen Putsch auf dem Maidan organisiert und finanziert haben, um eine Marionettenregierung einzusetzen, die die endgültige Aufnahme der Ukraine in die NATO vorantreiben würde. Zu verlockend war für die Hardliner in Washington die Vorstellung, nach den Raketenbasen in Polen und Rumänien jetzt auch Raketen an der ukrainisch-russischen Grenze aufstellen zu können ... Raketen ohne Vorwarnzeichen sind so etwas wie das Messer am Hals des jeweiligen Gegners.« – REINHARD LAUTERBACH: Wer stoppt die NATO?, in: junge Welt, 28./29.1.23, Nr. 24, S. 1, verweist darauf, daß sich die Niederlande und Polen inzwischen auch schon zu Flugzeuglieferungen bereit erklärt haben, Frankreich schließt sie nicht mehr aus, die BRD weigert sich (noch). »Der Hersteller der ›F-16‹-Kampfjets aus den USA, Lockheed Martin, kündigte an, die Produktion der Flugzeuge zu beschleunigen, um Lücken infolge westlicher Lieferungen an die Ukraine schneller füllen zu können.« DERS.: Atomwaffen für Kiew?, in: junge Welt, 2.2.23, Nr. 28, S. 3, zitiert den ukrainischen Botschafter *Oleksij Makejew* aus einem Gespräch mit dem ukrainischen Dienst der »Deutschen Welle« vom 31.1.23 mit der Äußerung, »die Sicherheitsgarantien, die das ›Budapester Memorandum‹ von 1994 der Ukraine im Austausch für den Verzicht auf ihren Anteil an den sowjetischen Atomwaffen gegeben habe, hätten nur auf dem Papier gestanden. Nur der Besitz eigener Atomwaffen könne vor einem ›Aggressor wie Russland‹ zuverlässig schützen.« Also: Man schließt mit Rußland Verträge seit 1989 prinzipiell »nur auf dem Papier«, aber Rußland ist der Aggressor, wenn es auf Vertragsbrüche wie die Nato-Ostausdehnung im Baltikum und auf dem Balkan sowie auf die militärische Eingliederung der Ukraine militärisch reagiert. Schon am 19.2.22 auf der Münchner »Sicher-

cui bono – wer hat den Nutzen davon? Der Ukraine-Krieg ist wie jeder Krieg ein massenmörderisches Verbrechen; doch wer profitiert am meisten davon und wer erhofft sich davon einen Zugewinn an Geld, Reichtum, Größe und Macht? Und wer ist dann als der Drahtzieher hinter den Kulissen auszumachen? – Wir verteidigen nicht moralische Werte mit militärischen Mitteln, wir verraten sie auf furchtbare Weise, wofern mit »Werten« jenseits des *double speaks* wirklich so etwas wie moralische Zielsetzungen des politischen Handelns gemeint sein sollten. Moralische Ziele – das wären unzweifelhaft Frieden, Versöhnung und Verständigung, nicht aber das gräßliche Schauspiel einer Siegesfahne, gepflanzt auf Leichenbergen.

Und *ein zweites*, im Grunde sogar noch Wichtigeres ergibt sich aus dem Kapitalismus als System: die Entwertung von allem angesichts des Wertmaßstabes Geld macht natürlich nicht Halt vor dem Menschen; – die ca. 1 Mio Getöteten im Irak etwa als Folge des verlogenen Kriegs 2003 nötigen westlichen Politkern bei der Verteidigung ihrer Werte ersichtlich bis heute keinerlei Skrupel ab; im Gegenteil, wir sollen und wir werden wohl sogar *a fortiori* so fortfahren. Wie aber dann? Wenn auch Menschenleben nichts wert sind, wer sind wir dann überhaupt noch als Menschen? Als Arbeiter sind wir gerad so viel wert, wie wir dazu beitragen, Unternehmergewinne zu ermöglichen und nach Möglichkeit noch zu steigern; ohne den Nutzen, den wir zur Selbstvermehrung des Kapitals schaffen, sind wir im Kapitalismus buchstäblich nichts. Unser Dasein als Menschen zählt nicht in seiner Logik. *Das* gilt

heitskonferenz« hatte *Selenskyj* gefordert, die Zustimmung der Ukraine zum »Budapester Memorandum« zurückzunehmen, – diese Forderung wurde vor dem Einmarsch der Russen, nicht danach erhoben. Der furchtbare Krieg wäre vermeidbar gewesen und er ließe sich vertraglich relativ rasch beenden durch die glaubhafte Zusage einer militärpolitischen Neutralität der Ukraine (und einer verbindlichen Volksabstimmung der Bevölkerung auf der Krim und im Donbass); das aber bedeutete das Ende der Nato-Ostausdehnung, es bedeutete nach westlicher Auslegung einen »Sieg« *Putins*, und so eskaliert der Konflikt als Stellvertreterkrieg mit Absicht immer weiter. Nachdem die Ukraine seit 2014 systematisch als Nato-Frontstaat aufgerüstet wurde, soll der Krieg zur Zerschlagung Rußlands weitergehen, unerachtet der jetzt schon Hunderttausende von Toten und der drohenden atomaren Gefährdung.

es zu begreifen. Denn erst dann verstehen wir die psychologische Verführungskraft des Götzen Geld: Wenn wir selbst nichts sind, bleibt uns nichts anderes, als uns einen Wert durch den Besitz von Geld zu verschaffen. Unser Nichts an Sein muß kompensiert werden durch ein Alles an Haben. Jede Nichtigkeit, jeder Makel, jede Schändlichkeit in dem, was wir sind, läßt sich zum Verschwinden bringen unter dem Firnis des Habens.

Es war ERICH FROMM, der die Alternative von Sein und Haben zum Grundthema der Nekrophilie unserer kapitalismuserkrankten Kultur erklärte[34]. Aus lauter Minderwertigkeitsgefühlen retten wir uns in Habmachtideale; wir sind nichts für uns selber, doch wir können alles sein in den Augen anderer, wenn wir nur Geld genug anhäufen. Das tote Geld aber kann nur töten. Der Ruf eines Käuzchens – er ist nichts wert gegen das Rascheln der Geldscheine; der weittragende Morgengesang der Gibbons – er verstummt in dem Klirren der Münzen und dem Geschrei der Börsianer beim Aktienhandel; die durchsichtige Zartheit eines Geckos – sie wird unsichtbar hinter dem Bildschirm des Brokers.

Daß Geld *kulturell* zur Größe eines Gegengottes aufsteigen kann, ergibt sich demnach aus der Flucht von Menschen vor ihrer realen Nichtigkeit innerhalb des kapitalistischen Weltbildes hinein in den Sog einer irrealen Bedeutung durch den Besitz von Geld. Der Kapitalismus entwertet nicht nur alles Werthafte im Sein, er basiert in der Folge wesentlich auf der Lüge, das Sein durch das Haben ersetzen zu können. Und es sind diese kapitalgebundenen Werte eines abgrundtiefen Betrugs, welche die westliche Welt in dem betrügerischen Spiel mit moralischen Werten in ihren endlosen Kriegen um den Rang einer unipolaren Weltmacht in Wahrheit »verteidigt«, d.h. als »neue (ihre eigene) Weltordnung« mit Gewalt durchsetzen und aller Welt aufzwingen möchte.

In *psychologischer* Meisterschaft hat diesen Vorgang der

34 ERICH FROMM: Haben oder Sein, 107–126, stellt als Haltungen gegenüber auf der Haben-Seite die Standards: ich bin was ich habe; Konkurrenz, Geschäftigkeit; anale Fixiertheit; Gesetz und Gehorsam; – auf der Sein-Seite die Standards: ich bin ich; Einfühlung; tätige Selbstentfaltung; Teilen und Aufgeben; Wesensauftrag und Einswerdung.

Selbstaufwertung durch Geldbesitz-Phantasien im Gefühl des eigenen Unwerts der russische Dichter F.M. DOSTOJEWSKI in seinem Roman »Der »Jüngling« beschrieben. – Der junge *Arkadij* ist der Vertreter einer Generation von zufälligen Eltern, die ihren Kindern keine anderen »Ideale« auf den Lebensweg mitzugeben haben als die Frage: wie werde ich Millionär. *Arkadijs* Vater *Werssilow* hat seinen Sohn mit einer Magd gezeugt und sich danach in den Westen abgesetzt; der fromme Pilger und Gottesnarr *Makar Iwanowitsch* versieht an seiner Statt die Rolle des Stiefvaters; mit seinen christlichen Ansichten bildet er den Widerpart zu der entwurzelten Welt der westlichen Lebensweise. In dem Internat, das den Halbwaisen jungen *Arkadij* aufnimmt, wächst dieser unter dem Spott der anderen heran als ein Mauerblümchen; je verachteter aber er sich selber fühlt, desto mehr beginnt er, von der originellen Idee zu träumen, es als Bettler mit mathematischer Notwendigkeit zu einem vermögenden Dasein zu bringen, vorausgesetzt, daß er die Spielregeln des Kapitalismus, die er für sich selber erfindet, streng einhält: das erbettelte Geld darf er nur nutzen zur Anschaffung von Gegenständen, die er mit einer kleinen Preisdifferenz zu seinem Vorteil weiterverkauft; tätigt er eine solche Aktion nur oft genug, so wird sich unfehlbar, bei äußerster Sparsamkeit, eines Tages ein gewisses Sümmchen ansammeln, das er sogar auf die Bank wird tragen können, um seine Geschäfte auszuweiten.

Arkadijs Kalkül aber ist dabei nicht das Geld als solches, sondern die zu erwartende Wertschätzung in den Augen anderer als Geldbesitzer, ist er doch überzeugt, »daß das Geld der einzige Weg ist, der selbst den Nichtigsten auf den ersten Platz bringen kann.« »Vielleicht,« sagt er, »bin ich nicht einmal der Nichtigste; aber ich weiß zum Beispiel – der Spiegel sagt es mir –, daß mein Äußeres mir schadet, weil mein Gesicht ein ganz gewöhnliches Gesicht ist. Wenn ich aber so reich wie *Rothschild* bin, wer wird dann noch nach meinem Gesicht fragen, und werden dann nicht Tausende von Frauen, sobald ich nur pfeife, mit all ihren Schönheiten zu mir geflogen kommen? Ich bin sogar überzeugt, daß sie selbst, und zwar vollkommen aufrichtig, mich schließlich für einen schönen Mann halten werden. Ferner: Ich bin vielleicht auch klug. Aber mag ich auch noch so klug sein und eine noch so hohe Stirn haben, es kann sich doch in jeder Gesellschaft einer finden, der eine noch höhere Stirn hat, und ich bin verloren. Aber wenn ich nun ein *Rothschild* bin, wird dann dieser Klügere noch etwas neben mir bedeuten? Man wird ihn doch nicht einmal zu Wort kommen lassen neben mir! Ich bin vielleicht geistreich, aber da befindet sich plötzlich ein *Talleyrand* neben mir, ein *Piron* (sc. *Alexis Piron*, 1689–1773, ein scharfsinniger Satiriker, der die Komödie ›Métromanie‹ verfaßte, d.V.) – und ich bin in den Schatten gestellt; bin ich aber ein Rothschild, wo bleibt dann *Piron*, ja, selbst *Talleyrand*? Geld ist natürlich eine despotische Macht, zu gleicher Zeit aber ist es der größte Gleichmacher, und darin liegt seine hauptsächliche Macht. Geld macht Ungleichheiten gleich«[35], – das heißt, es ebnet alle persönlichen Unterschiede ein und ersetzt sie durch bloße Differenzen im Quantum des Eigentums.

Mit solchen Gedanken stünde *Arkadij* zweifellos in der Gefahr, ein Süchtiger zu werden; was ihn vor dem Abgrund bewahrt, ist einzig die Verbundenheit mit Menschen, denen er zu helfen versucht, indem er seine eigene Armseligkeit in ihrer Not wiederentdeckt.

b) Vom Götzendienst des »Mammon« oder: Von Daseinsschuld und Opferzwang

Das ökonomische Problem des Geldes führt in DOSTOJEWSKIS Roman als erstes in krasser Form zu dem psychologischen Problem der erlebten Wertlosigkeit des Daseins; dahinter aber entdeckt sich eine noch ganz andere Frage, die mit der Entstehung des Geldes selber zu tun hat und unbedingt einer zutiefst christlichen Lösung bedarf: das ist das philosophische Problem der *Schuld* jedes Einzelnen inmitten der ihn umgebenden Natur. In

35 F. M. DOSTOJEWSKI: Der Jüngling, 1. Teil, 5. Kap. III, S. 94–95.

ihr findet er sich vor, jedoch als eine in *metaphysischem* Sinne »zufällige« Existenz. Es gibt ihn, doch es gibt keinen hinreichenden Grund für die Tatsache, daß es ihn gibt. Der Mensch selbst ist »zufällig« an der Seite von »Mutter Natur«.

Was *Arkadij* als persönliches Schicksal erlebt, ist in gewissem Sinne daher »nur« die familiäre Verdichtung einer menschlichen Grunderfahrung: die Natur, die uns hervorgebracht hat, hat uns weder gewollt noch gemeint; in ihr sind wir das Hervorbringsel eines kausal-notwendigen, mit einer Fülle von Zufälligkeiten durchsetzten Prozesses, der uns in radikaler Kontingenz zurückläßt. Die Natur braucht uns nicht, in ihr sind wir überflüssig[36], und schaut man sich an, wie wir mit ihr umgehen, so möchte man der indianischen Einstellung recht geben, die so ganz anders als die westliche Kultur die Natur schonen statt ausbeuten mochte[37]. Doch so schwierig es an sich bereits sein mag, als ein nicht-notwendiges, überzähliges Wesen existieren zu sollen, so verschärft sich die Lage noch weiter durch das Gefühl und den Vorwurf, durch die Tatsache des Seins selbst schuldig zu sein[38].

Eine solche *Daseinsschuld* ist theologisch stets mit der Lehre von dem »Sündenfall« verbunden worden[39], und tatsächlich läßt sich die Berechtigung eines solchen Daseinsverständnisses nicht von der Hand weisen. Überzählig und nicht-notwendig zu existieren bedeutet unter den gegebenen Bedingungen allemal auch, ungerechtfertigt und unberechtigt sich in der Welt aufzuhalten. Es ist durchaus nicht nötig, daß es uns gibt; also müssen wir etwas tun, das unser Dasein begründet und rechtfertigt, – etwas

36 E. DREWERMANN: ... und es geschah so, S. 43–46: Kumulative Selektion statt Teleologie; S. 408–420: Gott und die Gene oder: Vom Wert und Unwert des Individuums.

37 Vgl. WERNER MÜLLER: Geliebte Erde. Naturfrömmigkeit und Naturhaß im europäischen Nordamerika, S. 16, der auf die Heiligkeit der Großen Mutter (Erde) hinweist, die nordamerikanische Indianer zum Beispiel daran hinderte, tiefgreifende Eisenpflüge im Ackerbau einzusetzen.

38 Vgl. E. DREWERMANN: Strukturen des Bösen, II 594–615: Die Unvermeidbarkeit des Schuldgefühls und die mythische Wahrheit von Gen 3,1–7.

39 Vgl. E. DREWERMANN: Von Krieg zu Frieden, 381–405: Wider die Opferreligion – eine biblische Erkenntnis.

Schadenmilderndes sollte das sein, ist es doch unbestreitbar, daß wir nur leben können auf Kosten anderen Lebens[40].

Bisher haben wir nur gesprochen von der Angst, daß andere unser Leben bedrohen könnten, und in diesem Zusammenhang auf die enge Verbindung von Jagd und Krieg hingewiesen; jetzt aber stehen wir nicht mehr vor der Frage, mit welchen Tricks und Finten wir im Kampf ums Überleben uns über Wasser halten können, sondern woher wir das Recht beziehen, anderes Leben zu töten, um wenigstens für eine kurze Zeit uns selber am Leben zu halten. Es versteht sich: dazu gibt es durchaus kein Recht. Wir sind bereits im Unrecht dadurch, daß wir sind; wir werden schuldig schon durch die einfache Grundbefindlichkeit unseres Daseins, nur durch das Töten anderen Lebens am Leben bleiben zu können. Und so gilt es für alle: Kein Mensch im Raum der Natur hat es verdient zu leben; er ist darauf angewiesen, im Widerstand anderen Lebens sein Dasein eine Weile lang zu behaupten. Daß er sich herausnimmt, herausnehmen muß, zu leben, indem er anderen Lebewesen das Leben fortnimmt, bedeutet eine Schuld, die – jenseits aller moralischen oder juridischen Bewertungen – mit der Tatsache seiner Existenz identisch ist und die eine elementare Wiedergutmachung verlangt[41].

Die Form einer solchen Wiedergutmachung, die in so gut wie allen alten Kulturen praktiziert wurde, ist der Gedanke des *Opfers*. Keine Religion in der Geschichte ist ohne derartige Praktiken ausgekommen. Allenthalben in den antiken Hochkulturen begegnet man der Einrichtung von Tempeln, in denen eigens dafür zuständige Priester Menschen- und Tieropfer darbringen, um dem unberechtigten Dasein von Menschen eine Berechtigung zu verschaffen.

Das dabei gültige Denkschema ist relativ einfach: wer der Natur etwas entnimmt, muß es zurückerstatten. Mehr noch: in-

40 Vgl. E. DREWERMANN: Strukturen des Bösen, II 108; 197–202 – zu »Tiertöterskrupulantismus« und Kannibalismus.

41 Vgl. a. a. O., II 603–614, die Geschichte der *Hainuwele*; E. DREWERMANN: Von Krieg zu Frieden, 389–406: Opferpraxis und Konkurrenz oder: Die Geschichte von Kain und Abel bis hin zu Stadt- und Staatengründung.

nerhalb einer mythischen Weltsicht, da die Naturkräfte (Sonne, Wind, Regen, Erde, Gestirne, Überflutungen, seismische Erschütterungen) als personifizierte göttliche Mächte erscheinen, die ihre Energie dafür einsetzen, daß Leben entstehen und sich erhalten kann, ergibt sich neben einer Dankesschuld zugleich eine Restitutionspflicht, indem zum Erhalt des menschlichen Daseins Menschenopfer dargebracht werden müssen, die den Energieverlust der Götter ausgleichen sollen. – Die Azteken Mittelamerikas beispielsweise glaubten, daß der Sonnengott *Tonatiuh* seine tägliche Leuchtkraft am Himmel nur bewahren könne, wenn man ihm (nach Art eines Sympathiezaubers) das noch zuckende Herz eines Getöteten entgegenhalte, und ein Hauptmotiv ihrer ständigen Kriege bestand (neben der Erhebung ausgedehnter Tributforderungen) in der Beschaffung einer hinreichenden Zahl von Kriegsgefangenen für die lebenserhaltenden Opferleistungen. *Tonatiuh* selbst wurde vorgestellt als eine adlerköpfige Gottheit, die in ihren Fängen Menschenherzen hält[42].

Man könnte glauben, daß wir Heutigen mit solchen Anschauungen durchaus nichts mehr zu tun hätten. Doch das ist durchaus nicht der Fall. Geld ist nicht nur ein Mittel, das es Geldbesitzern (den Reichen) erlaubt, die Geldentbehrenden (die Armen) als Arbeitssklaven auszupressen, es ist überhaupt nur entstanden, um Schuldforderungen jenseits des Tauschhandelns universell als Anspruch auf alle möglichen Waren und Dienstleistungen ausdehnen zu können. – Diese Funktion des Geldes als Schuldforderung ist so wichtig, daß wir sie ein wenig näher erläutern sollten.

Nehmen wir an, ein mesopotamischer Bauer vor 5000 Jahren verliert bei einer Überschwemmung so viel von seiner Ernte, daß er das Saatgut für die nächste Aussaat sich bei seinem glücklicheren Nachbarn leihen muß; als Ersatz für das geliehene Korn kann er diesem ein Schäfchen anbieten. Sein Nachbar begreift durchaus die Notlage seines Kollegen, ergreift aber auch die Gelegenheit für einen vorteilhaften Deal: Er benötigt kein weiteres Schäf-

42 Vgl. WALTER KRICKEBERG: Altmexikanische Kulturen, 168–169; 198–199. *Tonatiuh* bedeutet: »Er geht leuchten«. Vgl. auch KLAUS HELFRICH: Menschenopfer und Tötungsrituale der Maya, 119–125: Das Herzopfer-Ritual.

chen, wohl aber Bauholz zur Reparatur seines Hauses. Und in dieser Lage »erfindet« er das Geld, um ein unattraktives Tauschgeschäft zu vermeiden: er stellt eine Urkunde darüber aus, daß er den Wert eines Schafes einfordern kann, und mit dieser Urkunde geht er hin, um Holz bei jemand anderem »einzukaufen«, der mit Schafen und Saatgut überhaupt nichts zu tun hat.

Was sich bei dieser simplen Transaktion zeigt, ist trotz seiner Einfachheit höchst aufschlußreich zum Verständnis einer jeglichen Geldwirtschaft: Geld, wie wir sehen, ist nichts anderes als ein weiterzureichender Schuldtitel; mit ihm verbindet sich in jedem Fall eine Rückzahlungsforderung, die der Geldbesitzer an jeden anderen stellen kann, auf daß er ihm etwas Gleichwertiges für sein ehemals verliehenes Saatgut erstatte. Geldwirtschaft bedeutet daher nicht nur die Einführung eines universalen Zahlungsmittels auf dem Markt; in ihr angelegt ist neben dem Spannungsverhältnis von Geldbesitzer und Warenbesitzer zugleich auch eine rechtlich einzufordernde Erstattungspflicht für den Wert, der in der Höhe der Geldsumme zum Ausdruck kommt. Nicht erst die Bank, die beim Verleih von (Spekulations-)Geldern ihre Kreditnehmer mit Zinsen belastet und zu Rückzahlungen in realen Vermögenswerten verpflichtet, erzeugt den Schuldendruck beim Geldumlauf, – das Geldsystem selbst bezieht seine Macht wesentlich aus dem Schuldprinzip[43]. Die Schuld, die wir in unserer Existenz gegenüber der Natur mit ihrer unfreiwilligen Leihgabe des Lebens abzuleisten haben, konkretisiert sich in der künstlichen »Natur«, die wir mit Hilfe der Geldwirtschaft als Basis unsers kulturellen Aufstiegs eingerichtet haben, als ein neuerlicher und verschärfter Schuldendruck gegenüber anderen Menschen. Waren es in dem mythisch interpretierten Geschehen der Natur gewisse Götter, deren Gunst man sich mit immer neuen (Menschen)Opfern erhalten mußte, um am Leben zu bleiben, so rücken jetzt menschliche Herrscher über das Wirtschaftsleben eines Gemeinwesens in die gottgleiche Position von Entscheidungsträgern über Leben und Tod ein. In jedem Fall befinden wir

43 Vgl. E. DREWERMANN: Strukturen des Bösen, III 540–562: Die Schuld an der Notwendigkeit der Sünde.

uns im Umraum des Geldes, das wir nicht selber besitzen, in der Position von Schuldigen, die mit Opfern die Tatsache ihrer Existenz wiedergutmachen müssen.

Historisch ist ein solch gleitender Übergang von metaphysischer, moralischer und wirtschaftlicher »Schuld« am klarsten ablesbar an der Tatsache, daß die ersten Gotteshäuser als Opferstätten von Tieren und Menschen zugleich auch die ersten Bankhäuser waren[44]. Denn statt ein Tier oder einen Menschen töten zu lassen, konnte man die jeweilige Opferleistung auch mit Geld aufwiegen, und diese Form der »Rückzahlung« von »Schuld« war für die Opferpriester natürlich weit ersprießlicher, als wenn sie sich nur für das Schlachten ihrer darzubringenden Opfer bezahlen ließen. Mit Hilfe von Opfergeldern anstelle von Opferdarbringungen konnte man Vermögen anhäufen, die in gewinnträchtigen Investitionen (Karawanen, Kanalbauten, Kriegsunternehmungen ...) zu kapitalisieren waren und die im Erfolgsfalle die entscheidenden Herrschaftsfaktoren: Geld und Macht, immer weiter vergrößerten. Religion und Politik bildeten von daher eine Ursprungseinheit, miteinander verbunden durch den universellen Schuldrückzahlungstitel in Geldform.

Wir Heutigen dünken uns den Opfer-Gottesdiensten von Tempelpriestern und aztekischen Blumenkriegern womöglich weit entrückt; unser Wirtschaftssystem erscheint uns als ein durch und durch mythosfreies Gebilde, so rational, daß es mit mathematischen Algorithmen bedient werden kann. Doch der Eindruck täuscht. Wir haben den uralten Opferkult des Geldes nicht überwunden, wir treiben ihn in Gestalt des Wirtschaftskapitalismus atheistisch-aufgeklärt nur immer noch rücksichtsloser voran. Mit Recht hat WALTER BENJAMIN darauf verwiesen, daß die alten Religionen ihre Opferriten immerhin zum Abbau von Schulden einsetzten; ganz im Gegenteil, meinte er, funktioniere der Kapitalismus: Wie ein Fahrrad nur vor dem Umfallen bewahrt werden kann, indem man tüchtig in die Pedalen tritt, um es in Fahrt zu halten, so kann das kapitalistische Wirtschaftssystem nur durch

44 Vgl. E. DREWERMANN: Finanzkapitalismus, 71–99: Von Schuld und Opfer oder: Geld als säkularisierte Religion.

Wachstum Bestand haben. Es muß in immer kürzerer Zeit in Produktion, Warenumsatz und Geldbesitz expandieren – um jeden Preis und unter allen Umständen. Daher besteht sein Prinzip gerade nicht im Schuldenabbau, sondern geradezu apokalyptisch in der Vermehrung der Schuld(en)[45]. Die Insolvenzen der Schuldner erhöhen ja die Gewinne der Kreditgeber, – nur ein globaler Crash vermag dieses System der Gewinnmaximierung durch maximale Verschuldung zu beenden.

Erst von daher wird die ganze Brutalität begreifbar, mit der vor allem die USA als das Musterland des Kapitalismus die vermeintliche Freiheit, mit Geld Geschäfte zu machen, mit allen Mitteln in aller Welt durchzusetzen suchen. Sie müssen jeden Konkurrenten vernichten, der ihre Weltmachtansprüche gefährden könnte, und je größer die sozialen Gegensätze von Arm und Reich die Gesellschaft im Inneren zu zerreißen drohen[46], desto skrupelloser folgt man der Illusion, durch militärisches »Kaputtrüsten« der Feindstaaten (heute: Rußland in Europa, morgen: China im Pazifik) sowie durch eine Sanktionspolitik ständiger Wirtschaftskriege oder auch, wenn es sich anbietet, durch Stellvertreterkriege (wie soeben in der Ukraine, davor seit 1989 durch eine Kette von Kriegen zur Machtausdehnung im Nahen und Mittleren Osten, auf dem Balkan und in Nordafrika) den eigenen Kollaps verschieben oder verhindern zu können. Es ist wie bei einer Supernova, die durch die Gravitation ihrer eigenen Massekonzentration in einer gewaltigen Explosion in den Untergang getrieben wird. Alles, was wir über Angst, Gewalt und Kriegsbereitschaft, über den Aufwand an moralisierender Verfälschung

45 WALTER BENJAMIN: Kapitalismus als Religion, fr. 74, in: Ges. Schriften, VI 100: »Im Kapitalismus ist eine Religion zu erblicken, d.h. der Kapitalismus dient essentiell der Befriedigung derselben Sorgen, Qualen, Unruhen, auf die ehemals die sogenannten Religionen Antwort gaben.«

46 KLAUS BRINKBÄUMER – STEPHAN LAMBY: Im Wahn, 361, führen »all die Klagen (auf), die in den USA zu vernehmen« sind: »darüber, dass Amerikaner nicht mehr miteinander reden können, ohne zu schreien; über den Stillstand im Kongress; über die Politisierung des Supreme Courts; über das ungerechte Wahlrecht, über Geld in der Politik, also Korruption.« Diese »Klagen« gelten nicht allein der *Trump*-Ära, sondern sie sind der Ausdruck einer – vor allem sozial – gespaltenen Nation.

und verlogener Propaganda als Motivationshilfe zum Krieg, und vor allem über die Erziehung zu Entpersönlichung, Massenpsychologie und Anpassungsgehorsam kritisch warnend zur Militarisierung der Politik in der »Zeitenwende« gesagt haben, läßt sich jetzt zusammenfassen in dem einen Satz: Solange wir dem Götzen Mammon dienen, kann es Frieden nicht geben. Die Wahl, vor welche uns Mt 6,24 stellt, ist daher alle Zeit aktuell, und sie entscheidet über alles. Allerdings ist jetzt auch klar, was wir zu tun haben, um uns für das Leben, statt für den Tod zu entscheiden.

3. Der entscheidende Beitrag der Religion zum Frieden oder: Vom Eigenwert des Einzelnen

Die alles verwandelnde Änderung – die »Erlösung« von einer Welt der Angst und Gewalt unter der Herrschaft des »Teufels«–, die Jesus uns zu bringen kam, bestand, dem Gesagten nach, in der zentralen Veränderung des Gottesbildes. Jesus streichelte in seinen Worten und in seinen Werken das Bild eines strafenden Gottes den Menschen aus der Seele und ersetzte es durch den Glauben an einen Gott, der in väterlicher Güte alle Schuld vergibt. Der »Vater« Jesu weiß um die kreatürliche Armseligkeit des Menschen, doch kehrt er als der Schöpfer der Welt das gesamte Daseinsverständnis der menschlichen Existenz um: nicht länger mehr steht der Mensch im Schöpfungsglauben Israels einer Wirklichkeit gegenüber, die in einem absichtslosen Spiel aus Zufall und Notwendigkeit unter anderem auch den Menschen hervorgebracht hat, – er befindet sich vielmehr einem persönlichen Willen gegenüber, der möchte, daß es ihn gibt. Nicht eine Naturnotwendigkeit macht, daß es sowas wie Menschen gibt, – es soll und muß den Menschen geben kraft einer Notwendigkeit in Freiheit: ein gütiger Gott will, daß der Mensch sei; die menschliche Existenz muß nicht länger einer ebenso blinden wie teilnahmslosen Natur abgetrotzt werden, sie kann erlebt werden als ein Geschenk. Dankbarkeit – nicht Schuld, Vertrauen – nicht Opfer,

Erfüllung – nicht Wiedergutmachung kennzeichnen prägend dieses neue Seinsverständnis.

Man lese, um dieses Gefühl von Dankbarkeit und Glück in sich aufzunehmen, nur einmal den – am Sonnengesang des ägyptischen Pharaos *Amenophis IV.* orientierten – Psalm 104, und man erlebt das religiöse Lebensgefühl eines derart angstfreien Daseins erleichtert aufatmend in Gebetsform mit. Doch dabei sollte und kann es nach Jesu Meinung nicht stehenbleiben. Alles kam für den Mann aus Nazareth darauf an, den Gedanken der Geschenkhaftigkeit des Daseins auch für die Art des Umgangs miteinander geltend zu machen. »Wenn du Geld verleihst,« sagt Jesus sinngemäß, »dann gib es dem, der es dir sicher nicht zurückzahlen kann,« denn, darf man ergänzen, der braucht's am allermeisten (Lk 6,32–34). Oder umgekehrt gesprochen: Was wärst Du für ein Mensch, wenn du imstande bist, die Not eines anderen, statt mit Hilfsbereitschaft und tätiger Unterstützung, zu beantworten mit der Chancenberechnung möglicher Geldgeschäfte? Sicher, so kannst du die ganze Welt gewinnen, doch du verlierst dadurch dich selber (Mk 8,36). Mit dieser Art des Denkens hat Jesus das Zinsverbot des *Moses* (Ex 22,24–26; Lev 25,35–38) nicht nur verschärft, er hat es – wie stets – als Haltung verinnerlicht: Wenn unser ganzes Leben ein Geschenk ist, dann ist alles, was wir sind und haben, in den Händen Gottes, unseres »Vaters«, eine Leihgabe, dazu bestimmt, sie weiterzuverleihen, nicht aber beim Geschäftemachen mit dem Elend anderer zum eigenen Profit zu nutzen[47].

Die Folgen dieser geistigen Umkehrung im Verständnis unseres Daseins bedeuten nicht mehr und nicht weniger als den Zusammenbruch des gesamten kapitalistischen Wirtschaftssystems. Der Deutsch-Argentinier SILVIO GESELL vertrat in seiner Freigeldtheorie die durchaus berechtigte Meinung, daß der Erpressungsvorteil der Geldbesitzer gegenüber den Warenhändlern unterlaufen werden könnte, wenn man dem Geld in bestimmten Zeiten ein ähnliches Verfallsdatum zuschreibe, wie Südfrüchten, Fischen oder

47 Vgl. E. DREWERMANN: Von Krieg zu Frieden, 456–476: Ein neuer Umgang mit Geld.

Getreideernten; so müsse man schon deshalb verfahren, meinte er, weil Geld lediglich als Tauschmittel fungieren sollte, nicht aber als Privatbesitz gelagert und gestapelt werden dürfe[48]; Geld sei so wenig ein privates »Eigentum« wie die Worte der menschlichen Sprache, die nur im Austausch miteinander ihren Wert und Sinn besitzen. – Dieser Vorschlag war und ist genial richtig, er löst aber den Kapitalismus als Wirtschaftsform nicht wirklich auf, – er bereinigt lediglich die Spekulationsgewinne der Banken und Aktionäre und macht ihn damit krisenfester. Die Position Jesu indessen hebt nicht nur die verhängnisvollen Aussichten auf Zinsgewinne hinweg, sie macht das einfache Preisgesetz von Angebot und Nachfrage in sich selbst zunichte: »Wer braucht, dem gib« (Mt 5,42), das ist das Gegenteil von: Erhöhe bei höherem Bedarf die Preise für dein Warenangebot! Endlich ist das Geld kein Götze mehr. Endlich tritt die Güte Gottes wieder an die Stelle der Herzenskälte gewinnorientierter Surplus-Jäger. Endlich endet der Aberglaube, Kapitalismus – das sei Freiheit und Fortschritt und Wohlstand für alle. Jeder kann wissen, daß das Gegenteil zutrifft. Doch den Mut, das zu sagen und konsequent danach zu leben, wird man nur aufbringen mit dem Blick auf einen Gott, der keine Schulden zurückfordert, sondern »jede Schuld dir vergibt« (Ps 103,3)[49].

Wie sehr Jesus von diesem Vertrauen zu Gott sich getragen wußte, erläutert er in dem Gleichnis von dem gnädigen König und dem ungnädigen Diener (Mt 18,21–35). Was er dort darzulegen sucht, ist unsere Grundsituation unter den Augen Gottes, verdeutlicht anhand der Geschichte einer Totalinsolvenz, einer Verschuldung, die auf keine Weise mehr getilgt werden kann. Wohl, in angstgetriebenem Wunschdenken verspricht der Diener (Minister) in diesem Gleichnis seinem König, alles wieder gutzumachen: die 40000 Talente Silber will er aufbringen, indem er alles verkauft, was er hat: seine Frau, seine Kinder, – es wird

48 Vgl. SILVIO GESELL: Die natürliche Wirtschaftsordnung, in: Ges. Werke, XI 179–181.

49 Vgl. E. DREWERMANN: Von Krieg zu Frieden, 434–455: »und vergib uns unsere Schuld.«

trotz allem völlig aussichtslos bleiben; all seine Versprechen sind nichts als ein hilfloses Flehen um Aufschub und Gnade. Doch das Unerhörte geschieht: der König erläßt alle Schuld seinem Diener eben wegen dessen erwiesener Zahlungsunfähigkeit. – Und das nun will Jesus sagen: wir leben einzig und allein, weil Gott unsere Schulden nicht aufrechnet und ahndet; daß es uns gibt, ist angesichts unserer Mängel und Fehler überhaupt nur möglich infolge seiner absoluten und grenzenlosen Vergebungsbereitschaft. Das einzige, was sich aus diesem Wissen wie von selbst ergibt, ist die Unmöglichkeit, in Anbetracht des Nachlasses unserer gesamten Daseinsschuld einander nach wie vor an die Gurgel zu gehen wegen vergleichsweise minimaler Schuldbeträge. *Matthäus* selber ist dieses Anliegen Jesu so wichtig, daß er es nicht nur in der Vater-unser-Bitte aufgreift, sondern daß er den Worten Jesu: Vergib uns unsere Schuld, wie auch wir vergeben unsern Schuldnern (Mt 6,12), ausdrücklich noch hinzufügt: wenn ihr einander nicht vergebt, wird Gott auch euch nicht vergeben (Mt 6,14).

Als Appell des Evangelisten an uns alle will das im Sinne Jesu besagen: Wenn ihr, geschäftstüchtig, wie ihr euch vorkommt, bei anderen Schulden eintreibt, mißversteht ihr die Grundlage eures eigenen Daseins; ihr handelt damit gänzlich gegen euch selbst. In jenem Gleichnis tut der Knecht des Königs exemplarisch genau dies: nachdem alle Schuld ihm erlassen wurde, würgt er den Erstbesten seiner Mitknechte und schreit ihn an: bezahle, was du schuldig bist! (Mt 18,28–30) Als dieses Verhalten dem König gemeldet wird, nimmt auch dieser seinen Schuldennachlaß zurück und verlangt von dem soeben Begnadigten in Konsequenz von dessen starrsinniger Gnadenlosigkeit die (völlig unmögliche) Rückzahlung all seiner Schuld[50]. Auch und gerade im Umgang mit Geld steht es auf Sein oder Nichtsein, ob wir dem Schuldprinzip zur Selbstbereicherung weiterfolgen oder ob wir in wohlverstandener Einsicht in die Grundlagen unserer Existenz davon lassen.

50 Zu dem Gleichnis vom »Schalksknecht« vgl. E. DREWERMANN: Das Matthäus-Evangelium, II 443–458: Mt 18,15–35; 19,1–2: »Wie ich mich deiner erbarmt habe« oder: Wovon die Menschen leben.

Wenn es so sich verhält, bricht das gesamte Geldsystem als ein Verfahren, mit der Schuld anderer Geschäfte zu machen, in sich zusammen. Geld ist jetzt wirklich nichts anderes mehr als ein Zahlungsmittel; es hat aufgehört, ein Götze zu sein. Es ist fortan, wie GESELL es vorschlug, auch kein Privatbesitz mehr, den man akkumulieren und in Kapital verwandeln könnte. Es gehört allen, niemals einer Handvoll Einzelner, die immer reicher werden, indem sie andere immer mehr verarmen lassen. Das Geld als weiterzureichender Schuldtitel hat seine götzendienerische Macht verloren; der Kapitalismus als eine Religion der immer höheren Verschuldung im Sinne BENJAMINS ist von innen her erledigt. Unzweideutig zeigt sich: Die Änderung des Gottesbildes, weg von Angst und Strafe hin zu Vertrauen und Vergebung, ist die ewig gültige Antwort Jesu auf das zentrale Problem der Menschheitsgeschichte: der Kriegstreiberei zum Geldgewinn und des Geldgewinns unter Inkaufnahme von Hekatomben an Opfern.

Denn noch einmal: Es ist nicht das »einfache Volk«, es sind nicht die Arbeiter und Bauern, die Werktätigen und Angestellten, die ein Interesse daran hätten, einander in Massen wechselseitig zu ermorden, – man muß sie, wie gezeigt, dazu erst trainieren, indem man sie unter der Außenlenkung autoritärer Befehle soweit entpersönlicht und entseelt, daß sie Menschen umbringen können, ohne dabei Skrupel zu empfinden, welche die »Kampfmoral« schwächen könnten. Wenn aber die wahren »Werte« entfallen, für welche im Kapitalismus Kriege geführt werden, so geht aus gleichem Grunde auch die Kriegspropaganda ins Leere, wenn sie vorgaukelt, die Kriege, die *wir* führten, gälten der Verteidigung unserer (moralischen) Werte und es müsse der Feind als Vertreter des Bösen, als Verbrecher, durch den vieltausendfachen Tod *seiner* Soldaten bestraft und zur Wiederholung seiner Untaten unfähig gemacht werden. Es gibt nur eine menschlich gültige Verpflichtung: die Ursachen des »Bösen« zu erkennen und sie gemeinsam zu überwinden; es gibt keinerlei Recht, das »Böse« besiegen zu wollen, indem man es in der eigenen Praxis und Gesinnung noch bei weitem zu übertreffen sucht. »Der Trojanische

Krieg findet nicht statt«[51], nicht auf der Theaterbühne und hoffentlich auch nicht mehr bei Natokonferenzen im deutschen Ramstein.

Mit einem Wort: wer als Politiker immer noch sagt, es müsse mal wieder »das Volk« in den Krieg ziehen oder Unsummen an Geldern für Mittel zur Kriegsvorbereitung erbringen – die Zeiten hätten sich halt geändert und wir müßten »die ausgetretenen Wege verlassen« –, der sagt wissentlich die Unwahrheit: er selber marschiert vielmehr weiter auf den blutgetränkten Heerstraßen der Gewalt, nicht um den Menschen zu dienen, sondern um die Erringung, den Erhalt und die Ausdehnung seiner eigenen Macht, militärisch wie wirtschaftlich, voranzutreiben. Wer indessen als Christ sich versteht, hat jedwedem Krieg abgeschworen, ohne Wenn und Aber und ein für allemal. Er bekehrt sich zur Umkehr des Jesus von Nazareth und weigert sich kategorisch, der umgekehrt-verkehrten »Zeitenwende« des Nato-Programms einer Remilitarisierung in allen Lebensbereichen Folge zu leisten.

Was auf uns zukommt, wenn wir wirtschaftlich, politisch, technisch und militärisch im 21. »amerikanischen« Jahrhundert so weitermachen, hat schon vor 100 Jahren auf Grund der Erfahrungen des Ersten Weltkriegs der norddeutsche Maler FRANZ RADZIWILL (1895–1983) auf einigen seiner realistisch-metaphysischen Bilder in beklemmenden Visionen warnend vorweggenom-

51 JEAN GIRAUDOUX: Der trojanische Krieg findet nicht statt (Paris 1935, dt.: München 1947), schrieb sein pessimistisch-zynisches Drama kurz vor der Rheinlandbesetzung als Ahnung und Warnung gegenüber der Gefahr eines neuen Kriegs zwischen Deutschland und Frankreich. Der Krieg erscheint wie etwas von Menschen kaum beeinflußbar Schicksalhaftes, angelegt in der allgemeinen Geneigtheit und den entsprechenden Umständen. Als *Helena,* die bloße Vorzeigefigur zur Kriegsbegründung, nach einer Einigung zwischen *Hektor* und *Ulysses* den Griechen zurückgegeben werden soll, sucht *Hektor* den chauvinistischen Literaten *Demokos* aus dem Weg zu räumen, weil dieser die Übergabe gefährdet; *Demokos,* sterbend, beschuldigt aber nicht *Hektor,* sondern den Griechen *Ajax* als Täter, – der Krieg wird geführt jetzt als Rache an einem Unschuldigen. *Kassandra* kündigt, wie stets, das kommende Unheil (des Kriegs über Europa) an, ohne Gehör zu finden: »Ich sehe nichts voraus,« sagt sie. »Ich ziehe nur die Dummheit in Betracht, die der Menschen und die der Elemente … Der nächste Krieg steht vor der Tür.«

men. Auf seinem Ölgemälde »Stahlhelm im Niemandsland«, das heute im Stadtmuseum Oldenburg zu sehen ist, hat er 1933 die tödliche Trostlosigkeit des Krieges in ihrer ganzen Unmenschlichkeit und Sinnlosigkeit mit dokumentarischer Genauigkeit in zeitloser Gültigkeit festgehalten (Tafel 4)[52]. Der Stahlhelm, dieses Instrument, mit dem das Militär den Kopf eines jeden Soldaten in Befehlsgehorsam einzwängt, gibt sich als Schutz gegen Schrapnells und Splitter, – dem Druckaufprall von Patronen bei direktem Beschuß hält seine dünnwandige Beschichtung nicht stand; exakt in der Bildmitte liegt ein solcher Helm auf dem Boden, doch so, daß man nicht von oben herab auf ihn schaut, sondern in gerader horizontaler Linie, die das Sprengloch unter dem Helm wie den geöffneten Mund unter der Stirn des Getöteten erscheinen läßt. Um diese Perspektive einzunehmen, muß der Betrachter freilich selbst in das gähnende Loch sich hineinhocken, das ein Granateneinschlag quer über den Vordergrund des ganzen Bildes in die Erde gesprengt hat.

Man sagt von Menschen, die auf dem »Feld der Ehre« von solch einem Geschoß dahingerafft wurden, sie seien »gefallen«, und genau das erzählt dieses Bild: Da war einmal ein Mensch mit diesem Helm auf dem Kopf, als vor seinen Füßen eine Explosion die Erde aufriß und ihn verschlang, – sein Tod und sein Begräbnis waren ein und dasselbe. Er selbst ist den Blicken entzogen, er ist buchstäblich verschwunden, und dort, wo sein zerrissener Körper sich jetzt befindet, hockt der Betrachter, der sieht, was der Getötete nicht mehr zu sehen vermag: »Was Krieg ist, begreift man allein in der Sicht der Gefallenen«, soll das heißen, jener so gründlich Annihilierten, daß von ihnen nichts mehr übrig ist; nur mit den Augen der Toten wird den Lebenden sichtbar, was beim Einsatz an der Front wirklich geschieht.

Daß der Stahlhelm den verheißenen Schutz nicht zu geben vermochte, erzeigt ein riesiges Einschußloch an seiner Oberseite. Das Wegbrechen des haltgebenden Bodens, das Durchbrechen

52 Franz Radziwill – drohend vertraute Welten, S. 147: Stahlhelm im Niemandsland, 1933, Stadtmuseum Oldenburg; S. 76–77: ANDREA WANDSCHNEIDER: Die Verrückung des Alltäglichen. Radziwills Helm-Stilleben.

des einschlagenden Geschosses – von allen Seiten hat der Würger Krieg ganze Arbeit geleistet. Und warum ist »es« passiert? Weil zwei feindliche Frontlinien einander in Sichtweite gegenüberlagen in Form von Schutzgräben, aus denen heraus auf alles zu schießen befohlen war, was sich unvorsichtigerweise als menschliche Zielscheibe anbot. Dazwischen liegt ein Korridor von ein paar hundert Metern »Tiefe«, der bisher von keiner der kämpfenden Parteien »eingenommen« werden konnte und deshalb, »niemandes Land« ist; um dieses Gebiet zu besetzen und in Besitz zu nehmen, werden von beiden Frontlinien immer wieder – nach längerer Artillerievorbereitung – Angriffe gestartet. Doch um die eigenen Schützengräben zu schützen und das Vorrücken des Gegners aufzuhalten, hat man Stacheldrahtverhaue vorgespannt, und in die muß das angreifende Menschenmaterial sich hineinarbeiten, der Toten nicht achtend, die das Sperrfeuer der Gegenseite der eigenen Truppe an Verlusten abverlangt. In der ersten Welle werden Drahtscherer vorgeschickt, um mit Kneifzangen und Handgranaten die hinderlichen Drähte für den Vormarsch zu öffnen, – sie alle ein Himmelfahrtskommando, wie man in dieser Hölle des Mordens das einkalkulierte angeordnete Sterben zynisch benennt. Die Pfähle, die man in die Erde gerammt hat, um zwischen ihnen den Stacheldraht zu verspannen, sind zum Teil selber zersplittert und bis auf die Spitze am Boden freigelegt. Sie ziehen auf dem Bild sich nach links in langer Linie hin, bis sie im Irgendwo sich verlieren. Gegenüber auf der anderen Seite ist dieselbe Barriere angelegt, – was im Krieg der eine tut, muß auch der andere machen.

Der hier Gefallene, von dem nur noch der Stahlhelm Zeugnis gibt, ist scheinbar gerade bis zu seinem eigenen Drahtverhau gelangt und zwischen zwei Pfählen hängen geblieben, als ihn die tödliche Granate aus dem Leben riß. Auf den Befehl »Sprung auf, lauf, lauf!« war er vorgestürmt, doch das Niemandsland durchqueren und den feindlichen Schützengraben im Kampf Mann gegen Mann »aufräumen« konnte er nicht mehr. – Wofür ist er gestorben? Um ein mit dürrem Gras bewachsenes Stück Land zu erobern, das keinem gehört und um das eben deshalb alle sich streiten! Wozu? Das weiß niemand, und der dunkel aufragende Himmel weigert jede Antwort. Querziehende Wolken beziehungsweise Rauchschwaden, schwach noch beschienen von dem schmalen Gold einer untergehenden Sonne, lagern lastend über dem Schlachtfeld und lassen es zurück als ein endlos sich dehnendes Gefängnis der Sinn- und Hoffnungslosigkeit. Wie ihm entrinnen – diesem Panorama mutwillig zerstörten Lebens?

Diese Frage ergeht an den unsichtbar bleibenden Betrachter in Augenhöhe zu dem zerfetzten Relikt dieses Toten. 1933 war RADZIWILL der NSDAP beigetreten und als Professor an die Düsseldorfer Kunstakademie berufen worden; hat er dem »Stahlhelm«, wie ein militaristischer Wehrkraftverband sich selber damals benannte, ein Denkmal heroischer Vaterlandliebe und Opferbereitschaft setzen wollen? Es gab Autoren, die das Bild seinerzeit wirklich so deuteten. Doch wie blind unter dem düster schweigenden Himmel muß man gegenüber dem stummen Leid der in den Granattrichtern Versunkenen geworden sein, um erneut in verzweifelter Begeisterung zu kommandieren: »Ran an den Feind!« Dieses Niemandsland kennt in seiner Menschenleere keine Freunde noch Feinde mehr; es ist selber das gähnende Nichts militarisierter Unmenschlichkeit.

O ja, wir haben Jahrestage, an denen wir uns an die Strategie des »Weißblutens« vor Verdun erinnern und angesichts der Soldatenfriedhöfe mit Hunderttausenden von Toten die Deutsch-Französische Freundschaft beschwören. Nein! soll das besagen, wir sind nicht länger mehr wie diese damals. Doch wenn auf uns nicht das Jesus-Wort zutreffen soll: »Ihr Heuchler baut den Propheten Denkmäler und sprecht: wir sind nicht schuld an ihrem Blut; doch beweist ihr damit nur, daß ihr die Kinder der Prophetenmörder seid und lediglich deren Maß vollmacht« (Mt 23,29–32), – dann müßten wir nicht den Ersten oder den Zweiten Weltkrieg für einen »Fehler« oder ein »Verbrechen« erklären, nur um die alte Denkweise in neuen Zusammenschlüssen fortzusetzen, dann müßten wir dem Prinzip widersprechen, das allen Kriegen zugrunde liegt: dem »Bösen« Widerstand leisten zu wollen mit dem immer noch Böseren oder, mit GANDHI gesprochen, *Hitler* mit *Hitler* besiegen zu wollen. Wenn wir den Sonnenuntergang am Horizont von RADZIWILLS »Stahlhelm« aufhalten oder gar umkehren wollen, dann mit der Zeitenwende Jesu zum Frieden, nicht mit einer »Zeitenwende« des Zurück in den Wahnsinn der Waffen.

VI
Die Bergpredigt als Weg zum Frieden oder: Jenseits von Angst, Gewalt und Gier

»Warum müssen Sie gerade jetzt die Bergpredigt derart aktualisieren und artikulieren?« mag manch ein Leser sich noch immer fragen. »Wissen Sie nicht, daß alles, was Sie da zu Papier bringen, als politisch inkorrekt erscheinen muß oder als christlicher Fundamentalismus abgetan werden wird?«

Die Antwort kann nur lauten: Gerade im Bewußtsein, daß es sich so verhält, ist es notwendig, einen Standpunkt zu finden und zu formulieren, der Frieden von innen her ermöglicht, indem er das politische Denken ebenso hinter sich läßt wie gewisse ethische oder theologische Ideologiebildungen.

1. *Vom Teufelskreis des nur Politischen*

Politisch mangelt es auch in der »Zeitenwende« nicht an Vorschlägen zur Beendigung etwa des Ukraine-Kriegs. Ja, er ist völkerrechtswidrig von Rußland gegen die Ukraine begonnen worden. Doch wie geht man damit um? Kein Krieg ist zu rechtfertigen, auch nicht der Überfall Rußlands auf die Ukraine; Krieg ist das planvoll organisierte massenweise Töten von Menschen. Doch eben deshalb müßte man alles daran setzen, ihn so schnell wie möglich durch Verhandlungslösungen einzustellen. Um das aber zu tun, müßte man die Gründe, die zu dem »Angriffskrieg« Rußlands führten, verstehen und berücksichtigen. Statt dessen erleben wir in voller Breite die in Kriegszeiten übliche Dämonisierung des Gegners: Grundsätzlich befinden wir selber uns bei Ausbruch eines Krieges im Status der Verteidigung; von CAESARS

»Gallischem Krieg«[1] über den Ersten Weltkrieg[2] bis hin zu *Hitlers* Überfall auf Polen wollen wir selber keinen Krieg, werden aber durch einen bösen Feind in einer Kette unerträglicher Greu-

1 G. JULIUS CAESAR: Der Gallische Krieg, I 11–17, S. 10–14, begründet den Anfang des Gallischen Krieges (von 58–51 v. Chr.) mit der Verteidigung der Häduer und ihrer Freunde gegen die Helvetier, die deren Land verwüsteten; da »faßte Cäsar den Entschluß, nicht ferner mehr abzuwarten, bis die Bundesgenossen des römischen Staates gänzlich zugrunde gerichtet wären.« (I 11, S. 10)

2 Im Ersten Weltkrieg leitete der Journalist und Verleger *Alfred Harmsworth* (1865–1922) eine eigene Propaganda-Abteilung, die so verdienstvoll Haß auf den Gegner erzeugte, daß der Erfinder ihrer Lügen zur Rekrutierung von Freiwilligen 1918 zum Viscount geadelt wurde und sich fortan *Lord Northcliffe* nannte; es war das Buch des Pazifisten ARTHUR PONSONBY: Falsehood in Wartime, 1928, das voller Abscheu die Hetzparolen als gelenkte Unwahrheiten entlarvte. ANNE MORELLI: Den Feind verteufeln, in: junge Welt, 1.2.23, Nr. 27, S. 11–12, weist, in Anlehnung an diese grundlegenden Mechanismen in Kriegszeiten, darauf hin, daß stets beide Seiten ihre »Narrative« in wechselseitigen Beschuldigungen durchzusetzen suchen. Wem also kann man glauben? – Seit 2014 behaupten EU und Nato auf die russische Herausforderung (die »Besetzung« der Krim) zu »reagieren«; aber Kiew hatte die Halbinsel mit ihrer überwiegend russischsprachigen Bevölkerung von der Wasserversorgung aus dem Dnepr abgeschnitten; am 2. Mai 2014 kam es zu dem Massaker in Odessa; die russische Bevölkerung im Donbass wurde von der westlich aufgerüsteten ukrainischen Armee unter ständigen Beschuß genommen – mit etwa 15000 Toten. Wer greift da wen an? – Rußland und China verfolgen imperialistische Ziele, heißt es; aber es sind die USA, die mehr als 725 Militärbasen außerhalb ihres Territoriums unterhalten und deren Militärausgaben die ihrer beiden Gegner zusammen um ein Vielfaches übersteigen. »Rußland führt einen Angriffskrieg; es will die ukrainische Kultur zerstören, es will ganz Europa beherrschen« – so die Unterstellungen. Doch die Ukraine gehörte 250 Jahre lang zum Gebiet der Petersburger Zaren, und die »Osterweiterung« der Nato stellt ohne Frage eine schwere Bedrohung Rußlands dar. »Anstatt nach dem Ende der Blockkonfrontation im Geiste der ›Charta von Paris‹ aus dem Jahre 1990 ein ›gemeinsames Haus Europa‹ zu errichten, wurde Russland vom Westen systematisch in die Enge getrieben. ... Als rote Linie wurde hier unmissverständlich eine Aufnahme der Ukraine und Georgiens in die Nato benannt. Als quasi unmündige Vasallen der USA vermochten die EU-Staaten nicht, eine diplomatische Lösung zur Verhinderung einer militärischen Eskalation des Ukraine-Konflikts zu finden,« schreibt SEVIM DAĞDELEN: Souveränität wagen, in: junge Welt, 3.2.23, Nr. 29, S. 12. Wer also will hier den Krieg und zieht den größten Nutzen daraus? OSKAR LAFONTAINE: Die Lüge verhindert den Frieden, in: Wolfgang Gehrcke – Christiane Reymann (Hg.): Ein willkommener Krieg?, S. 10, bringt die Frage auf den Punkt: »Deutschland

eltaten dazu gezwungen. Um den Gegner wirksam mit den Gefühlen von Angst, Haß und Verachtung belegen zu können, muß man den Konflikt personalisieren, indem man den Verantwortlichen der Gegenseite kriminalisiert und psychiatrisiert[3]. Und natürlich ist schon im Vorlauf zu einem jeden Krieg, bereits in der Phase der Aufrüstung, der Gegner stets der Gefährliche, selbst wenn das eigene Militärbudget, wie im Falle der USA, zwölfmal so groß ist wie das des vermeintlichen Aggressors in Gestalt Rußlands.

Unter diesen Umständen kann man durchaus so denken wie

und Europa ... haben alles (sc. von seiten der USA gegenüber Rußland, d.V.) geschluckt – die Kündigung des ABM-Vertrages, die Kündigung des Vertrages über Mittelstreckenraketen ... Nachdem die heutige stellvertretende Außenministerin der USA, *Victoria Nuland,* in einem Telefonat 2014 eingeräumt hatte, dass die USA 5 Milliarden Dollar in die Destabilisierung der Ukraine gesteckt haben, fasste sie die Politik Washingtons in Europa und in der Ukraine in einem Satz zusammen: ›Fuck the EU‹. Wann endlich begreifen die Europäer, dass die USA in Europa nur ihre Interessen vertreten ... Sicherheit kann nur gemeinsam (sc. mit Rußland, d.V.) erreicht werden.«

3 ANNE MORELLI: Den Feind verteufeln, in: junge Welt, 1.2.23, Nr. 27, S. 11, faßt den Stil der Propaganda so zusammen: »Wir führen keinen Krieg gegen Russland, sondern gegen *Putin,* der an Paranoia leidet. Die Tageszeitung *La Libre Belgique* beschreibt den russischen Präsidenten als sowjetischen Zaren. Der Publizist *Bernard-Henri Lévy* bescheinigt ihm ›mörderische Unzurechnungsfähigkeit‹, nennt ihn ›Iwan den Schrecklichen‹ und ›Eierabreißer‹ ... Der Sender *TV5 Monde* titelte, ›Wladimir Putin: Russland als Eroberer‹ – obwohl das Land seit 1990 einen Großteil seines Einflussgebietes verloren hat. *Wladimir Putin* sei ein ›Killer‹, sagte der US-amerikanische Präsident *Joseph Biden* im März 2021«. In ihrem Buch: Die Prinzipien der Kriegspropaganda (Springe [4]2022), benennt MORELLI die 10 Gebote der Kriegspropaganda: 1) Wir wollen keinen Krieg. 2) Das feindliche Lager trägt die alleinige Schuld am Krieg. 3) Der Feind hat dämonische Züge. 4) Wir kämpfen für eine gute Sache und nicht für eigensinnige Ziele. 5) Der Feind begeht mit Absicht Grausamkeiten; wenn uns Fehler unterlaufen, dann versehentlich. 6) Der Feind verwendet unerlaubte Waffen (Faßbomben, Streubomben z.B.). 7) Unsere Verluste sind gering, die des Gegners aber enorm. 8) Unsere Sache wird von Künstlern und Intellektuellen unterstützt. 9) Unsere Mission ist heilig. 10) Wer unsere Berichterstattung in Zweifel zieht, ist ein Verräter. – JÜRGEN TODENHÖFER: Du sollst nicht töten, 114, stellt fest: »An der Dämonisierung von Gegnern wird oft jahrelang systematisch gearbeitet. Vor allem, wenn das ›Hauptverbrechen‹ des Feindes darin besteht, dass er sich nicht den strategischen Zielen des US-Imperiums unterwirft.«

die Obfrau für die Linksfraktion im Auswärtigen Ausschuß SEVIM DAĞDELEN, als sie in einer »Konferenz für das Gleichgewicht der Welt« im Januar 23 in Havanna die Meinung vertrat, es sei »der Stellvertreterkrieg in der Ukraine ... Ausdruck des Versuchs der USA, ihre uneingeschränkte globale Vormachtstellung ... zu bewahren. Elementarer Bestandteil dieser Strategie«, sagte sie, »ist das US-amerikanische Streben seit Ende des Kalten Kriegs, eine gemeinsame Sicherheitsordnung in Europa unter Einschluss Russlands zu verhindern. Der infolge dessen entstandene Krieg ist also auch Ergebnis der Unfähigkeit Europas bzw. der EU, sich aufgrund der politischen Herrschaft einer Kompradorenbourgeoisie (sc. gekauften Ausbeuterschicht, d.V.) aus dem Abhängigkeitsverhältnis zu den USA zu lösen und eine souveräne, an den Interessen der eigenen Bevölkerung orientierte Politik zu betreiben, die auf Frieden, Stabilität und Prosperität abzielt.« »Der Krieg gegen Russland, der vor allem auch auf der Ebene der Wirtschaft geführt wird, ist auch ein sozialer Angriff nach innen« und nimmt zudem »die Staaten des globalen Südens in Geiselhaft«[4].

An anderer Stelle verweist Frau DAĞDELEN zudem auf den NATO-Gipfel in Madrid im Juni 2022, auf dem Rußland zum ersten Mal als die »größte und unmittelbarste Bedrohung für die Sicherheit der Verbündeten und für Frieden und Stabilität im euro-atlantischen Raum« bezeichnet wurde[5]. Es geht also gar nicht mehr nur um die Ukraine, unterstellt wird Rußland die Absicht, Gesamt-Europa annektieren zu wollen; dabei ist es die NATO selber, welche sich um die Ukraine, Georgien und Bosnien-Herzegowina zu erweitern gedenkt. »Die EU als Ganzes soll als Wirtschafts-NATO fungieren«[6], um die entsprechende Sanktions- und Aufrüstungspolitik zu unterstützen. »Der Krieg in der Ukraine soll als Abnutzungskrieg Russland in die Knie zwingen

4 SEVIM DAĞDELEN: Souveränität wagen, in: junge Welt, 3.2.23, Nr. 29, S. 12.

5 SEVIM DAĞDELEN: Russland ruinieren und China vernichten, in: Wolfgang Gehrcke – Christiane Reymann (Hg.): Ein willkommener Krieg?, S. 80.

6 A.a.O., 80–81.

und offenbar zynisch bis zum letzten ukrainischen Soldaten geführt werden. Waffen, Waffen, immer mehr Waffen, so das Mantra. Russland müsse militärisch besiegt werden ...«[7]

Wie zum Beleg dieser These berichtete am 29.3.22 das *Radionetzwerk Deutschland*, daß in Istanbul ukrainische und russische Vertreter ein Waffenstillstandsdokument entworfen hätten, in dem Rußland auf den Sturz der ukrainischen Regierung verzichtet und die Ukraine einen neutralen Status sowie Verhandlungen über die Krim akzeptiert habe[8]. Demnach hätte der Krieg nicht nur vermieden, er hätte nach spätestens einem Monat auch beendet werden können. Doch am 4. April gab *Boris Johnson* vor seinem Kiew-Besuch die Devise aus: »Keine Einigung mit Russland, solange die Ukraine nicht die Peitsche in der Hand hat«; *Selenskyj* dürfe *Putin* keine Zugeständnisse machen[9]. Und am 25. April 22 erklärte US-Verteidigungsminister *Lloyd Austin*, »die USA wollten die Gelegenheit nutzen, um Russland im Zuge des Ukraine-Kriegs auf Dauer militärisch und wirtschaftlich zu schwächen.«[10] Damit ist das, was die *Scholz*-Regierung als »Zeitenwende« bezeichnet, nichts weiter als ein komplettes Einknicken gegenüber dem globalen unipolaren Hegemonialanspruch der USA. *Dafür* wird der Krieg geführt, und *dafür* sterben Hunderttausende von Menschen.

Und im Hintergrund wird auch schon das nächste noch größere Ziel der USA in aller Deutlichkeit sichtbar: die Herrschaft im Pazifik. »Ist Russland einmal aus der Allianz mit China herausgebrochen, wird sich Peking kaum mehr im Indopazifik behaupten können.«[11] Dabei ist die Vorgehensweise der USA in bewährter Manier die gleiche wie auf dem Balkan und derzeit in der Ukraine: Man treibt den Gegner in den Krieg, den man zur eigenen Machtausdehnung benötigt. So erklärt CIA-Chef *William Burns* gemeinsam mit US-Spitzenmilitärs, Chinas Präsident

7 A.a.O., 83.
8 A.a.O., 84.
9 A.a.O., 84.
10 A.a.O., 85.
11 A.a.O., 82.

Xi Jinping wolle seine Truppen bis 2027 für eine Invasion Taiwans in Bereitschaft bringen. Tatsächlich betrachtet Peking – aus historisch korrekten Gründen – Taiwan als China zugehörig und betreibt seine Ein-China-Politik als Weg zu einer friedlichen Wiedervereinigung. Doch genau das liegt so wenig im Interesse der USA wie eine friedliche Zusammenarbeit Deutschlands und Westeuropas mit Rußland. Also wird Taiwan seit Jahren verstärkt aufgerüstet und auf einen asymmetrischen Krieg gegenüber einer »Besatzungsmacht« trainiert – wie ukrainische Soldaten längst vor dem 24. Febr. 22. »US-Militärs bestätigten kürzlich der *Financial Times*, sie täten auch sonst in Ost- und Südostasien alles, was sie ab 2014 in der Ukraine und ihren Nachbarstaaten getan hätten – Waffen in vorgeschobenen Lagern deponieren, Stützpunkte für Nachschublieferungen in das potentielle Kriegsgebiet identifizieren. Und ...: Vor allem in den Taiwan am nächsten gelegenen Ländern, in Japan und den Philippinen, dehnen die USA ihre Militärpräsenz in hohem Tempo aus.«[12] Anscheinend will man auch China eines baldigen Tages in die Rolle des Angreifers drängen, um es militärisch und wirtschaftlich als Rivalen ausschalten zu können.

Es soll hier wohlgemerkt nicht behauptet werden, diese Sicht der politischen Lage sei die einzig mögliche und richtige, obwohl sich viele Hinweise ergeben, um sie zu bestätigen; es geht an dieser Stelle um ein anderes, grundsätzlicheres: um die prinzipielle Unzulänglichkeit eines nur politischen Denkens. Dessen Widersprüchlichkeit und notwendige Aporie tritt derzeit überdeutlich einem jeden vor die Augen, sobald er eine Zeitung aufschlägt: Wer irgend ein Ende der Waffenlieferungen an die Ukraine fordert, um das grausige und zynische Abschlachten von Menschen zu stoppen, wird vorgehalten bekommen, daß ja »*Putin*« »angefangen« habe; wer sich dafür ausspricht, keinen »Siegfrieden« anzustreben, sondern sich endlich an den Verhandlungstisch zu setzen und die Interessen beider verfeindeter Parteien zusammenzuführen, dem wird entgegengehalten, man dürfe mit Rußland

12 JÖRG KRONAUER: Gewollte Zuspitzung, in: junge Welt, 4./5.2.23, Nr. 30, S. 8.

erst reden, wenn es vom ukrainischen Boden vertrieben worden sei; und wer den Ukraine-Krieg gar als einen Stellvertreterkrieg zur Zerstückelung und Schwächung Rußlands mit dem Ziel einer globalen Machtausdehnung der USA beurteilt, wird als »Querdenker«, als Vertreter russischer Propaganda-Lügen und als Verteidiger des Massenmörders *Putin* diffamiert und durch die Medien getrieben werden. Wirklich schlimm daran ist noch nicht einmal die Tatsache, daß in der BRD, in den EU- und Nato-Staaten, in den USA sowie in deren Kolonialstaaten die erforderliche offene Diskussion über gewisse Vor- und Nachteile des jeweiligen Vorgehens durch eine professionelle Propagandamaschinerie im Dienste der gewünschten Regierungsvorgaben auf eine Weise unterdrückt wird, die eins zu eins an die Debatten vor 70 Jahren in der BRD (West) zur Einführung der Bundeswehr gemahnt. Wirklich erschreckend daran ist das Typische, das immer Wiederkehrende im Raum der Sozialpsychologie, sobald es um Krieg und Frieden, um Macht und Geld, um Geltung und Einfluß geht: stets drängen die immer gleichen Reaktionsweisen sich in den Vordergrund. Aus politischen Fragen werden moralische Grundsatzfragen um Recht und Unrecht, um Gut und Böse, um Wahr und Falsch gemacht, und diese dürfen fortan nur noch nach der oberflächlichen Logik des binären Denkens entschieden werden. »Wir sind die Angegriffenen.« »Wir sind die Guten.« »Wir tuen das Richtige, wir das Notwendige.«

Ein Krieg draußen muß immer auch als Krieg nach drinnen geführt werden. Die »Diffamierung aller Kriegsgegnerinnen und Kriegsgegner ist Teil einer immer heftiger werdenden Kriegspropaganda, an der sich sowohl die Regierungsparteien wie auch die großen öffentlich-rechtlichen und privaten Medien beteiligen«, schreibt DAĞDELEN. »Die Erzeugung eines inneren Militarismus soll den äußeren Militarismus begleiten, um ... jeden Widerstand ... zu ersticken.«[13] Allenfalls die Warnung vor einem möglichen

13 SEVIM DAĞDELEN: Russland ruinieren und China vernichten, in: WOLFGANG GEHRCKE – CHRISTIANE REYMANN (Hg.): Ein willkommener Krieg?, S. 87. – Selbst die Warnung von Ex-Brigadegeneral ERICH VAD: »Wir sollten uns vor einer Eskalation hüten«, in: Neue Westfälische, 20.1.23, S. 3, wurde

Atomkrieg und der Hinweis auf die wirtschaftlichen und sozialen Folgen der US-geführten Sanktionspolitik gegen Rußland finden in der Öffentlichkeit noch einen gewissen Widerhall, jedoch bilden gerade sie als Argumente der Angst und der Sorge um den Erhalt des eigenen Wohlstands die schwächsten Motive für einen grundlegenden pazifistischen Widerstand.

Das Dilemma, das so entsteht, ist in seinem Erscheinungsbild allein schon beklagenswert genug, doch ist es nur ein Symptom, das die verhängnisvolle Beschränktheit und Unzulänglichkeit aller rein politischen Reflexionsargumente offenbar macht: sie verfangen sich unvermeidbar in den Maschen machtorientierter Maßnahmen und Meinungsmanipulationen. Im Schatten eines jeden Krieges, in seinem Vorlauf wie in seinem Verlauf, tobt im Inneren ein Machtkampf, und alles, was da gesagt wird, dient nicht der Wahrheitsfindung, sondern der Durchsetzung des eigenen Standpunkts. Selbst die Rede von Gut und Böse, Wahr und Falsch gerät zu einer bloßen Rechtfertigungsideologie der bestehenden oder zu ändernden Machtverhältnisse.

wohl nur gedruckt, weil es ihn »bedenklich« stimmt, »dass nur wenige Deutsche bereit sind, mit der Waffe in der Hand für ihr Land zu kämpfen, nach Umfragen weniger als 20 Prozent.« Zudem lobt er den neu vereidigten Verteidigungsminister *Boris Pistorius* sowie den früheren konfrontativ ausgerichteten CDU-Verteidigungsminister *Volker Rühe;* vor allem unterstützt er die Forderung der Wehrbeauftragten *Eva Högl* zur Aufstockung des Militärbudgets auf 300 Mrd Euro. Immerhin urteilt er »realistisch«: »Weder wird die Nuklearmacht Russland ganz und gar zu besiegen sein noch wird die Ukraine die Donbassgebiete oder die Krim militärisch zurückgewinnen können.« »In der heutigen Ukraine sehen wir längst einen Abnutzungskrieg – ähnlich wie im Ersten Weltkrieg. Dem fielen Millionen junger Soldaten zum Opfer – ohne politischen Sinn und Verstand. Das gilt es heute zu verhindern.« »Zu Beginn des Krieges waren so gut wie alle Experten der Meinung, dass der Krieg nur sehr kurz sein würde.« Das glaubte wohl auch die russische Generalität; wie aber, wenn man als »politischen Sinn und Verstand« genau diese Einschätzung seitens der USA zu der Falle hätte ausbauen wollen, die als Nato-Stellvertreter-Krieg zur Schwächung Rußlands gerade zuschlägt?

2. *Vom Ungenügen auch des nur Moralischen*

An alle politisch geführten Debatten, insbesondere aber in Fragen um Krieg und Frieden, richtet sich deshalb die Forderung, die *moralisch* vorgebrachten Begründungen in Richtung bestimmter programmatischer Festlegungen aus ihrer propagandistischen Verwendung herauszulösen und auf ihren ernstgemeinten und ernstzunehmenden Inhalt hin zu überprüfen. Im Grunde ist dies eine philosophische Selbstverständlichkeit, auf die klassisch und am klarsten IMMANUEL KANT schon vor 230 Jahren hingewiesen hat. Um Frieden zu schließen und Frieden zu bewahren, kann und darf man gerade nicht mit politischen Machenschaften ein bloßes Machtdiktat anstreben wollen, im Gegenteil, das politische Verlangen nach Macht steht einer moralischen Gesetzgebung geradewegs entgegen.

In seiner berühmten Abhandlung »Zum ewigen Frieden« aus dem Jahre 1796 führte der Philosoph, der in seiner Heimatstadt Königsberg, heute Kaliningrad, wie kein anderer zur Versöhnung zwischen Deutschen und Russen beitragen könnte[14], zur Begründung dieser seiner Ansicht aus: »Der Friedenszustand unter Menschen, die nebeneinander leben, ist kein Naturzustand ..., der vielmehr ein Zustand des Krieges ist, d.i. wenn gleich nicht immer ein Ausbruch der Feindseligkeiten, doch immerwährende Bedrohung mit derselben. Er muß also *gestiftet* werden.«[15] Diese Friedensstiftung aber kann durchaus nicht auf dem Schlachtfeld

14 Noch 2005 trafen sich *Schröder* und *Putin* auf den Stufen der Kant-Universität, um sich der geistigen, politischen und wirtschaftlichen Gemeinsamkeit ihrer Interessen in friedlicher Zusammenarbeit zu versichern; – heute ist schon die Erinnerung daran verpönt; der ehemalige SPD-Kanzler wird zu Gunsten seines Nachfolgers *Scholz* diskreditiert bis zur Unaussprechlichkeit. Den Königsberger Dom, neben dem sich die Grabstätte zum Gedenken *Kants* befindet, hat *Putin* durch Umgestaltung zu einer Konzerthalle vor dem Abriß bewahrt, in der Erwartung auch, Deutsche damit zum Besuch einzuladen; statt dessen sinnt Polen derzeit darauf, den Verbindungsweg nach Kaliningrad zu sperren. Das Ansehen KANTS war und ist in Rußland so groß, daß DOSTOJEWSKI eine deutsche Ausgabe der »Kritik der reinen Vernunft« in die Verbannung mitnahm.

15 IMMANUEL KANT: Zum ewigen Frieden, 2. Abschn., in: Werke, XI 203.

stattfinden; selbst ein aus politscher Vernunft geschlossener Friedensvertrag kann allenfalls »dem diesmaligen Kriege, aber nicht dem Kriegszustande (immer zu einem neuen Vorwand zu finden) ein Ende« bereiten; daher »muß es einen Bund von besonderer Art geben, den man den Friedensbund ... nennen kann, der ... alle Kriege auf immer zu endigen« sucht. »Dieser Bund,« betonte KANT, »geht auf keinen Bund irgendeiner Macht des Staates, sondern lediglich auf Erhaltung und Sicherung der Freiheit eines Staates für sich selbst und zugleich anderer verbündeter Staaten, ohne daß diese doch sich deshalb (wie Menschen im Naturzustande) öffentlichen Gesetzen, und einem Zwang unter denselben, unterwerfen dürfen.«[16]

Es geht also darum, das Modell des vertraglich gesicherten inneren Friedens eines Volkes auf die Beziehung zwischen den Staaten auszudehnen, im Sinne eines »freien Föderalismus«, der sich nach Maßgabe der Vernunft mit dem Völkerrecht verbindet und somit dem Ausbruch von Feindseligkeiten vorbeugt. Eine solche »föderative Vereinigung« hielt KANT für entschieden »besser als die Zusammenschmelzung derselben, durch eine die andere überwachende, und in eine Universalmonarchie übergehende Macht, weil die Gesetze mit dem vergrößerten Umfange der Regierung immer mehr an ihrem Nachdruck einbüßen, und ein seelenloser Despotism, nachdem er die Keime des Guten ausgerottet hat, zuletzt doch in Anarchie zerfällt.«[17]

Klarer als in diesen Worten läßt sich derzeit dem moralischen Anspruch der »wertebasierten« westlichen Weltmachtpolitik als eines Mittels zu Frieden und Freiheit nicht widersprechen. Die Idee bereits einer zentralen Ordnungsmacht, die – etwa in Gestalt der USA – als Weltpolizist auftritt, verwandelt die Grundlage aller Moral: das Prinzip der Freiheit, in ein Diktat äußerer Macht, deren Inhalte mit der Durchsetzung der eigenen Rechts- und Ordnungsvorstellungen identisch sein sollen[18].

16 A.a.O., XI 210–211.
17 A.a.O., Erster Zusatz: Von der Garantie des ewigen Friedens, XI 225.
18 Darin im übrigen liegt der wesentliche Unterschied zwischen der Friedenssuche der UNO und dem Siegfriedensdiktat der USA begründet. Vgl. dazu die

Unmittelbar mit diesen Gedanken verband IMMANUEL KANT die in einer politischen Auseinandersetzung wichtige Unterscheidung zwischen einem wirklich »moralischen Politiker«, dem es zur Pflicht gerate, die »Idee der Vernunft ... zum Muster« sich vor Augen zu stellen, und einem »politischen Moralisten«; von letzterem glaubte er nur warnen zu können, da ein solcher rechtswidrige Staatsprinzipien zu beschönigen suche, indem er »unter dem Vorwande ... des Guten ... die Rechtsverletzung« verewige und eine Besserung der menschlichen Natur geradewegs verhindere[19]. Also gelte es, »allen ... Schlangenwendungen einer unmoralischen Klugheitslehre, den Friedenszustand unter Menschen aus dem kriegerischen des Naturzustandes herauszubringen«, die Feststellung entgegenzuhalten, »daß es nicht das Recht, sondern die Gewalt sei, der sie zum Vorteil sprechen«. Sie ordneten die Grundsätze der Moral ihrem jeweiligen Zwecke unter, d.h. sie spannten »die Pferde hinter den Wagen.«[20] Es bleibt deshalb dabei: »Die wahre Politik kann ... keinen Schritt tun, ohne vorher der Moral gehuldigt zu haben ... Man kann hier nicht halbieren, und das Mittelding eines pragmatisch bedingten Rechts (zwischen Recht und Nutzen) aussinnen.«[21] – Diese Mahnung bereitet vor allem der Idee, als »Großmacht« Frieden schaffen zu können, ein Ende. »Ein Staat,« schrieb KANT, »der einmal im Besitz ist, unter keinen äußeren Gesetzen zu stehen, wird sich in

Bemühungen, die 1992 der UN-Präsident BOUTROS BOUTROS-GHALI: UNorganisierte Welt, S. 59, als dringlich geboten erachtete: »Armut, Krankheit, Hunger, Unterdrückung und Verzweiflung,« schrieb er, »nehmen überhand und führen dahin, daß es weltweit 17 Millionen Flüchtlinge, 20 Millionen Aussiedler und massive Wanderbewegungen innerhalb nationaler Grenzen und darüber hinaus gibt ... Dürre und Krankheiten können ein Volk stärker dezimieren als Kriegswaffen.« Er schlug einen Friedens-Investitionsfonds mit einem Anfangsbetrag von 1 Mrd Dollar vor (a.a.O., S. 88–89); doch aus all dem wurde nichts. Die USA verhinderten eine weitere Amtszeit dieses hervorragenden Friedensstifters, – er sollte der »einzig verbliebenen Weltmacht« am Ende des Kalten Krieges nicht in die Quere kommen. Vgl. E. DREWERMANN: Von Krieg zu Frieden, 321–328.

19 IMMANUEL KANT: Zum ewigen Frieden, Anhang I: Über die Mißhelligkeit zwischen der Moral und der Politik, in: Werke, XI 234–235.

20 A.a.O., XI 237–239.

21 A.a.O., XI 241–244.

Ansehung der Art, wie er gegen andere Staaten sein Recht suchen soll, nicht von ihrem Richterstuhl abhängig machen, und selbst ein Weltteil, wenn er sich einem anderen, der ihm übrigens nicht im Wege ist, überlegen fühlt, wird das Mittel der Verstärkung seiner Macht, durch Beraubung oder gar Beherrschung desselben nicht unbenutzt lassen.«[22]

Gerade mit moralischen Gründen also läßt sich ein kolonialistisches oder imperialistisches Hegemonialstreben unter dem Vorwand einer »Friedensordnung« in keiner Weise rechtfertigen. Damit zugleich entfällt auch die Legitimation des Vorsatzes, durch einen Militärhaushalt, der so groß ist wie der des Rests der Welt, einen Machtvorsprung zu gewinnen, der es ermöglicht, für sich selbst den Status der einzigen Weltordnungsmacht zu beanspruchen. »Es soll,« sagte KANT in einem Präliminarartikel zum »Ewigen Frieden«, »kein Friedensabschluß für einen solchen gelten, oder mit dem geheimen Vorbehalt des Stoffs zu einem künftigen Kriege gemacht werden.« Und : » ›Stehende Heere ... sollen mit der Zeit ganz aufhören‹. – Denn sie bedrohen andere Staaten unaufhörlich mit Krieg, durch die Bereitschaft, immer dazu gerüstet zu erscheinen; reizen diese an, sich einander in Menge der Gerüsteten, die keine Grenzen kennt, zu übertreffen, und, indem durch die darauf verwandten Kosten der Friede endlich noch drückender wird als ein kurzer Krieg, so sind sie selbst Ursache von Angriffskriegen, um diese Last loszuwerden; wozu kommt, daß zum Töten, oder getötet werden in Sold genommen zu sein einen Gebrauch von Menschen als bloßen Maschinen und Werkzeugen in der Hand eines andern (des Staats) zu enthalten scheint, der sich nicht wohl mit dem Recht der Menschheit in unserer eigenen Person vereinigen läßt.«[23]

KANT hatte, als er diese Zeilen zu Papier brachte, noch nicht die Dynamik des Militärisch-Industriellen-Komplexes (MIK) innerhalb eines kapitalistischen Wirtschaftssystems vor Augen, welche die widersinnig erscheinenden Rüstungsausgaben etwa der USA allererst verständlich macht; indessen erkannte er völlig

22 A.a.O., XI 231.
23 A.a.O., Erster Abschnitt, XI 196–198.

richtig die Verfehltheit einer Politik, welche die eigene Sicherheit durch »Bedrohung und »Abschreckung« anderer zu erreichen sucht, und seine Worte zu der besoldeten Existenz eines Soldaten als einer entmenschlichten Tötungsmaschinerie lassen sich *philosophisch* kaum anders lesen denn als ein prinzipieller moralischer Einspruch gegen jedwedes Soldatsein überhaupt, – und das zu einer Zeit, da Preußen gerade dabei war, sich unter den europäischen Staaten zu einer respektablen Militärmacht emporzurüsten; wie sehr die *psychische* Verformung von Wehrdienstrekruten den philosophischen Generaleinspruch KANTs psychologisch bestätigt, haben wir (hoffentlich hinreichend) deutlich gemacht.

Vor allem aber verwies KANT auf die unerläßliche Grundbedingung einer jeden Friedenspolitik: da Krieg geboren wird aus der paranoischen Dialektik, Angst durch Angstverbreitung lösen zu wollen, so ist umgekehrt Frieden gebunden an Vertrauen. Kriege, wie sie im Industriezeitalter mit einer Vernichtungsgrausamkeit geführt werden, die im 18. Jh. noch gar nicht vorstellbar war, zerstören in jedem Falle als »Ausrottungskriege« durch sich selbst die Voraussetzungen eines jeden wirklichen Friedensabschlusses, wie KANT schon damals erkannte: ein Gegner, der nicht zögert, mit dioxinhaltigem Agent Orange Urwälder zu entlauben, mit Napalm ganze Landflächen samt ihren Bewohnern in Brand zu setzen oder mit abgereicherten Urangeschossen Panzer zu zertrümmern und dadurch die Bevölkerung am Ort jahrelang radioaktiver Strahlung auszusetzen, wie die USA in Vietnam, im Irak und auf dem Balkan, – ein solcher Gegner beraubt sich durch seine bewiesene Skrupellosigkeit im Einsatz seiner militärischen Mittel aller Glaubwürdigkeit, die zu einem ehrlichen Friedensabschluß unabdingbar ist; einem Gegner, der zu allem fähig ist, dem ist auch »alles« zuzutrauen. Was für weitere Tötungsgeräte und Taktiken hat er bereits *in petto* oder schon in Vorbereitung? Wenn dann noch auf lange Zeit hin strategische Planungen verfolgt werden, die wichtigen Abkommen zuwider laufen, wie der erklärte Verzicht auf ein Vorrücken der Nato bei dem Vertrag zur Wiedervereinigung Deutschlands, so ist ein stetes Mißtrauen und die Fortsetzung eines nicht endenden Kriegszustandes die notwendige Folge.

Nichts, meinte KANT deshalb, sei für den Frieden so wichtig wie die moralische Glaubwürdigkeit der Staaten im Umgang miteinander. Zur moralischen Grundlage aller Politik als eines Handelns in Öffentlichkeit erhob er, abstrahiert von allen konkreten Inhalten, das Formalprinzip der Publizität. Für alles politische Tun gilt als moralische Pflicht: Handle so, daß die Maxime deines Handelns jederzeit öffentlich bekannt gemacht werden könnte. »Alle auf das Recht anderer Menschen bezogenen Handlungen, deren Maxime sich nicht mit der Publizität verträgt, sind unrecht.«[24] Oder anders gesagt: jede Absicht, deren Veröffentlichung ihre eigene Erfüllung verhindern müßte, beweist eben dadurch ihre Unlauterkeit.

Mit dieser philosophisch klaren und anders auch nicht denkbaren Auffassung stand KANT freilich in erklärtem Gegensatz zu dem »Ratschlag«, den etwa 250 Jahre vor ihm NICCOLÒ MACHIAVELLI den Regierenden gegeben hat und an den diese sich gewissenhaft-gewissenlos zu halten pflegen: Ein Fürst, meinte er, müsse sich darauf verstehen, die Waffe der Tiere: die Gewalt, ebenso zu handhaben wie die Waffe der Menschen: das Recht; daß beides erfordert sei, hätten die antiken Schriftsteller bereits dadurch deutlich gemacht, daß nach ihrer Darstellung *Achill* dem Zentauren *Chiron* zur Erziehung übergeben worden sei. Ein Fürst, wenn er die Natur eines Tieres annehme, könne wählen zwischen Fuchs und Löwen, »denn der Löwe ist wehrlos gegen Schlingen, der Fuchs gegen Wölfe ... Diejenigen, die sich einfach nach dem Löwen richten, verstehen ihre Sache schlecht. Ein kluger Fürst kann und darf ... sein Wort nicht halten, wenn er dadurch sich selbst schaden würde ... Wenn alle Menschen gut wären, wäre diese Vorschrift nicht gut; da sie aber schlecht sind und dir die Treue nicht halten würden, brauchst du sie ihnen auch nicht zu halten. Auch hat es einem Fürsten noch nie an rechtmäßigen Gründen gefehlt, um seinen Wortbruch zu beschö-

24 A.a.O., Anhang II: Von der Einhelligkeit der Politik mit der Moral nach dem transzendentalen Begriffe des öffentlichen Rechts, XI 245.

nigen ... So muß der Fürst Milde, Treue, Menschlichkeit, Redlichkeit und Frömmigkeit zur Schau tragen und besitzen, aber wenn es nötig ist, imstande sein, sie in ihr Gegenteil zu verkehren ... Deshalb muß er verstehen, sich zu drehen und zu wenden nach dem Winde und den Wechselfällen des Glückes, und ein Gutes festhalten, so weit es möglich ist, aber im Notfall vor dem Schlechten nicht zurückschrecken.«[25]

Ein solcher »Notfall« kann auch einen Krieg rechtfertigen, denn, spricht MACHIAVELLI zu den Italienern, die sich von den »Barbaren« (den Fremdmächten, den Spaniern vor allem) befreien sollten: »Ihr habt das Recht auf Eurer Seite: denn der Krieg ist gerecht für den, der dazu gezwungen ist, und die Waffen sind heilig, wenn sie die einzige Hoffnung sind.«[26] In dieser Betrachtung erscheint »Moral« als ein bloßes Machtmittel; »gut« ist, was zum Erreichen eines Zieles als geeignetes Mittel in Frage kommt, »böse«, was dazu ungeeignet ist.

Es dürfte schwerfallen zu leugnen, daß eben dieser Pragmatismus das politische Handeln bestimmt; aber es ist auch nicht zu übersehen, daß genau diese Denkungsart die Ursache für die endlose Reihe von Kriegen in der menschlichen Geschichte bildet. Der Weg zum Frieden, sagte KANT richtig, beginnt mit dem moralischen Gebot, die Lüge aus der politischen Praktik zu entfernen. Eine solche Maxime bedeutet das Ende der Geheimdiplomatie, der Spionage, der absichtlichen Täuschung des Gegners zum eigenen Vorteil, kurz, sie beendet all die Handlungsweisen, die mitten im Frieden bereits den Kriegszustand antizipieren, in den hinein sie sich gegebenenfalls dann ungebrochen fortsetzen.

Natürlich wird jede Regierung ihre Täuschungsmanöver allerdings vor der eigenen Bevölkerung zu verbergen trachten, um deren Vertrauen nicht zu verspielen; doch solange ihr Handeln Gewalt nicht ausschließt, wird sie auf die Lüge als eine intelligente Form der Gewalt, wie SCHOPENHAUER sie nannte, nicht wohl Verzicht tun. Das Ergebnis ist die leidlich bekannte Doppel-

25 NICCOLÒ MACHIAVELLI: Der Fürst, 18. Kap.: Inwieweit die Fürsten ihr Wort halten sollen, S. 104–105.
26 A.a.O., 26. Kap.: Aufruf, Italien von den Barbaren zu befreien, S. 139.

moral und Heuchelei, indem insbesondere die »Leitmedien« dafür Sorge tragen, Kriege als unumgänglich in moralischer Verantwortung herbeizureden. – So mokierte sich der Leiter im Ressort Außenpolitik STEFAN KORNELIUS in der *Süddeutschen Zeitung* bereits 2003 darüber, daß die BRD nicht an der Seite der USA in den mit der Lüge von den Massenvernichtungsmitteln begründeten Irak-Krieg gezogen ist[27]; 2011 nannte JOSEF JOFFE, der Herausgeber der *Zeit,* den Libyen-Krieg der Nato einen »Glücksfall«[28]; und BERTHOLD KOHLER, der Herausgeber der *FAZ,* »begrüßte nicht nur die letzten Kriege des Westens. Er wollte mehr Krieg. Dass *Obama* seine Militärintervention im letzten Augenblick absagte, beklagte er heftig. Der Westen müsse mit Geschlossenheit ›seine Werte schützen‹ ... Ohne Opfer werde dieser epochale Kampf (sc. um die Vorherrschaft im Nahen Osten, d. V.) nicht zu bestehen sein.«[29]

Zu einem derart bellizistischen Denken gehört selbstredend auch die Reservierung des »Guten« für die eigene und des »Bösen« für die gegnerische Seite. – Zum Beispiel: »Als West-Mossul unter amerikanischer Führung vernichtet wurde und mindestens 20000 Zivilisten getötet wurden, sprachen Leitmedien von einem Sieg über den Terror, von einer ›Befreiung‹. Als unter russischer Führung Ost-Aleppo zerstört wurde und nach Schätzung Einheimischer 10000 Menschen starben, sprachen sie von einer Niederlage oder gar dem ›Ende der Menschlichkeit‹ ... Die amerikanischen Bomben waren ›gute Bomben‹. Die russischen Bomben ›böse Bomben‹.«[30] In Mossul saß der Islamische

27 STEFAN KORNELIUS: Von allen guten Freunden verlassen, in: SZ, 11. Febr. 2003, nannte die Entscheidung »töricht«: Deutschland opfere »die NATO ... auf dem Altar neudeutscher Außenpolitik ... Willkommen in der Isolation.« Vgl. JÜRGEN TODENHÖFER: Die große Heuchelei, 259.

28 JOSEF JOFFE: Und nach dem Sieg?, in: Die Zeit, Nr. 35, 2011. Vgl. JÜRGEN TODENHÖFER: Die große Heuchelei, 259.

29 BERTHOLD KOHLER: Im Weltkrieg, in: Frankfurter Allgemeine Zeitung, 15. Nov. 2015; vgl. JÜRGEN TODENHÖFER: Die große Heuchelei, 258.

30 JÜRGEN TODENHÖFER: Die große Heuchelei, 258; zu Aleppo vgl. auch S. 196–206: Die Straße nach Aleppo; zu Mossul vgl. S. 18–19: Die Tragödie Mossuls.

Staat, in Aleppo die al-Nusra-Front, beide gleichermaßen Ableger von Al-Qaida.

Der moralische (Selbst-)Betrug der staatlichen Meinungssteuerung ist in aller Regel so erfolgreich, daß er die Bevölkerung so gut wie niemals fürchten muß; zu fürchten hat er einzig einzelne Whistleblower und wahrheitsliebende »Enthüllungsjournalisten«. Beiden drohen in den USA regelmäßig hohe Gefängnisstrafen wegen »Geheimnisverrat«, – ein »Geheimnis« umrankt so ziemlich alles, was mit Militär zu tun hat: es gilt als sicherheitsrelevant, so daß, wer etwas davon veröffentlicht, die Sicherheit der Öffentlichkeit, insbesondere die der Soldaten, gefährdet. Was das amerikanische Militär in Vietnam, im Irak, in Afghanistan, in Syrien an Verbrechen begangen hat, muß daher unter Verschluß bleiben, so daß es zu einem Verbrechen wird, wenigstens einige der Staats-Untaten bekannt zu machen, wie der Fall des Australiers *Julian Assange* zeigt; und wenn die US-Regierung angeblich zur nationalen Sicherheit sich großmächtig über die Datenschutzgesetze in aller Welt hinwegsetzt und ein globales Überwachungssystem einrichtet, muß ein Mann wie *Edward Snowden* froh sein, wenn er in Rußland Unterschlupf findet[31]. Doch um so mehr bleibt zu fragen: Wie verlogen muß ein politisches System sein, wenn man die Lüge, die Heimlichkeit, die Nicht-Publizität des Regierungshandelns schützen muß, indem man ihre Aufdeckung per Gesetz als ein Verbrechen unter Strafe stellt?

Es scheint gleichwohl schier unmöglich, mit ethisch noch so richtigen Überlegungen und Appellen das bestehende Geflecht von Macht, Gewalt und Lüge, in das ein jeder Krieg verwoben ist, auch nur als verhängnisvoll bewußt zu machen, geschweige denn es selbst mit diesem Wissen aufzuknoten. Der Grund dafür ergibt sich aus der allseits aufzufindenden Neigung, aus lauter

31 Vgl. dazu GLENN GREENWALD: Die globale Überwachung, 137–242: Alles sammeln!, S. 137: »Obwohl ich selbst seit Jahren über die Gefahren der geheimen Überwachung durch die USA geschrieben hatte, empfand ich das schiere Ausmaß des Ausspähsystems (sc. in dem Dokumentenarchiv von *Snowden*, d.V.) als absolut erschreckend – umso mehr, als es eindeutig ohne jegliche Rechenschaftspflicht, Transparenz oder Beschränkungen implementiert worden war.«

Angst in Sicherheitsmaßnahmen zu flüchten, welche die Gefährdung, vor der die Angst warnen sollte, objektiv Stufe für Stufe zu vergrößern, statt sie abzubauen. Die Wahrheit ist recht einfach: Um Frieden zu ermöglichen, bedarf es einer Verringerung der Angst angesichts der Ungesichertheit des menschlichen Daseins; doch gerade dazu ist weder die Politik noch die Ethik imstande: die eine antwortet auf Angst mit Angstverbreitung und verschlimmert das Problem dadurch noch in Gestalt immer schrecklicherer Kriege, die andere erzeigt sich außerstande, die Folgen einer fehlgeleiteten Angstverarbeitung mit den Mitteln moralischer Selbstkontrolle abzutragen.

Dringend gesucht ist deshalb eine Einstellung, welche die Kriegsproblematik durch Vermittlung eines angstbesänftigenden Vertrauens zu überwinden vermag; eine solche indessen ist möglich allein auf der Basis einer Religiosität, wie sie die Bergpredigt empfiehlt und als Erlösung anbietet.

Die *subjektive* Unmöglichkeit eines wahrhaft sittlichen Verhaltens ohne die Voraussetzung des Glaubens an Gott, an die Unsterblichkeit und an die Freiheit hat KANT selber in seiner Lehre von den »Postulaten« durchaus gesehen[32]: wohl hielt er die Inhalte der Religion in theoretischer Absicht für unerkennbar und empirisch für unbeweisbar, gleichwohl galten sie ihm als subjektiv notwendige Bedingungen zur Erfüllung des Sittengesetzes. In dieser Auffassung liegt die wichtige Erkenntnis verborgen, daß ein Mensch den Gesetzen seiner praktischen Vernunft nur zu folgen imstande ist unter der Voraussetzung der drei zentralen Grundannahmen einer jeden Religion; freilich, die »Postulate« KANTS ergeben sich aus den Begrenzungen seiner Erkenntnistheorie und bilden rein theoretische Forderungen des Denkens, – sie sind weit entfernt von der Haltung eines persönlichen Vertrauens, wie es zur Lösung des Angstproblems unbedingt erfordert ist; ihre eigentliche Aussagekraft gewinnt die KANTsche Anthropologie allererst, wenn man sie existenzanalytisch weiterentwickelt

32 IMMANUEL KANT: Kritik der praktischen Vernunft, in: Werke, VII 252–254; 254–264; vgl. E. DREWERMANN: Strukturen des Bösen, III 7–8: Die drei Postulate.

und dabei das Angsterleben als das zentrale Problem der Bewußtwerdung begreift. Dann aber kehrt sich der Begründungszusammenhang gänzlich um: erkenntnistheoretisch ergibt sich die Religion aus dem Sittengesetz; existentiell aber erweist sich, daß ein Mensch in moralischem Sinne nur »gut« sein kann, wenn er die Infragestellung seines Daseins im Erleben der Angst durch ein grundgebendes Vertrauen in Gott weit genug beruhigt hat, um mit sich selbst in Übereinstimmung zu gelangen. Die »Gebote« Gottes bzw. die Angebote und Wegweisungen der Bergpredigt erscheinen ihm dann nicht länger mehr als bloße Verpflichtungen der Vernunft, die er in Selbstdisziplin kraft seines Willens gegen die Neigungen seiner Sinnlichkeit durchsetzen muß, sondern sie ergeben sich als etwas Selbstverständliches aus einem neugeschaffenen Selbstverständnis des eigenen Daseins.

3. Die rettende Notwendigkeit des Religiösen

Die Konsequenzen dieser Feststellung noch einmal summarisch zusammenzustellen ist nach dem bisher Gesagten unschwer zu vollziehen; schwer hingegen fällt es, das Leben danach derart einzurichten, daß es, wie notwendig, die verheerenden Folgen einer angstgetriebenen Politik durch eine wirkliche »Zeitenwende« künftighin der Menschheit erspart.

Religiös nämlich kann, christlich gesehen, die Aufgabe nicht länger darin bestehen, die Bergpredigt als eine Art Übermoral herbeizubefehlen; es gibt desgleichen aber auch keine Entschuldigung dafür, sie weiter in leerer Ohnmacht herbeibeten zu wollen, auf daß Gott bei der Erfüllung der Verheißungen Jesu vom Kommen seines Reiches nicht länger sich verzögere. Es gilt vielmehr, die befreiende Daseinsveränderung endlich zu leben, welche die Botschaft und Person Jesu ermöglicht hat und mit sich bringt.

Von großer Bedeutung wäre es unzweifelhaft, wenn die Kirchen sich von ihrer *Konstantin*ischen Selbstverfälschung endlich lösten und, entsprechend ihrem Namen und Auftrag, wirklich täten und sagten, »was des Herrn« ist[33]. Was zum Beispiel wäre darum zu geben, wenn die katholische Kirche Roms mit ihren weltweit mehr als 1 Mrd Mitgliedern sich geschlossen auf die politischen Folgen der Botschaft Jesu zurückbesönne? Zu erwarten stünde dann zumindest, daß die Bischöfe sich den mahnenden Worten ihres eigenen Papstes *Franziskus* anschließen würden, der, wie zitiert, die tradierte Lehre vom »gerechten Krieg« verwirft, der den Besitz bereits von atomaren Waffen als eine Todsünde bezeichnet und der den Kapitalismus als eine mörderische Wirtschaftsform brandmarkt. »Jetzt gehen sie hin und töten ihre Brüder«, sagte er zu Ostern 22. Wer so denkt, kann etwa in der Ukraine-Frage nicht für Waffenlieferungen zugunsten eines Siegfriedens plädieren. Friedenspolitisch wäre es von großem Gewicht, wenn die Bischöfe in diesem Punkte ihrem Oberhirten folgten. Doch man irre sich nicht: Die Hoffnung kann nicht darin gesucht werden, kirchenpolitisch mit innerem Druck den Episkopat auf Kurs zu bringen. Bei einem solchen Vorgehen würde das leidige Denken in strategischen Erfolgskonzepten lediglich aus dem profanen Bereich auch in den sakralen Raum sich weiter ausdehnen, statt wenigstens dort nach und nach eingeschränkt zu werden. Die »Revolution« des Jesus aus Nazareth kann nicht »von oben« herab verordnet werden; sie besteht ja gerade darin, die Welt »von unten« zu betrachten und die Perspektive der »Kleinen«, nicht der Großen, der »Schwachen,« nicht der Starken, der »Armen«, nicht der Reichen einzunehmen; was sich dann freilich an Evidenzen im Leben eines jeden Einzelnen ergibt, hat Gültigkeit auch im Allgemeinen und sollte diesen Anspruch geltend machen. »Ihr seid das Salz der Erde … Ihr seid das Licht der Welt«, sagt Jesus in der Bergpredigt mit Nachdruck zu seinen und von seinen Jüngern (Mt 5,13.14); sie könnten und sollten das Leben vor innerer Fäulnis bewahren und in die Aussichtslosigkeit und Seelenumdüsterung der Zeit Licht und Hoffnung bringen.

Der Kern von allem ist dabei die Umwandlung von Angst in Vertrauen. Wie so etwas möglich ist, weiß jedes Kind in der Nähe

33 »Kirche« ist ein deutsches Lehnwort, abgeleitet von griech. *kyriaké* – die (Gemeinschaft) des Herrn.

seiner Mutter, weiß instinktiv ein jeder Hund in der Umgebung seines Frauchens. Doch dieser Schutzreflex, Geborgenheit in der Obhut eines wohlmeinenden Größeren zu suchen, ist gebunden an das Grundgefühl, gemocht zu sein, und das wiederum ist gebunden an eine vertrauenswürdige Person, im letzten an die absolute Person Gottes. Nur sie, nicht ein Gesetz der Natur, kann uns jene Notwendigkeit in Freiheit zusprechen, von der wir bereits sagten, daß sie allein die Kontingenz, die Überflüssigkeit, die Unberechtigtheit des Daseins aufzuheben imstande sei: es darf, es soll uns geben kraft der Liebe eines Schöpfers, der möchte, daß wir sind. Und diese Entdeckung eines gläubigen Vertrauens ändert die Einstellung zum Dasein insgesamt: *Alles* ist eine Schöpfung Gottes, alles existiert allein auf Grund der Unbegreiflichkeit einer Liebe, aus deren Händen es hervorgeht und getragen ist.

Dann aber ist es unerträglich, die alltägliche Grausamkeit mitansehen zu müssen, mit der wir unsere Mitgeschöpfe zu behandeln oder, richtiger, nach Kräften zu mißhandeln pflegen[34]. Man kann nicht Gott lobpreisen für die Ordnung und die Schönheit der Natur, wie es der (dem Sonnengesang *Echnatons* entlehnte[35]) Psalm 104 vorspricht, um dann wie mit dem Bulldozer dareinzufahren und darin zu wüten; das ganze industrielle Zeitalter der letzten 200 Jahre ist, bei allen technischen und zivilisatorischen Errungenschaften, in seinem anthropozentrischen Hochmut und in seiner wirtschaftlichen Maßlosigkeit eine groß angelegte Kriegserklärung gegen die Natur im ganzen[36]. Es ist nicht hinzunehmen. Doch noch weit weniger erträglich ist die Art, in welcher uns »die Welt« angeblich »Frieden« schenken will, indem sie in sich ständig steigernder Gewalt die eigene Angst mit Abschreckung und Angstvergrößerung beantwortet. »Euer Herz er-

34 Vgl. E. DREWERMANN: Die Unsterblichkeit der Tiere. Über die Verwandtschaft allen Lebens, 76–97.

35 Vgl. ADOLF ERMAN: Die Religion der Ägypter, 111–112, das Gebet an den Sonnengott aus dem Grab des Priesters *Eje;* zu den Hymnen an den Sonnengott aus der Amarna-Zeit vgl. auch JAN ASSMANN: Ägyptische Hymnen und Gebete, 199–209; 209–225.

36 Vgl. E. DREWERMANN: Der tödliche Fortschritt, 9–45: Fakten, die Symptome sind.

schrecke und fürchte sich nicht« – das ist der Friede, den zu bringen Jesus in die Welt gekommen ist (Joh 14,27). Die Praktik, die daraus erwächst, steht, wie wir sehen, Punkt für Punkt in Widerspruch zu dem, was in der Politik der uns Regierenden als Bürgerpflicht, ja, als staatsrechtliche und sittliche Verantwortung uns angetragen und uns aufgetragen wird.

An dieser Stelle ist der Augenblick gekommen, in dem ein Christ als Einzelner in unmittelbarer Verantwortung allein gegenüber Gott und gegenüber seinem eigenen Gewissen herausgefordert ist. Es gilt jetzt nicht mehr, was die anderen sagen, was die Zeitungsleitartikler schreiben oder was die »Experten« in den »Think-Tanks« in Ministerohren flüstern, es gilt, genau dem Punkt für Punkt zu widersprechen. Also:

»Wir müssen aufrüsten.« – Nein, müssen wir nicht, wir müssen der wechselseitigen Angstverbreitung durch Abrüstung entgegentreten und die freiwerdenden wirtschaftlichen, technischen und geistigen Ressourcen einsetzen zur Überwindung der vielerlei Formen von Unrecht, Elend und Verzweiflung im Hintergrund so vieler Kriegsauslöser.

»Wir müssen unsere militärische Macht maximieren und mobilisieren, um abschreckend zu wirken und unsere Sicherheit zu wahren.« – Nein, müssen wir nicht, wir müssen im Gegenteil begreifen, daß es Sicherheit für uns nur gibt in der Sicherheit des anderen und daß wir mit der eigenen Schreckgewalt den anderen nur zu genau den Maßnahmen nötigen werden, die wir eigentlich verhindern möchten.

Und jetzt, am ärgsten: »Wir müssen wehrhaft bleiben und uns an den bereitgestellten Waffen ausbilden, auf daß wir die Befähigung und die Bereitschaft uns erwerben, auf Befehl zu töten.« – Absolut gar nicht müssen wir noch dürfen wir so etwas: Kein Staat der Erde hat das Recht, die Worte außer Kraft zu setzen, die Gott uns in das Herz geschrieben hat und die ganz einfach kategorisch sagen: »Du sollst nicht töten.« (Ex 20,13) Die hanebüchene Schizophrenie, mit der bereits das Alte Testament gräßliche »göttliche« Befehle zum Genozid an ganzen Völkern gegen den Dekalog zu setzen verstanden hat, z. B. in Num 31,1–13, ist ohne Konsistenz gegenüber dem neuen »Gebot« der Bergpredigt: »Liebet eure Feinde.« (Mt 5,44)

»Aber wir müssen doch den Bösewichtern das Handwerk legen, indem wir sie rechtzeitig ausschalten und mit der nötigen Gewalt in die Knie zwingen.« – Nein, denn dieses »Müssen« existiert nur als Diktat der Angst. Wir sind zu Besserem berufen, als gegen fremdes Böses immer wieder nur das eigene stets noch gesteigerte, destruktivere Potential des Bösen aufzubieten; wir müssen aus dem Teufelskreis von Angst und Gewalt uns ein für allemal befreien, indem wir die Gründe zu verstehen suchen, die den anderen, unseren Gegner, dahin gebracht haben, etwas zu tun, das moralisch in der Tat als so böse zu bewerten ist wie z. B. der »Angriffskrieg« gegen die Ukraine; die dann zu findenden Gründe sollten wir gemeinsam abarbeiten, statt mit moralischer Rechtfertigung ihre Symptomwirkungen niederzukartätschen. Wir können nicht Böses mit Bösem überwinden, – es bleibt bei der Weisung Jesu: »Leistet dem, der euch Böses tut, keinen Widerstand« (Mt 5,39), oder, mit den Worten *Pauli:* statt daß du dich vom Bösen überwinden läßt (indem du es als eigene Bosheit in dein Handeln übernimmst), »überwinde mit dem Guten das Böse.« (Röm 12,21)

»Aber wir müssen doch den Bösen bestrafen, sonst kann er ja folgenlos machen, was er will!« – Nein, auch das müssen wir nicht noch steht es uns zu. Vielmehr geht bereits die Erkenntnis der Ursachen für das »Böse«, das andere tun, einher mit der Einsicht in das »Böse«, mit dem wir selber an seiner Schuld beteiligt sind. Wir sind nicht anders, nicht »besser« als er; an seiner Stelle hätten wir ähnlich oder genauso wie er uns verhalten; in keinem Falle sind wir befähigt oder befugt als Menschen, die ebenso fehlbar und fehlerhaft sind wie jener Unglückliche, über ihn zu Gericht zu sitzen. Wir alle leben einzig aus Vergebung und Erbarmen. »Richtet nicht!« (Mt 7,1) Wer dieses Schlußwort der Bergpredigt begreift, für den gibt es nicht mehr die Strafjustiz des Staates, und noch weniger gibt es für ihn die Strafaktion eines »gerechten« Krieges.

Statt dessen verhält es sich so: Wenn die Grundlage unseres Daseins in dem reinen Geschenk einer Liebe besteht, die gewollt hat, daß wir überhaupt existieren, dann ist es unvorstellbar, daß es ein Recht oder gar eine Pflicht geben könnte, Menschen im Krieg oder Strafrecht das Leben zu nehmen; dann überführt unser eigenes Gefühl und Gewissen den Staat einer widergöttlichen Machtanmaßung, wenn er Jugendoffiziere in die Schulen schickt, um Jungen und Mädchen in Planspielen den Nutzen des Tötens beizubringen, und auf seinen Kasernenhöfen Menschen zu Tötungsmaschinen trainiert[37]. Wie überhaupt soll es Menschen,

37 MICHAEL SCHULZE VON GLASSER: Auf Werbefeldzug, in: junge Welt, 8. Febr. 23, Nr. 33, S. 12–13, schildert die Aufrüstung der Streitkräfte durch Anwerbung möglichst junger Rekruten: »Die USA haben ihr ›Junior Reserve Officer Training Corps‹-Program, mit dem sie junge Menschen an den Offiziersdienst heranführen wollen. In Polen wurde im vergangenen Jahr eine obligatorische ›Sicherheitsausbildung‹ für Kinder der achten und neunten Schulklassen eingerichtet – inklusive Schießtraining. In Russland sind mehr als eine Million Kinder und Jugendliche von acht bis 18 Jahren Mitglied in der dem Verteidigungsministerium unterstellten ›nationalen militär-patriotischen sozialen Bewegungsorganisation‹ namens ›Junarmija‹ (Jungarmee). Und in China führt die ›Volksbefreiungsarmee‹ regelmäßig Militärtrainings in Schulen durch. Auch in Deutschland spricht das Militär – die Bundeswehr – gezielt junge Menschen an. Schulen sind dabei einer der wichtigsten Orte. ... Jugendoffiziere, junge Männer und Frauen mit langjähriger militärischer Erfahrung, bilden die Speerspitze des Militärs bei der Beeinflussung von Schülern. Die Einheit hatte von Beginn die Aufgabe, die Bevölkerung von der zunächst neuen deutschen Armee zu überzeugen. Heute ist ihr Haupteinsatzbereich das Klassenzimmer. Dafür sind die Jugendoffiziere – seit 2009 gibt es auch Jugendoffizierinnen – im gesamten Bundesgebiet verteilt und suchen zu Beginn jedes Schulhalbjahres Kontakt zu Lehrkräften und Schulen, um von ihnen eingeladen zu werden. ... Eine hohe Nachfrage gibt es laut der Einheit bei Politikplanspielen, die sie anbieten. ... Obwohl es ein umfassendes Regelbuch gibt, können Jugendoffiziere das Handeln der Teilnehmenden frei bewerten und Ereignisse einstreuen. Wer sein Militär abschafft, bekommt einen Bürgerkrieg in seine Region gesetzt; wer Entwicklungshelfer schickt, muß auch Militär zu deren ›Schutz‹ schicken, ansonsten lassen, die Jugendoffiziere sie entführen – nur zwei Beispiele der Beeinflussung des Spielverlaufs, die zudem die aktuelle Militärdoktrin der Bundesregierung widerspiegeln. ... Die zweite Einheit der Armee, die Schulen besucht, sind die sogenannten Karriereberater. Sie halten vor Schülern Vorträge über verschiedene Soldatenlaufbahnen oder stehen bei Jobmessen für Gespräche bereit. Die Bundeswehr beschäftigt über die Republik verstreut etwa 100 Karriereberatungsoffiziere und 260 Karriereberatungsfeldwebel. ... Militärwerbung hat mittlerweile ein kaum mehr zu überblickendes Ausmaß angenommen: Die Aktivitäten der Bundeswehr an

die sich ihre gottgegebene Sensibilität bewahrt haben, als möglich erscheinen, Siegesfahnen zu hissen und in Triumphgeschrei auszubrechen, wenn sie in ihren Kampfeinsätzen zuvor Tausende, Hunderttausende, Millionen ihrer »Feinde« erbarmungslos abgeschlachtet haben? Wie soll es ihnen als erstrebenswert erscheinen, in ihren Häusern und Ländereien je wieder heimisch zu werden, wenn sie zu deren »Verteidigung« oder Rückeroberung unter Leitung der Hohen Priester staatlicher Machtverwaltung Hekatomben von Hingemordeten den Göttern des Krieges als Opfer haben darbringen müssen?

»Aber ihnen gehörten doch ihre Häuser und Ländereien! Es war ihr Recht, sie mit allen Mitteln behalten zu wollen.« – Nein, und noch einmal Nein! Wenn unser ganzes Leben ein Geschenk ist, so gibt es überhaupt keine Rechtsansprüche auf ein »Eigentum«, das wir gewaltsam zu verteidigen hätten; vielmehr gilt: »wer dir deinen Rock nehmen will, dem laß auch noch (freiwillig, von dir aus!) den Mantel.« (Mt 5,40) Es gibt kein Eigentum, auf das wir Besitztitel mitführen könnten, wie die staatliche Gesetzgebung sich und ihre Untertanen glauben machen möchte[38]; alles, was wir in den Händen halten, sind Leihgaben, um es zu teilen mit denen, die ihrer am meisten bedürfen. Was braucht der andere? Diese Frage allein beendet alle juridischen oder gar militärischen Rechtsstreitigkeiten um »Besitz« und »Eigentum«.

Betrachten wir ehrlicherweise und angstfrei genug unser eigenes Dasein, so ist von daher keine andere Weltsicht mehr möglich, als »von unten« her uns selber, die Menschen an unserer Seite – alle Lebewesen in ihrer Hinfälligkeit und Hilfslosigkeit wahrzunehmen und ihnen in Hilfsbereitschaft und Güte entgegenzugehen, wissen wir doch, was für ein Gebilde wir sind (Ps 103,14): restlos angewiesen auf Gottes Vergebung (Ps 130,3.4), als Lebende ausgeliefert der Sterblichkeit, geduldet im Raum der

Schulen werden ergänzt durch noch mehr Werbemaßnahmen im Internet – u. a. mit Youtube-Serien – und im öffentlichen Raum.«

38 Vgl. E. DREWERMANN: Richtet nicht!, II 125–150: Wilhelm von Ockham oder: Die Amtsvollmacht von Papst und Klerus, S. 127–133 – zur Lehre vom »Sündenfall« und zum »Recht« auf »Eigentum«.

Natur nur auf ein Weniges an Zeit und geborgen allein in der Ewigkeit Gottes.

Man kann verstehen, daß Menschen, die nur die materielle Welt als Realität anerkennen und den Glauben an Auferstehung als eine infantil-narzißtische Wunschphantasie zu belächeln pflegen[39], alle Energie dareinsetzen, möglichst lange begütert in Wohlversorgtheit zu leben und bei der Frage: Du oder Ich?, auf dem Schlachtfeld nicht zögern, ihren Gegner »umzulegen«, um ihn zu überleben, und sei's nur für Stunden; wie aber soll jemand, der wie REMARQUES Romangestalt *Paul Bäumer* begreift, daß er in dem anderen, in dem Franzosen, mit seinem Bajonettstoß im Grunde sich selber tödlich verwundet hat, seines Lebens je wieder froh werden? – »Ja, da darf man nicht weich werden und schlapp machen!« heißt es. Doch soll diese obszön-sexualpathologische Aufforderung zu militärisch-männlichem »Durchhalten« wirklich mehr sein als eine mutwillige Verdrängung aller nur allzu berechtigten Schuldgefühle? Niemand, der die Worte des johanneischen Jesus in sich aufnimmt: »Wer mein Wort hält, der wird den Tod nicht zu spüren bekommen in Ewigkeit« (Joh 8,52), und der sein Leben gründet auf die Worte Jesu wider die Angst (Joh 16,33), wird vor Gottes Richterstuhl hintreten wollen mit der Erklärung: »Ich mußte meinen Mitbruder umbringen, weil es mir so befohlen wurde und ich einen Eid auf die Fahne geschworen habe, Gehorsam zu leisten«? Oder wird er es wagen, Gott ins Angesicht zu versichern: »Ich mußte ihn töten, weil mein Leben mir wichtiger war als das seine, ganz entsprechend dem Egoismus, mit dem du selber mich in die Welt gesetzt hast«?

Ein Mensch, der, wie Jesus selber, an die Auferstehung glaubt, wird den Tod nicht fürchten und gewiß nicht zur kurzzeitigen Verlängerung seines eigenen Lebens einem anderen das Leben nehmen; er wird sich vielmehr erinnern an das Wort Jesu: »Gebt dem Kaiser (nur), was des Kaisers ist (das Steuergeld, das sein

39 So die Meinung von SIGMUND FREUD: Zur Einführung des Narzißmus, in: Gesammelte Werke, X 158: »Der heikelste Punkt des narzißtischen Systems, die von der Realität hart bedrängte Unsterblichkeit des Ichs, hat ihre Sicherung in der Zuflucht zum Kinde gewonnen.«

Bildnis trägt), aber gebt Gott, was Gottes ist« (Mk 12,17): euch selbst, euer Herz, die ihr selber sein Ebenbild seid (Gen 1,27). Er wird im Gehorsam zu Gott im Fall des befohlenen Tötens von Menschen dem Gehorsam zum Staat sich verweigern; er wird es ablehnen, das maschinelle Hinmorden überhaupt zu erlernen, und auch die Lüge nicht akzeptieren, die Mordbefehle staatlicher Gesetze rechtfertigten sich als Notverordnungen Gottes. Er wird, im Gegenteil, getröstet und gestärkt in der Denkweise Jesu, klar sehen, was von der »Ordnung« dieser Welt zu halten ist: sie kann nicht anders, als in ihrer Gottesferne (in ihrer »Sünde«) Jesus mit seiner Botschaft von Frieden und Güte (gegen Krieg und Gewalt) zu hassen (Joh 15,18–25) und ihn zu ermorden, statt zu sehen, daß er damit nur jenen Weg zurückgeht, der in der Erfahrung von der Väterlichkeit Gottes seinen Anfang nahm und nunmehr sein Ende nimmt; sich selbst aber spricht sie damit ihr eigenes Urteil (Joh 16,9–11).

So und nicht anders ist zu beschreiben eine christliche Einstellung zu Wehrdienst, Krieg und soldatischem Gehorsam. Sie ist ein klares Nein aus Liebe zu leidenden Menschen und Tieren; sie ist ein entschiedenes Nein zu dem hinterhältigen Versuch, an Stelle der leisen Stimme des eigenen Herzens das Kommandogebrüll des Kasernen«schleifers« erdröhnen zu lassen; sie ist ein unwiderrufliches Nein zu der götzendienstlichen Hyperdulie des Staates, sich aufzuspielen als Herrn über Leben und Tod. Der Gott, der uns auferweckt zum ewigen Leben, verstattet uns nicht den Zynismus der Orgien des Massenmordens im Krieg.

»Doch die Welt ist ja nicht pazifistisch! Die Welt aber ist doch nicht christlich!« – Richtig, das ist sie, weiß Gott, noch lange nicht. Doch daraus ergibt sich nicht, wie LUTHER vermeinte, eine Begründung dafür, dem Staat das Recht zuzugestehen, Kriege zu führen gegen die Nicht-Christen (Türken; Papisten, rebellische Bauern ...)[40]; im Gegenteil, es geht daraus hervor der Auftrag Christi und die Pflicht eines jeden Christen, den Zustand dieser Welt als »Sünde«, als eine Form der Verzweiflung in radikaler

40 Vgl. E. DREWERMANN: Richtet nicht!, II 342–363: Lehre und Ausbreitung des Protestantismus, S. 351–353.

Gottverlorenheit, offenbar zu machen und alles zu tun, diesen Zustand durch ein christliches Leben zu überwinden.

»Aber das geht ja nicht! Was soll ein Einzelner schon erreichen gegen so viele andere?« – Wenn Du so fragst, lieber Leser, so lautet die Antwort: Diese deine Frage ist falsch gestellt, indem sie sich danach erkundigt, wie und wieviele andere anders sind und denken als du selbst; sie ist richtig nur, wenn sie darauf sich richtet, wer du denn selbst bist – vor Gott! Nur darauf kommt's an, nur dafür bist du da. Und du verlörest dich selbst, wenn du als Christ das Gegenteil tust von dem, was dir Christus gebot, als er seinem Jünger befahl, das Schwert (ein für allemal) wegzustecken (Mt 26,52). Der Weg der Gewalt bringt dich selber um, womöglich nicht sogleich physisch, wohl aber ganz gewiß geistig. Nur im Frieden bewahrst du dich selber – als Mensch und als Christ. Nur wenn du nicht tötest, lebst du. Es stimmt, und es läßt als stimmig sich in der Übereinstimmung mit dir selber erfahren, wenn das *Johannes*-Evangelium Jesus von sich sagen läßt: »Ich bin der Weg, die Wahrheit und das Leben« (Joh 14,6). Es ist seine Art zu sein, die dem Wesen des Menschen wirklich entspricht und die den Namen »Leben« wirklich verdient. Du mußt dich entscheiden – auf Leben und Tod, zwischen Jesus und dem *Barabbas* (Mk 15,6–10), zwischen Güte und Gewalt, zwischen dir selbst als Person und deiner Verformung zu einer seriellen Funktion im staatlich organisierten und staatlich angeordneten Getriebe des Tötens.

1838 entschieden deshalb die Quäker sich in Boston zu dem, was LEO TOLSTOI 1864 dankbar als Vorbild für alle verbindlich setzte: »Wir erkennen an, daß ein Volk weder das Recht hat, sich gegen äußere Feinde zu verteidigen, noch sie zu überfallen ... Wir erkennen als nichtchristlich und als ungesetzlich an: nicht nur die Kriege selbst – Angriffskriege wie Verteidigungskriege – sondern auch alle Vorbereitungen zu dem Kriege ... Wir erkennen als unchristlich und ungesetzlich an: jede obrigkeitliche Bestimmung, die von ihren Untergebenen Kriegsdienste fordert. Nach alledem halten wir es ... für unmöglich, Kriegsdienste zu leisten.«[41]

41 LEO N. TOLSTOI: Das Reich Gottes ist in Euch, S. 23.

In summa

»Was ist der Krieg? Was braucht es zum Erfolg bei militärischen Aktionen? Was sind im Militärstand die Sitten?

Das Ziel des Krieges ist der Mord, das Handwerkzeug des Krieges: Spionage, Verrat und Anstiftung dazu, Ruin der Einwohner ..., Lüge und Betrug, was man Kriegslist nennt. Die Sitten des Militärstandes aber sind: völliger Mangel an Freiheit, was man als Disziplin bezeichnet, Müßiggang, Roheit, Grausamkeit ... Und trotz alledem ist dies der höchste Stand, der von allen geachtet wird ..., und dem, der die meisten Menschen totgeschlagen hat, werden die größten Auszeichnungen zuteil ...

Völker stoßen zusammen ..., um einander zu morden. Sie schlagen sich tot, machen Tausende von Menschen zu Krüppeln, und dann werden Dankgottesdienste abgehalten dafür, daß so viele Menschen erschlagen worden sind, deren Zahl man gern noch übertreibt ..., und man denkt, je mehr Leute man totgeschlagen habe, um so größer sei das Verdienst.

Wie kann nur Gott von dort oben dies alles mit ansehen und mit anhören?« rief Fürst *Andreý* mit scharfer, schriller Stimme.

LEO N. TOLSTOI: Krieg und Frieden,
9. Teil, 25. Kap., S.1064

Literaturverzeichnis

GAR ALPEROVITZ: The decision to use the atomic bomb and the architecture of an American myth, New York 1995; dt.: Hiroshima. Die Entscheidung für den Abwurf der Bombe, übers. v. Jürgen Bauer, Fee Engemann, Suzanne Annette Gangloff, Cornelia Langendorf, Annemarie Lösch und Edith Nerke, Hamburg 1995

FRANZ ALT: Die Gefahr besteht weiter. 28000 Atomwaffen sind weltweit stationiert, in: Neue Westfälische, Nr. 181, 6./7. August 2005

ARISTOTELES: Politik. Schriften zur Staatstheorie, übers. v. Franz F. Schwarz, Stuttgart (RUB 8522) 1989; 2010

WILLIAM ARROWSMITH – MICHAEL KORTH: «Meine Worte sind wie Sterne – sie gehen nicht unter«. Reden der Indianerhäuptlinge, München 1984. (Die Auswahl der Reden, die Textgestaltung und die einführenden Kommentare stammen von W. Arrowsmith, das Vorwort, die Bildauswahl und die Übersetzung von M. Korth.)

JAN ASSMANN: Ägyptische Hymnen und Gebete, eingeleitet, übersetzt und erläutert, Zürich-München 1975

RICHARD ATTENBOROUGH (Hg.): The Words of Gandhi, New York 1982; dt.: Mahatma Gandhi. Ausgewählte Texte, aus dem Engl. übers. v. Rolf und Hedda Soellner, München (Goldmann 6577) 1983

MARC BEBENROTH: Keinen Bock auf Krieg. Pazifismus dezimiert Bundeswehr: Innerhalb eines Jahres fünfmal mehr Anträge auf Kriegsdienstverweigerung, in: junge Welt, 7./8.1.23, Nr. 6, S. 1

WALTER BENJAMIN: Kapitalismus als Religion (fr. 74), in Gesammelte Schriften, hg. v. Rolf Tiedemann und Hermann Schweppenhäuser, Bd. VI, Frankfurt/M 1985, 100–103

HEINZ BILAN – VOLKER KÜLOW – EKKEHARD LIEBERAM – ROLAND WÖTZEL: Bis alles in Flammen aufgeht. Nicht den Krieg, sondern den Frieden gewinnen. Ein Jahr Ukraine-Krieg, in: junge Welt, 21.2.2023, Nr. 44, S. 12–13

BOUTROS BOUTROS-GHALI: UNorganisierte Welt. Plädoyer für die große Reform der Vereinten Nationen, aus dem Engl. von Günter Maltz, Stuttgart 1991

NICK BRAUNS: Scholz unter Dauerfeuer. Der Druck auf den Kanzler wächst, der Lieferung von »Leopard-2«-Panzern an Kiew zuzustimmen, in: junge Welt, 19.1.23, Nr. 16, S. 1

NICK BRAUNS: Ukraine bekommt »Leopard-1«-Panzer. Berlin erteilt Ausfuhrgenehmigung für ältere Kriegsgeräte, weltweit auf Munitionssuche, in: junge Welt, 4./5.2.23, Nr. 30, S. 1

KLAUS BRINKBÄUMER – STEPHAN LAMBY: Im Wahn. Die amerikanische Katastrophe, München [1]2020, [3](aktualisiert) 2020

GAIUS JULIUS CAESAR: Der gallische Krieg, mit Bemerkungen Napoleons I., nach der Übersetzung von Ph. L. Haus, neugefaßt von Walter Hess. Textkritisch durchgesehen und mit Erläuterungen herausgegeben von Karl Bayer, Reinbek (rk, lat. Literatur Bd. 8) 1965

ELENA CASSIN: Babylonien unter den Kassiten und das mittlere assyrische Reich, in: Elena Cassin – Jean Bottéro – Jean Vercoutter (Hg.): Die Altorientalischen Reiche II. Das Ende des 2. Jahrtausends, Frankfurt (Fischer Weltgeschichte, Bd. 3) 1966, 9–101, übers. aus dem Franz. v. Rudolf Pfisterer

ECKART CONZE: Wer zuerst schiesst, stirbt als zweiter. Mit ihren Atomwaffen hätten USA und UdSSR einander vollständig auslöschen können. Die Geschichte eines kalten Friedens, in: Zeit. Geschichte, Nr. 3: Der Kalte Krieg. Weltpolitik im Schatten der Bombe, 2012, 28–34

CAECILIUS CYPRIANUS: An Donatus (ca. 245), aus dem Latein. übers. und eingel. v. J. Bauer, in: Des heiligen Kirchenvaters Caecilius Cyprianus Traktate in 2 Bden., Kempten-München (BKV Bd. 34; 60), 1918, 1928, Bd. I 33–55

SEVIM DAĞDELEN: Russland ruinieren und China vernichten. Die Kriegsziele des Wertewestens und die Torpedierung einer Verhandlungslösung, in: Wolfgang Gehrcke – Christiane Reymann (Hg.): Ein willkommener Krieg? NATO, Russland und die Ukraine, Köln 2022, 80–91

SEVIM DAĞDELEN: »Es geht um die Vorherrschaft des Westens«. Die eigene Dominanz militärisch absichern: Parlamentarische Versammlung der NATO traf sich in Washington, in: junge Welt, 10./11. Dezember 2022, Nr. 288, S. 2

SEVIM DAĞDELEN: Souveränität wagen. Perspektiven für den Frieden in Zeiten von Krieg, Militarisierung und Blockkonfrontation. Gastvortrag auf der »Konferenz für das Gleichgewicht der Welt« in Havanna, in: junge Welt, 3.2.23, Nr. 29, S. 12–13

DANIELA DAHN: Im Krieg verlieren auch die Sieger. Nur der Frieden kann gewonnen werden, Reinbek (rororo 01174) 2022

CLARE DALY: »Es findet einer der größten Propagandakriege statt«. Über den Konflikt in der Ukraine. Sanktionen gegen Russland, die neokoloniale Politik der EU und Aussichten auf ein vereinigtes Irland. Interview mit Dieter Reinisch, in: junge Welt, 12./13. November 2022, Nr. 264

NIGEL DAVIES: The Aztecs. A History, London 1973; dt.: Die Azteken. Meister der Staatskunst – Schöpfer hoher Kultur, übers. v. Stasi Kull, bearb.

v. Theodor Müller-Alfeld, (Düsseldorf-Wien 1974) Reinbek (rororo 6950) 1976

MARKUS DECKER – CAN MEREY: »Mit Mardern und Patriots ist es nicht getan«. Nach der Entscheidung der Bundesregierung zur Lieferung von Schützenpanzern und Luftabwehrsystemen an die Ukraine richten sich die Blicke schon auf weitere Waffenhilfen. Experten sehen moderne Kampfpanzer wie Leopard-2 als nächsten Schritt, in: Neue Westfälische, 7./8. Jan. 23, S. 3

HELMUT DONAT: Verschanzt hinterm »Zeitgeist«. Die ARD hat jetzt Siegfried Lenz' »Der Überläufer« verfilmt. Verschwiegen werden allerdings immer noch die Gründe, warum der Roman in den 1950er Jahren nicht erscheinen konnte, in: junge Welt, 15. April 2020, Nr. 88, S. 12–13

HELMUT DONAT: Mahnruf zum Frieden. Radikaler Pazifist zum 150. Geburtstag des Malers und Schriftstellers Heinrich Vogeler, in: junge Welt, 10./11. Dez. 2022, Nr. 288, S. 12–13

FJODOR MICHAILOWITSCH DOSTOJEWSKI: Podrostok, Sankt Petersburg 1875; dt.: Der Jüngling, übers. v. E. K. Rahsin, München 1957; Neudruck: Frankfurt/M (Fischer EC 6) 1960, mit einem Nachwort von Annelore Naumann

DPA: Weihnachtliche Friedensbotschaft gegen den Krieg, in: Neue Westfälische, 27.12.22, S. 3

EUGEN DREWERMANN: Strukturen des Bösen. Die jahwistische Urgeschichte in exegetischer, psychoanalytischer und philosophischer Sicht, 3 Bde., Paderborn 1976–1978

EUGEN DREWERMANN: Der tödliche Fortschritt. Von der Zerstörung der Erde und des Menschen im Erbe des Christentums, Regensburg 1981, [6](erw. u. aktualisiert) 1990

EUGEN DREWERMANN: Ein Plädoyer für die Lüge oder: vom Unvermögen zur Wahrheit, in: Psychoanalyse und Moraltheologie, Bd. 3: An den Grenzen des Lebens, Mainz 1984, [6]1994, 199–236

EUGEN DREWERMANN: Über die Unsterblichkeit der Tiere. Über die Verwandtschaft allen Lebens. Zwei Essays, Ostfildern 2022

EUGEN DREWERMANN: Das Matthäus-Evangelium. Bilder der Erfüllung, 3 Bde., Olten 1992, 1994,1995

EUGEN DREWERMANN: Das Lukas-Evangelium. Bilder erinnerter Zukunft, 2 Bde., Düsseldorf 2009

EUGEN DREWERMANN: Die Apostelgeschichte. Wege zur Menschlichkeit, Ostfildern 2011

EUGEN DREWERMANN: Geld, Gesellschaft und Gewalt. Kapital und Christentum, 1. Bd.: Faire Preise. Faire Löhne. Fairer Handel, Ostfildern 2016

EUGEN DREWERMANN: Finanzkapitalismus. Kapital und Christentum, 2. Bd., Ostfildern 2017

EUGEN DREWERMANN: Von Krieg zu Frieden. Kapital und Christentum, 3. Bd., Ostfildern 2017

EUGEN DREWERMANN: ... und es geschah so. Die moderne Biologie und die Frage nach Gott. Glauben in Freiheit, Band 3: Religion und Naturwissenschaft, 2. Teil: Biologie und Theologie, Zürich – Düsseldorf 1999

EUGEN DREWERMANN: Atem des Lebens. Die moderne Neurologie und die Frage nach Gott. Bd. 1: Das Gehirn. Grundlagen und Erkenntnisse der Hirnforschung. Düsseldorf (Glauben in Freiheit Bd. 3: Religion und Naturwissenschaft, 4. Teil: Neurologie und Theologie) 2006

EUGEN DREWERMANN: Richtet nicht! Strafrecht und Christentum. Bd. 1: Vergangene Gegenwart, Ostfildern 2020; Bd. 2: Gerichtsvorstellungen vom Mittelalter bis zur Neuzeit, Ostfildern 2021; Bd. 3: Von der Gegenwart zur Zukunft, Ostfildern 2023

MARGUERITE DURAS: Hiroshima mon amour, Paris 1960; dt. Hiroshima mon amour, übers. v. Walter Maria Guggenheimer, (Frankfurt 1961) Frankfurt (st 112) 1973

SEBASTIAN EDINGER: Ausbeutung am Limit. Superreiche als Krisengewinner, in: junge Welt, 16.1.23, Nr. 13, S. 8

KLAUS EICHNER: Bis alles in Scherben fällt. Der Kampf der USA um eine neue Weltordnung, Berlin 2022

MIRCEA ELIADE: Forgerons et Alchimistes, Paris 1956, Chicago ²1976; dt.: Schmiede und Alchemisten, aus dem Franz. übers. v. Emma von Pelet, bearb. u. ergänzt nach der neuesten französischen Auflage von Rolf Homann, Stuttgart ²1980

ADOLF ERMAN: Die Religion der Ägypter. Ihr Werden und Vergehen in vier Jahrtausenden, Berlin-Leipzig 1934

PAUL ETTIGHOFFER: Verdun. Das große Gericht. Mit einem Nachwort von Maurice Genevoix, Wiesbaden-München 1976

CHRISTOPH FELDER (REG.): My Lai Inside, Doku-Film, BRD 2018

JOHANN GOTTLIEB FICHTE: Grundlage der gesamten Wissenschaftslehre (1794), hg. v. Fritz Medicus (1922), Hamburg (Philosophische Bibliothek 246) 1961, mit einem Sachregister von Alwin Diemer

TIMOTHY FINDLEY: The War, Toronto/Vancouver 1977; dt.: Der Krieg und die Kröte, übers. v. Annemarie Böll, München 1978

SIGMUND FREUD: Zur Einführung des Narzißmus (1914), in: Gesammelte Werke, Bd. X, London 1946, 137–170

SIGMUND FREUD: Zeitgemäßes über Krieg und Tod (1915), in: Werke X, London 1946, 427–446

JÖRG FRIEDRICH: Der Brand. Deutschland im Bombenkrieg 1940–1945, München 2002

JÖRG FRIEDRICH: Yalu. An den Ufern des dritten Weltkriegs, Berlin 2007

MAX FRISCH: Stiller, Frankfurt 1954; Neudruck: Frankfurt (st 105) 1974

ERICH FROMM: To Have or to Be, New York-Hagerstown-San Francisco-London 1976; dt.: Haben oder Sein. Die seelischen Grundlagen einer neuen Gesellschaft, übers. v. B. Stein, Stuttgart 1976; Neudruck: Stuttgart (dtv 1490) 1979

FLORIAN GALLENBERGER (Reg.): Der Überläufer, ARD 8. April 2020 (1. Teil), 10. April 2020 (2. Teil)

ARUN GANDHI: Sanftmut kann die Welt erschüttern. 150 inspirierende Weisheiten von Mahatma Gandhi. Vorwort: Seine Heiligkeit der Dalai Lama, aus dem Engl. übers. v. Alissa Walser, Köln 2019

MAHATMA GANDHI: Freiheit ohne Gewalt, eingel., übers. u. hg. von Klaus Klostermaier, Köln 1968

MAHATMA GANDHI: Die Lehre vom Schwert und andere Aufsätze aus den Jahren 1919–1922, hg. u. eingel. von Wolfgang Sternstein, Oberwil 1990

MAHATMA GANDHI: Hind Swaraj or Indian Home Rule, 1919 in: »Indian Opinion«, Südafrika; dt.: Wege und Mittel, aus dem Englischen übers. und deutsche Überarbeitung von Sarma Marla, Baden-Baden-Zürich 1996

MAHATMA GANDHI: Wer den Weg der Wahrheit geht, stolpert nicht. Worte an einen Freund. Ausgewählte, nach Themen geordnete Gedanken aus: A Thought for the Day, compiled and translated in English by T. Hingorani, übers. v. Karl Pichler, Einführung von Martin Kämpchen, München-Zürich-Wien [10]2002

DANIELE GANSER: Illegale Kriege. Wie die NATO-Länder die UNO sabotieren. Eine Chronik von Kuba bis Syrien, Zürich 2016, [8]2017

DANIELE GANSER: NATO-Geheimarmeen in Europa. Inszenierter Terror und verdeckte Kriegsführung. Mit einem Vorwort von Georg Kreis, aus dem Englischen übers. v. Carsten Roth, Zürich 2008, [9]2014

DANIELE GANSER: Imperium USA. Die skrupellose Weltmacht, Zürich 2020

JOACHIM GAUCK: »Ich bin noch gefüllt mit Zutrauen zum Kanzler.« Der ehemalige Bundespräsident Joachim Gauck über den Umgang mit Gegnern der Waffenlieferungen, die Pflicht zur Unterstützung der Ukraine – und seine Begegnung mit Putin. Interview mit Martin Machowecz und Heinrich Wefing, in: Die Zeit, 23.2.2023, Nr. 9, S. 2

SILVIO GESELL: Die natürliche Wirtschaftsordnung (1920), in: Gesammelte Werke in 18 Bden. und einem Registerband, Bd. 11, Hann.-Münden-Lütjenburg 2000

JEAN GIRAUDOUX: La guerre de Troie n'aura pas lieu, Paris 1935; dt.: Der trojanische Krieg findet nicht statt, übers. v. W. Schöffer, München 1947

JANE GOODALL: The Chimpanzees of Gombe. Patterns of Behavior, Cambridge (MA) 1986

JOHANN WOLFGANG VON GOETHE: Faust. Der Tragödie erster und zweiter

Teil. Urfaust, hg. u. komm. v. Erich Trunz, München (Hamburger Ausgabe Bd. 3), 1976

MICHAEL GRANT – JOHN HAZEL: Who's Who in Classical Mythology, London 1973; dt.: Lexikon der antiken Mythen und Gestalten, übers. v. Holger Fließbach, München (dtv/List 3181) 1980, [4]1986

GLENN GREENWALD: No Place to Hide, New York 2014; dt.: Die globale Überwachung. Der Fall Snowden, die amerikanischen Geheimdienste und die Folgen, übers. v. Gabriele Gockel, Robert Weiß, Thomas Wollermann und Maria Zybak, München 2014

BERND GREINER: Als die Welt am Abgrund stand. Oktober 1962: Die dramatischen Tage der Kuba-Krise, in: Zeit. Geschichte, Nr. 3: Der Kalte Krieg. Weltpolitik im Schatten der Bombe, 2012, 38–45

ULRIKE GUÉROT – HAUKE RITZ: Endspiel Europa. Warum das politische Projekt Europa gescheitert ist – und wie wir wieder davon träumen können, Frankfurt 2022

JOACHIM GUILLIARD: Keine »zivile« Alternative. Sanktionen gelten als niederschwelliges Mittel konfrontativer Außenpolitik, sind in ihren Folgen aber oft ähnlich verheerend wie Kriege. Über Wirtschaftsblockaden und Sanktionen, in: junge Welt, 7./8. Jan. 23, Nr. 6, S. 12–13

DIRK HAUTKAPP: Nord Stream: USA unter Verdacht. Seymour Hersh gilt als Reporter-Legende. Jetzt meint er zu wissen, dass die Amerikaner die Pipelines gesprengt haben. Washington und Norwegen dementieren den Bericht, in: Neue Westfälische, 10.2.23, S. 2

HELIAND (um 850), nach dem Altsächsischen von Paul Herrmann, 2. durch einen Anhang »Die Bruchstücke der alttestamentlichen Bibeldichtung« erweiterte Auflage, Leipzig (reclam 3324, 3325) 1940

KLAUS HELFRICH: Menschenopfer und Tötungsrituale im Kult der Maya, Berlin (Monumenta Americana IX) 1973

VOLKER HERMSDORF: Verstoß gegen Menschenrechte. UNO kritisiert Sanktionen der EU und USA gegen Venezuela, in: junge Welt, 31.1.23, Nr. 26, S. 6

SEYMOUR HERSH: Auf Tauchgang. Wie die USA im Bunde mit Norwegen in einer verdeckten Operation die Nord-Stream-Pipelines zerstörten. Teil 1: Vorgeschichte und Vorbereitung, in: junge Welt, 11./12. Febr. 2023, Nr. 36, S. 12–13. – Mission erfüllt. Wie die USA im Bunde mit Norwegen in einer verdeckten Operation die Nord-Stream-Pipelines zerstörten. Teil 2: Die Ausführung, in: junge Welt, 13. Febr. 2023, Nr. 37, S. 12–13

THOMAS HOBBES: Leviathan or the Matter, Forme and Power of a Commonwealth Ecclesiasticall and Civil, London 1561; dt. Leviathan. Erster und zweiter Teil. Übersetzung von Jacob Peter Mayer, Nachwort von Malte Diesselhorst, Stuttgart (RUB 8348) 1970, bibliogr. erg. 1980

HOMER: Illias. Neue Übersetzung, Nachwort und Register von Roland Hampe, Stuttgart 1979

ALBRECHT JOCKENHÖVEL: Bauern und Krieger, Künstler und Händler – Bronzezeitliche Gesellschaft, in: Albrecht Jockenhövel – Wolf Kubach (Hg.): Bronzezeit in Deutschland, Stuttgart 1994, 45–47

IMMANUEL KANT: Kritik der praktischen Vernunft, Riga 1788; in: Werke in zwölf Bänden, hg. v. Wilhelm Weischedel, Frankfurt/M 1968, Bd. VII 103–302

IMMANUEL KANT: Über ein vermeintliches Recht, aus Menschenliebe zu lügen (1797), in: Werke in 12 Bden., hg. v. Wilhelm Weischedel, Frankfurt/M 1968, Bd. VIII 635–643

IMMANUEL KANT: Zum ewigen Frieden. Ein philosophischer Entwurf, Königsberg 1795 (A), 1796 (B), in: Werke in 12 Bden., hg. v. Wilhelm Weischedel, Bd. XI: Schriften zur Anthropologie, Geschichtsphilosophie, Politik und Pädagogik I, Frankfurt/M 1964, 191–251

JOSHUA KEY: The Desert's Tale. The Story of an Ordinary Soldier Who Walked Away from the War in Iraq, New York 2007; dt.: Joshua Key mit Lawrence Hill: Ich bin ein Deserteur. Mein Leben im Irakkrieg und meine Flucht aus der Armee, übers. von Anne Emmert, Hamburg 2007

ANDREA KOMLOSY: Zeitenwende. Corona, Big Data und die kybernetische Zukunft, Wien 2022

BERNHARD KREBS: Der »Pfaff« vom Rhein. »Internationaler Soldatengottesdienst« im Kölner Dom. Woelki segnet Uniformierte, in: junge Welt, 21./22. Jan. 23, Nr. 18, S. 4

WALTER KRICKEBERG: Altmexikanische Kulturen, Berlin 1975; Anhang: Zur Kunst Altmexikos, von Gerdt Kutscher

JÖRG KRONAUER: Zwölf Nullen angepeilt. Rüstungshaushalt der USA, in: junge Welt, 18.2.22, S. 8

JÖRG KRONAUER: Nach dem Eklat. FCAS-Luftkampfsystem: Weiterhin zwischenstaatliche Widersprüche bei ambitioniertem deutsch-französisch-spanischem Rüstungsprojekt, in: junge Welt, 20.11.22, Nr. 277, S. 3

JÖRG KRONAUER: Australien kriegsbereit. Außen- und Verteidigungsminister in Washington. Mehr Truppen und Waffen auf südlichem Kontinent. Japan soll eingebunden werden, in: junge Welt, 8. Dez. 22, Nr. 286, S. 1

JÖRG KRONAUER: Fass ohne Boden. Militärbudgets der NATO-Länder, in: junge Welt, 4. Jan. 23, Nr. 3, S. 8

JÖRG KRONAUER: Ende der Dominanz. Das Jahr 2022 markiert den Wendepunkt: Westen verabschiedet sich als Hauptdarsteller von der Weltbühne, in: junge Welt, 6. Jan. 23, Nr. 5, S. 3

JÖRG KRONAUER: Lunte ist gelegt. Hochrüstung in Japan, in: junge Welt, 13.1.23, Nr. 11, S. 8

JÖRG KRONAUER: Gewollte Zuspitzung. Kriegsgefahr um Taiwan, in: junge Welt, 4./5.2.23, Nr. 30, S. 8

CHRISTOPH KUCKLICK: Bomben auf Hamburg, in: Geo Epoche Panorama 2018, Nr. 12: Feuersturm. Hamburg 1943, S. 40–91

BERND KÜSTER: Das Barkenhoff-Buch, Bremen 2020

IGOR KUSAR: Japan hisst Kriegsflagge. Tokio beschließt Verdopplung der Militärausgaben, pazifistische Nachkriegsverfassung nun Makulatur. Washington erfreut, in: junge Welt, 17./18. Dez. 22, Nr. 294, S. 1

RENÉ LABAT: Assyrien und seine Nachbarländer (Babylonien, Elam, Iran) von 1000 bis 617 v. Chr. Das neubabylonische Reich bis 539 v. Chr., in: Elena Cassin – Jean Bottéro – Jean Vercoutter (Hg.): Die Altorientalischen Reiche III. Die erste Hälfte des 1. Jahrtausends, Frankfurt (Fischer Weltgeschichte, Bd. 4) 1967, 9–111, übers. aus dem Franz. v. Dietz-Otto Edzard

OSKAR LAFONTAINE: Die Lüge verhindert den Frieden, in: Wolfgang Gehrcke – Christiane Reymann (Hg.): Ein willkommmener Krieg? NATO, Russland und die Ukraine, Köln 2022, 8–10

OSKAR LAFONTAINE: Ami, it's time to go! Plädoyer für die Selbstbehauptung Europas, Frankfurt am Main 2022

CAROLINE LAHUSEN: Der Tod aus dem Labor. Im April 1915 lassen deutsche Offiziere in Belgien 150 Tonnen Chlor abblasen, und 1200 feindliche Soldaten sterben: die Premiere einer teuflischen Waffe, entwickelt von dem Chemiker Fritz Haber, in: Geo Epoche, 2004, Nr. 14: Der Erste Weltkrieg. Von Sarajevo bis Versailles: die Zeitenwende 1914–1918, 86–87

JEAN LASSERRE: La Guerre et l'Evangile, Paris 1953; dt.: Der Krieg und das Evangelium, übers. v. Gerhard Markhoff und Walter Dignath, München 1956

REINHARD LAUTERBACH: Wer stoppt die NATO? Panzer abgenickt, Debatte um Kampfjets eröffnet: Forderung, westliches Militärbündnis solle »mutiger« werden, in: junge Welt, 28./29.1.23, Nr. 24, S. 1

REINHARD LAUTERBACH: Atomwaffen für Kinder? Ukrainischer Botschafter Oleksij Makejew will »Diskussion«. USA liefern weiterreichende Raketen, in: junge Welt, 2.2.23, Nr. 28, S. 3

REINHARD LAUTERBACH: Alle Tage Sabotage. US-Reporter Seymour Hersh veröffentlicht Recherche zum Attentat auf Nord Stream. Spuren führen nach Washington und Oslo, in: junge Welt, 10. Febr. 2023, Nr. 35, S. 3

PAOLO LECALDANO: Goya. Die Schrecken des Krieges, aus dem Italien. übers. v. Ursula Knöller-Seyffarth, (Mailand 1975), München 1976

WILHELM LEHMANN: Der Überläufer. »Krieg« und »Gefangenschaft«. Nach der Fassung von 1927. Im Auftrag der Wilhelm-Lehmann-Gesellschaft herausgegeben, ausgewählt und mit einem Nachwort versehen von Wolfgang Menzel, mit einem Geleitwort von Günter Kunert: Der Deserteur, (Stuttgart 1962, 1989) Bremen 2014

SIEGFRIED LENZ: Der Überläufer, (geschrieben 1951) Hamburg 2016, red. v. Günter Berg u. Astrid Roffmann, kommentiert von Günter Berg

GESINE LÖTZSCH: Kriegswirtschaft? Bundeshaushalt 2023, in: junge Welt, 24.11.22, Nr. 274, S. 8

MICHAEL LÜDERS: Die scheinheilige Supermacht. Warum wir aus dem Schatten der USA heraustreten müssen, München (beck Tb. 6427) 2021

NICCOLÒ MACHIAVELLI: Il Principe, Florenz 1513; dt.: Der Fürst, aus dem Italien. v. Ernst Merian-Genast, mit einer Einführung von Hans Freyer, Stuttgart (RUB 1218) 1961, 1978

DAVID MAIWALD: Rheinmetall sagt danke. Rüstungskonzerne der BRD profitieren kräftig von Krieg und Aufrüstung. NATO-Strategie zielt auf permanente Konfrontation mit Russland und China, in: junge Welt, 11. November 22, Nr. 263, S. 1

NILS MELZER (mit OLIVER KOBOLD): Der Fall Assange. Geschichte einer Verfolgung, München 2021

MICHAEL MERZ: Joachim Gauck. Rekrutierer des Tages, in junge Welt, 31.12.22/1.1.23, Nr. 305, S. 8

STANLEY MILGRAM: Obedience to Authority. An Experimental View, New York 1974. Interview von Mike Wallace, 1969; dt.: Das Milgram-Experiment. Zur Gehorsamsbereitschaft gegenüber Autorität, übers. v. Roland Fleissner, Reinbek (rororo 17479) 1974, [12]2001

MATTHIAS VAN DER MINDE: Dialektik der Bombe. Chronologie und Kritik des atomaren Zeitalters (1938–1979), Hamburg 2017

ANNE MORELLI: Principes élémentaires de propagande de guerre. Utilisables en cas de guerre froide, chaude ou tiède ..., Brüssel 2001; dt.: Die Prinzipien der Kriegspropaganda, übers. v. Marianne Schönbach, nach einer aktualisierten Fassung der Autorin aus dem Jahre 2004, Springe [4]2022

ANNE MORELLI: Verteufelter Feind. Die klassischen Prinzipien der Kriegspropaganda finden sich auch im westlichen Vorgehen gegen Russland und China, in: junge Welt, 31. Dez. 22/1. Jan. 23, Nr. 305, S. 12–13

ANNE MORELLI: Propaganda wirkt nur als binäres System. David gegen Goliath: In bürgerlicher Berichterstattung über Ukraine-Krieg zeigen sich jahrhundertealte Prinzipien. Interview: Susann Witt-Stahl; in: junge Welt, 12. Jan. 2023, Nr. 10, S. 2

ANNE MORELLI: Den Feind verteufeln. Die klassischen Prinzipien der Kriegspropaganda finden sich auch im westlichen Vorgehen gegen Russland und China, Vortrag auf der Rosa-Luxemburg-Konferenz, übers. v. Susann Witt-Stahl, in: junge Welt, 1.2.23, Nr. 27, S. 11–12

ERICH MÜHSAM: Befreiung der Gesellschaft vom Staat (1932). Einleitung Stefan Blankertz: Der Staat im grünen Kopf, Berlin 1985

WERNER MÜLLER: Geliebte Erde. Naturfrömmigkeit und Naturhaß im indianischen und europäischen Nordamerika, Bonn 1972

HERFRIED MÜNKLER: Die neuen Kriege, Reinbek 2002, [5]2003

SÖNKE NEITZEL – HARALD WELZER: Soldaten. Protokolle vom Kämpfen, Töten und Sterben, Frankfurt/M 2011

LARS NICOLAYSEN: Tausendfacher Tod in der Flammenhölle. Vor 60 Jahren: Atombomben treffen Japan. Binnen Monaten sterben schätzungsweise 210000 Menschen, in: Neue Westfälische, Nr. 181, 6./7. August 2005

FRIEDRICH NIETZSCHE: Der Antichrist (1888), in: Götzendämmerung. Wagner-Schriften. Der Antichrist. Ecce homo. Gedichte, mit einem Nachwort, Lebensabriß und Literaturhinweisen hg. v. Walter Gebhard, Stuttgart (Kröner Taschenbuchausgabe, Bd. 77) 1990, S. 189–290

GEORGE ORWELL: Nineteen Eighty-Four, London 1949; dt.: Neunzehnhundertvierundachtzig, übers. v. Kurt Wagenseil, Frankfurt am Main-Berlin-Wien (Ullstein Tb. 3253) 1976

PUBLIUS OVIDIUS NASO: Metamorphosen. Metamorphoseon libri. Auswahlausgabe, lat.-dt., hg. u. übers. v. Gerhard Fink, Düsseldorf-Zürich [3]2002

BLAISE PASCAL: Pensées sur la religion et sur quelques autres sujets, qui ont esté trouvées après sa mort parmy ses papiers, postum, Paris 1669; dt.: Über die Religion und über einige andere Gegenstände (Pensées), übers. u. hg. v. Ewald Wasmuth, Heidelberg [5](vollständig neu bearbeitet und textlich erweitert)1954; 7. Neudruck der 5. Aufl., 1972

FLORIAN PFITZNER: Die Zeigefinger-Moral. Werte kommen weder von Gott noch von der Natur, sie sind vom Menschen gemacht. Kann es über Kulturen hinaus einen gemeinsamen Moralkodex geben?, in: Neue Westfälische, 3. Jan. 23

ARTHUR PONSONBY: Falsehood in Wartime. Propaganda Lies of the First World War, London 1928; dt.: Lügen in Kriegszeiten. Kritische Betrachtungen, übers. v. Lena Gundrum u. Charlyne Huckins, Frankfurt/M 2022

DONALD PRATER und VOLKER MICHELS (Hg.): Stefan Zweig. Leben und Werk im Bild, Frankfurt (insel Tb. 532) 1981

VIJAY PRASHAD: Washington Bullets. Geschichten über die CIA, Verschwörungen und Auftragsmorde, übers. v. Ina Batzke, Kassel 2022

DIE PSALMEN SALOMOS, übers. u. erl. v. Rudolf Kittel, in: Emil Kautzsch (Hg. u. Übers.): Die Apokryphen und Pseudepigraphen des Alten Testaments, (Tübingen 1900) Darmstadt [2](unverändert) 1962

FRANZ RADZIWILL – drohend vertraute Welten, hg. v. Andrea Wandschneider, Städtische Galerie in der Reithalle Paderborn – Schloß Neuhaus, 2. Dez. 2006 bis 25. März 2007; Rheinisches Landesmuseum Bonn, 18. April bis 17. Juni 2007; Kunstmuseum Bayreuth, 1. Juli bis 28. Okt.

2007: Andrea Wandschneider: Die Verrückung des Alltäglichen. Zu den Stilleben Franz Radziwills, 63–78

HELMUT RECHENBERG: Lise Meitner, Otto Hahn, Irène Joliot Curie, Frédéric Joliot, in: Karl von Meÿenn (Hg.): Die großen Physiker. Bd. 2: Von Maxwell bis Gell-Mann, München 1997, 210–226

ALAIN RESNAIS (Reg.): Hiroshima mon amour, Frankreich – Japan 1959, mit Emmanuelle Riva als »die Französin« und Eiji Okada als »der Japaner«

ERICH MARIA REMARQUE: Im Westen nichts Neues, Berlin 1929; (Köln-Marienburg 1979) Frankfurt am Main-Berlin-Wien (Ullstein Tb. 56) o.J.

MORTON RHUE: The Wave, New York 1981; dt.: Die Welle. Bericht über einen Unterrichtsversuch, der zu weit ging, übers. v. Hans-Georg Noack, Ravensburg (RTB 4034) 1985, (RTB 58008) 1997

WOLFGANG SCHADEWALDT: Die Anfänge der Philosophie bei den Griechen. Die Vorsokratiker und ihre Voraussetzungen. Tübinger Vorlesungen Bd. 1, unter Mitwirkung von Maria Schadewaldt hg. v. Ingeborg Schudoma, Frankfurt (stw 218) 1978

RAPHAEL SCHMËLLER: Munitionsherstellung in BRD wird ausgebaut. Rüstungskonzern plant neue Fertigungsanlage. Regierung will 20 Milliarden Euro für Munition ausgeben, in: junge Welt, 16. Dezember 22, Nr. 293, S. 1

HARTMUT SCHMÖKEL: Ur, Assur und Babylon. Drei Jahrtausende im Zweistromland, Stuttgart-Zürich-Salzburg, 1955

WOLFGANG SCHNEIDER (Text) – PETER EFFENBERG (Bild): Apokalypse Vietnam. Das Buch zur Fernsehserie mdr, Berlin (Rowohlt) 2000

ARNOLD SCHÖLZEL: Kämpfen, töten, sterben, in: junge Welt, 25.10.22, Nr. 248, S. 8

ARNOLD SCHÖLZEL: Glänzende Waffendeals. Globaler Umsatz der 100 größten Waffenkonzerne steigt auf fast 600 Milliarden US-Dollar. Streit in Koalition über US-Kampfjet F-35, in: junge Welt, 6. Dez. 22, Nr. 284, S. 1

ARNOLD SCHÖLZEL: Waffenorgie im Bundestag. Haushaltsausschuss bewilligt 13 Milliarden Euro für militärische Beschaffung. Friedensaktivisten kritisieren atomare Aufrüstung, in: junge Welt, 15. Dezember 22, Nr. 292, S. 1

ARNOLD SCHÖLZEL: Aura des Moralischen. Schwere Waffen für Kiew, in: junge Welt, 19.1.23, Nr. 16, S. 8

ARNOLD SCHÖLZEL: Auf der Spur. Russland kündigt Abschluss der Untersuchungen zu US-Biolaboren in der Ukraine an und erhebt neue Vorwürfe, in: junge Welt, 11./12. Febr. 2023, Nr. 36, S. 3

ARTHUR SCHOPENHAUER: Preisschrift über die Grundlage der Moral, *nicht* gekrönt von der Königlich Dänischen Societät der Wissenschaften, zu Kopenhagen, am 30. Januar 1840, in: Sämtliche Werke, 7 Bde., nach der ersten v. Julius Frauenstädt besorgten Gesamtausgabe bearb. u. hg. v. Arthur Hübscher, Bd. 4: Schriften zur Naturphilosophie und zur Ethik, Wiesbaden [3]1972, 103–275

ARTHUR SCHOPENHAUER: Parerga und Paralipomena: kleine philosophische Schriften, 2 Bde. (1850), nach der ersten, von Julius Frauenstädt besorgten Gesamtausgabe neu bearbeitet und herausgegeben von Arthur Hübscher, in: Sämtliche Werke, Bd. 5 und 6, Wiesbaden 1946–1947

SVEN CHRISTIAN SCHULZ: Kopfschütteln über Wunsch nach U-Booten, in: Neue Westfälische, 31.1.23, S. 3

MICHAEL SCHULZE VON GLASSER: Auf Werbefeldzug. Militär im Klassenzimmer. Wie die Bundeswehr an Schulen um Nachwuchs und Zustimmung wirbt, in: junge Welt, 8.2.23, Nr. 33, S. 12–13

JOSEPH A. SCHUMPETER: Kapitalismus, Sozialismus und Demokratie, [1]1947, [7](erw.)1993, Tübingen [8](unverändert) 2005, Einführung v. Eberhard K. Seifert

THOMAS SEIM: Herausforderung Zeitenwende. Gesellschaft gibt Wort des Jahres bekannt, in: Neue Westfälische 10./11. Dezember 2022, S. 2

VOLKER SOMMER: Die Affen. Unsere wilde Verwandtschaft, Hamburg (GEO) 1989

BERND STENZIG: Das Märchen vom lieben Gott. Heinrich Vogelers Friedensappell an den Kaiser im Januar 1918, Bremen 2019

BERTHA VON SUTTNER: Die Waffen nieder! Eine Lebensgeschichte, (Dresden 1889), hg. und mit einem Nachwort vers. von Sigrid u. Helmut Bock, Husum 1990, [2]2006

TERTULLIAN: Vom Kranze des Soldaten, in: Tertullians apologetische, dogmatische und montanistische Schriften, übers. u. mit Einl. vers. von K. A. Heinrich Kellner, durchgesehen u. hg. von Gerhard Esser, 2 Bde., Kempten – München (BKV 2,24) 1912, 1915, Bd. II 230–263

JÖRG TIEDJEN: Lange erwarteter Besuch. Papst in DR Kongo: Staatspräsident fordert von reichen Ländern Wiedergutmachungen für Umweltzerstörungen, in: junge Welt, 2. Febr. 2023, Nr. 28, S. 6

NIKO TINBERGEN: Von Krieg und Frieden bei Mensch und Tier, in: Günter Altner (Hg.): Kreatur Mensch. Moderne Wissenschaft auf der Suche nach dem Humanum, München 1969; München (dtv 892) 1973, 324–354

JÜRGEN TODENHÖFER: Du sollst nicht töten. Mein Traum vom Frieden, München 2013

JÜRGEN TODENHÖFER: Die große Heuchelei. Wie Politik und Medien unsere Werte verraten. Unter Mitarbeit von Frederic Todenhöfer, Berlin 2019

LEO N. TOLSTOI: Vojna i mir, Moskau 1868/69; dt.: Krieg und Frieden, aus dem Russ. v. Marianne Kegel, Zürich 1974; Stuttgart (Parkland) o.J.

LEO N. TOLSTOI: Mein Glaube, übers. v. Raphael Löwenfeld, in: Sämtliche Werke, 1. Serie: Sozialethische Schriften, Leipzig 1901; München 1990

LEO N. TOLSTOI: Das Reich Gottes ist in Euch oder: Das Christentum als eine neue Lebensauffassung, nicht als mystische Lehre (Christi Lehre und die Allgemeine Wehrpflicht), übers. v. Raphael Löwenfeld (1894), hg. von Peter Bürger, Tolstoi-Friedensbibliothek, Reihe A, Bd. 9, Norderstedt (Books on Demand) 2023

LEO N. TOLSTOI: Staat – Kirche – Krieg. Texte über den Pakt mit der Macht und das Herrschaftsinstrument Patriotismus, ausgew. u. neu ediert von Peter Bürger, Tolstoi-Friedensbibliothek, Reihe B, Bd. 2, S. 135–161: Patriotismus und Regierung (1900), Norderstedt (Books on Demand) 2023

ARNOLD TOYNBEE: War and Civilization, from: A Study of History, selected by Albert V. Fowler, Oxford 1950; dt.: Krieg und Kultur. Der Militarismus im Leben der Völker, übers. v. Heinrich Mattutat, Frankfurt am Main-Hamburg (Fischer Tb. 235) 1958

ARNOLD TOYNBEE: Mankind and Mother Earth – A Narrative History of The World, Oxford 1976; dt. Menschheit und Mutter Erde. Die Geschichte der großen Zivilisationen, übers. v. Karl Berisch, Düsseldorf 1979

STEFFEN TRUMPF: Globaler Rüstungshandel wächst weiter, in: Neue Westfälische, 6. Dez. 22, S. 3

JOACHIM UHLITZSCH: Der Soldat in der bildenden Kunst. 15. bis 20. Jahrhundert, Berlin (Militärverlag der DDR) 1987

ERICH VAD: »Wir sollten uns vor einer Eskalation hüten«. Der Ex-Brigadegeneral und frühere Merkel-Berater Erich Vad spricht über das schwere Erbe des neuen Verteidigungsministers, warnt angesichts der Ukraine-Krieges vor Moskaus militärischen Möglichkeiten – und erklärt seine wohl größte Fehldiagnose. Interview mit Florian Pfitzner, in: Neue Westfälische, 20.1.23, S. 3

KLAAS VOSS: Kurz vor dem Krieg. Fünf weitere Beinahekatastrophen, in: Zeit. Geschichte, Nr. 3: Der Kalte Krieg. Weltpolitik im Schatten der Bombe, 2012, 46–48

JÜRGEN WAGNER: Nato-Aufmarsch gegen Rußland oder wie ein neuer Kalter Krieg entfacht wird, Berlin 2016, [2](aktualisiert und erweitert) 2017

MAX WEBER: Der Beruf zur Politik (1919), in: Soziologie – Weltgeschichtliche Analysen – Politik, mit einer Einleitung von Eduard Baumgarten, hg. u. erl. von Johannes Winckelmann, Stuttgart [4](erneut durchgesehen u. verbessert) 1968

HARALD WELZER: Täter. Wie aus ganz normalen Menschen Massenmörder werden, (Frankfurt am Main 2005) Frankfurt am Main (Fischer Tb. 16732) 2007

ARMIN WERTZ: Die Weltherrscher. Militärische und geheimdienstliche Operationen der USA, Frankfurt [2]2015

ROLF WINTER: Ami go home. Plädoyer für den Abschied von einem gewalttätigen Land, Hamburg 1989; München (Goldmann Tb. 11685) 1990

PHILIP ZIMBARDO: The Lucifer Effect. How Good People turn Evil (2007), London-Sidney-Auckland-Johannesburg 2009

HOWARD ZINN: The Bomb, San Franzisco 2010; dt.: Die Bombe. Essays gegen den Krieg, übers. von Friederike Sachs, Berlin 2022

Register der Autorinnen und Autoren

Register der Personen aus Mythologie und Geschichte

Bildnachweis

Abb. 1: Francisco de Goya (1746–1828), »Los Desastres de La Guerra: Bárbaros!« (Druckgrafik 38 der Serie), 15,5 × 20,5 cm © Foto: Heritage Images / Heritage Art / akg-images.de

Abb. 2: Heinrich Vogeler (1872–1942), »Die Kriegsfurie« (1919), Öl auf Pappe, 54 × 40 cm, Heinrich Vogeler Stiftung, Worpswede, Haus im Schluh. © Foto: akg-images.de

Abb. 3: Heinrich Vogeler, »Das Leiden im Kriege« (1916), Öl auf Leinwand, Osterholz, Kulturstiftung Landkreis. Foto: © akg-images.de

Abb. 4: Franz Radziwill (1895–1983) »Stahlhelm im Niemandsland« (1933), Öl auf Leinwand auf Holz, 64 × 53 cm. Oldenburg, Stadtmuseum. © VG Bild-Kunst, Bonn 2023

Zum Autor

DR. EUGEN DREWERMANN ist Theologe, Psychoanalytiker und Schriftsteller mit internationaler Reichweite; er gehört zu den erfolgreichsten theologischen Autoren. Für sein friedenspolitisches Engagement wurde er 2007 mit dem Erich-Fromm-Preis ausgezeichnet, 2011 erhielt er den internationalen Albert-Schweitzer-Preis, 2019 den Preis der Internationalen Hermann-Hesse-Gesellschaft. Der gefragte Referent nimmt immer wieder Stellung zu aktuellen gesellschaftspolitischen Fragen.